_____ 드림

결혼을 부탁해

결혼성공률 1위 선우의 빅데이터 활용 매칭

결혼을 부탁해

초판 1쇄 인쇄 2016년 3월 25일
초판 1쇄 발행 2016년 3월 31일

지은이 이웅진

발행인 장상진
발행처 (주)경향비피
등록번호 제2012-000228호
등록일자 2012년 7월 2일

주소 서울시 영등포구 양평동 2가 37-1번지 동아프라임밸리 507-508호
전화 1644-5613 | **팩스** 02) 304-5613

ⓒ 이웅진

ISBN 978-89-6952-104-0 13810

· 값은 표지에 있습니다.
· 파본은 구입하신 서점에서 바꿔드립니다.

결혼을 부탁해

중매 대통령 이웅진이 말하는 결혼 이야기

이웅진 지음

결혼성공률 1위 선우의 빅데이터 활용 매칭

경향BP

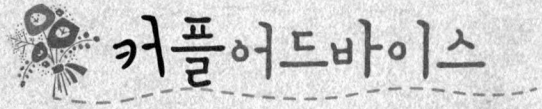

커플어드바이스

- 그/그녀가 좋아하는 스타일 그/그녀가 원하는 연애 상대는 어떤 사람일까?

- 1977년 이전 출생자의 경우 해당 년도가 될 때까지 +8
  1984년 이후 출생자의 경우 해당 년도가 될 때까지 −8

생년월일	항목	생년월일	항목	생년월일	항목
1977/01/01~1977/01/07	K	1979/06/30~1979/07/24	H	1982/03/15~1982/04/08	C
1977/01/08~1977/02/05	L	1979/07/25~1979/08/18	I	1982/04/09~1982/05/02	D
1977/02/06~1977/03/03	A	1979/08/19~1979/09/12	J	1982/05/03~1982/05/27	E
1977/03/04~1977/03/29	B	1979/09/13~1979/10/08	K	1982/05/28~1982/06/20	F
1977/03/30~1977/04/23	C	1979/10/09~1979/11/05	L	1982/06/21~1982/07/14	G
1977/04/24~1977/05/17	D	1979/11/06~1979/12/08	A	1982/07/15~1982/08/08	H
1977/05/18~1977/06/11	E	1979/12/09~1979/12/31	B	1982/08/09~1982/09/01	I
1977/06/12~1977/07/07	F	1980/01/01~1980/01/23	B	1982/09/02~1982/09/26	J
1977/07/08~1977/07/30	G	1980/01/24~1980/03/02	A	1982/09/27~1982/10/20	K
1977/07/31~1977/08/24	H	1980/03/03~1980/04/06	B	1982/10/21~1982/11/14	L
1977/08/25~1977/09/17	I	1980/04/07~1980/05/04	C	1982/11/15~1982/12/09	A
1977/09/18~1977/10/11	J	1980/05/05~1980/05/30	D	1982/12/10~1982/12/31	B
1977/10/12~1977/11/04	K	1980/05/31~1980/06/25	E	1983/01/01~1983/01/04	B
1977/11/05~1977/11/28	L	1980/06/26~1980/07/20	F	1983/01/05~1983/02/02	C
1977/11/29~1977/12/21	A	1980/07/21~1980/08/14	G	1983/02/03~1983/06/06	D
1977/12/22~1977/12/31	B	1980/08/15~1980/09/07	H	1983/06/07~1983/07/06	E
1978/01/01~1978/01/16	B	1980/09/08~1980/10/01	I	1983/07/07~1983/08/02	F
1978/01/17~1978/02/09	C	1980/10/02~1980/10/25	J	1983/08/03~1983/08/28	G
1978/02/10~1978/03/06	D	1980/10/26~1980/11/18	K	1983/08/29~1983/09/22	H

1978/03/07~1978/04/03	E	1980/11/19~1980/12/12	L	1983/09/23~1983/10/16	I
1978/04/04~1978/05/12	F	1980/12/13~1980/12/31	A	1983/10/17~1983/11/10	J
1978/05/13~1978/06/05	G	1981/01/01~1981/01/06	A	1983/11/11~1983/12/03	K
1978/06/06~1978/08/06	F	1981/01/07~1981/01/30	B	1983/12/04~1983/12/27	L
1978/08/07~1978/09/07	G	1981/01/31~1981/02/23	C	1983/12/28~1983/12/31	A
1978/09/08~1978/10/04	H	1981/02/24~1981/03/19	D	1984/01/01~1984/01/20	A
1978/10/05~1978/10/30	I	1981/03/20~1981/04/13	E	1984/01/21~1984/02/13	B
1978/10/31~1978/11/23	J	1981/04/14~1981/05/09	F	1984/02/14~1984/03/09	C
1978/11/24~1978/12/18	K	1981/05/10~1981/06/06	G	1984/03/10~1984/04/03	D
1978/12/19~1978/12/31	L	1981/06/07~1981/07/09	H	1984/04/04~1984/04/27	E
1979/01/01~1979/01/11	L	1981/07/10~1981/09/02	I	1984/04/28~1984/05/21	F
1979/01/12~1979/02/04	A	1981/09/03~1981/10/04	H	1984/05/22~1984/06/16	G
1979/02/05~1979/02/27	B	1981/10/05~1981/11/09	I	1984/06/17~1984/07/11	H
1979/02/28~1979/03/24	C	1981/11/10~1981/12/06	J	1984/07/12~1984/08/07	I
1979/03/25~1979/04/17	D	1981/12/07~1981/12/31	K	1984/08/08~1984/09/07	J
1979/04/18~1979/05/11	E	1982/01/01~1982/01/26	L	1984/09/08~1984/12/31	K
1979/05/12~1979/06/05	F	1982/01/27~1982/02/19	A		
1979/06/06~1979/06/29	G	1982/02/20~1982/03/14	B		

> 출력되는 결과

A
- 그는 연애에도 이성적인 부분을 강조하는 사람입니다. 본래 뭔가에 휘둘리는 것을 아주 싫어하므로 확실한 눈으로 여자를 고르는 편입니다.
- 정신적으로도 성숙하고 일도 잘하는 책임감 있는 여성을 원합니다. 패션은 치렁치렁한 것을 싫어하고 클래식한 분위기를 좋아합니다. 금전적으로 헤프거나 자기 관리 능력이 없는 것도 싫어합니다.
- 이처럼 사람 보는 눈이 까다로운 것은 그 자신이 다른 사람보다 두 배로 노력하는 성실파이기 때문입니다. 그러므로 의지하지 않고 자신의 힘으로 열심히 일하는 유능한 여자를 좋아합니다. 일 잘하는 여성과 서로 도움을 주고받으며 성실한 연애를 하고 싶어 합니다.

B
- 사랑을 할 때도 여자로서보다 한 인간으로서 재미있는지 아닌지를 더 중시하는 사람입니다. 여성스러움을 강조하거나 어리광을 부리면 오히려 더 역효과를 낼 수 있습니다.
- 그가 좋아하는 타입은 약간 색다르고 개성 있는 여성입니다. 어딘가 남다른 면이 있다고 생각되는 시점에서 사랑이 싹트게 됩니다. 또 뭔가에 파고드는 근성이 있어 전문가 수준의 취미를 갖고 있는 그는 그런 자신의 취미를 이해해줄 수 있는 여성을 원합니다. 취미가 같다면 더할 나위 없이 좋습니다.
- 토론을 좋아하기 때문에 자기주장이 확실한 여성에게도 매력을 느낍니다. 그의 의견에 무리해서 맞출 필요는 없습니다. 오히려 그가 생각해보지 못한 의견을 이야기하면 감동을 하게 될 것입니다.

C
- 그는 애교 있는 여성에게 무척 약합니다. 그가 좋아하는 타입은 귀엽고 순수한 여성입니다. 그런 여성이 자신에게 의지해오면 그냥 놔두지를 못하고 이 사람에게는 내가 있어야 한다고 생각하는 사람입니다.
- 로맨티스트라서 둘이서 바다에 가거나 러브스토리 영화를 보러 가는 등의 데이트를 즐기고 주위 사람들에게 두 사람이 연인 사이라는 것을 보여주려고 합니다. 자동차 문을 열어주는 등 신사적인 면이 있습니다.
- 그가 이상적으로 생각하는 연인관계는 서로 어리광을 부리고 어리광을 받아주는 것입니다. 그러므로 자기가 생각하고 결정을 내리는 강한 여성은 기피하는 경향이 있습니다. 연애에 관해서는 아주 달콤한 생각을 하는 남성입니다.

she

D
- 그는 한눈에 반하는 사랑을 찾고 있습니다. 처음 만났을 때 전기가 오는 그런 사랑을 기다리고 있지요. 이것이라고 생각되면 바로 도전을 하는 속전속결형 남성입니다.
- 지기 싫어하고 고집이 센, 남성과 대등하게 맞설 수 있는 여성에게 매력을 느낍니다. 외모는 상쾌하면서도 보이시한 느낌. 약간 무뚝뚝하지만 자신이 잘못했을 때는 깨끗하게 사과할 줄 아는 여자를 좋아합니다.
- 그 자신이 승부를 좋아하므로 자기 의견을 제대로 표현 못하는 사람은 싫어합니다. 확실한 자신의 세계를 가지고 있는 건강한 여성과 필요하면 싸움도 할 수 있지만 다음날 만났을 때는 방긋 웃을 수 있는 그런 담백한 관계를 이상으로 삼고 있습니다.

E
- 그가 좋아하는 스타일은 언제나 웃는 여성입니다. 여유 있고 낙천적이며 사소한 일에는 신경 쓰지 않는 성격을 좋아합니다. 어딘가 기세 좋은 부분이 있는 여성에게 매력을 느낍니다. 외모는 마른 편보다는 약간 통통한 쪽을 좋아하지요. 그런 여성과 편안한 사랑을 하고 싶어 합니다.
- 데이트는 밖에 나가서 하는 것보다 집에서 뒹구는 것을 선호하는 편입니다. 대화가 끊어져도 마음 편하게 있을 수 있는 그런 관계를 원합니다.
- 여자가 직접 요리를 하거나 금전 감각이 있거나 하는 등 생각지도 않던 부분을 발견하면 감동을 받게 됩니다. 생활을 함께 즐길 수 있는 분위기에 매료되는 사람입니다.

F
- 그가 원하는 것은 일단 대화가 재미있는 상대입니다. 화제가 풍부하고 머리 회전이 빨라 몇 시간 동안 떠들어도 질리지 않는 여자를 좋아합니다. 새로운 정보를 교환할 수 있고 만나면 둘이서 즐겁게 지낼 수 있는 그런 관계를 이상으로 삼고 있습니다.
- 외모적으로는 유니섹스 스타일을 좋아합니다. 유행 감각이 있으면서도 너무 여성스럽지 않은 모습에 매력을 느낍니다.
- 새로운 것을 좋아하고 컴퓨터나 디지털 카메라 등 기계에 흥미가 있기 때문에 그런 쪽에 관심이 있는 여성에게 호감을 가지게 됩니다. 취미가 다양하고 활동적이기 때문에 사랑도 자신과 비슷한 활달한 여성과 하길 원합니다.

G

- 그가 좋아하는 스타일은 어머니 같은 분위기를 가진 여성입니다. 자신의 부끄러워하는 마음을 감싸 안아주는 포용력 있는 타입을 좋아합니다.
- 화려한 것을 싫어하고 가정적이며 얌전한 외모를 좋아합니다. 이 여자라면 뭐든지 용서해줄 것 같은 여성, 남자친구에게도 말 못하는 것을 말할 수 있는 여성을 찾고 있습니다.
- 사귀기 시작하면 약간 질투도 하고 여자가 바람을 피우면 다른 사람보다 더 크게 상처를 받는 타입입니다. 그 자신이 좋아하는 사람에게 뭐든 해주고 싶어 하는 일편단심 민들레 같은 사람이기 때문입니다. 겉으로는 강한 것 같지만 두 사람만 있을 땐 여자에게 어리광을 부리기도 합니다. 그녀의 무릎을 베개 삼아 눕기를 좋아하는 사람입니다.

H

- 일단 보기에 우아하고 눈에 띄는 여성을 좋아합니다. 다시 말해 예쁜 여자를 좋아합니다. 데리고 다니면 친구가 부러워하는 그런 애인을 만들고 싶어 합니다. 그러나 아무리 미인이라도 센스 없는 것은 싫어합니다. 사교적이고 자기 어필을 잘하는, 인기 있는 여성과 즐겁게 사귀고 싶어 합니다.
- 모델이나 탤런트에게 약한 그. 외모는 화려하고 누가 봐도 예쁘다는 소리를 듣는 정도를 좋아하고 날씬한 몸매와 긴 다리에 매력을 느낍니다.
- 데이트는 두 사람이 즐거울 수 있으면 좋고 그 때문에 돈도 많이 씁니다. 제멋대로이고 잘난 척하지만 천진난만한 면도 있어 어딘지 미워할 수 없는 타입의 남자입니다.

I

- 그는 순진하고 청순한 소녀 같은 타입을 이상형으로 생각하고 있습니다. 성실하고 착한 성격으로 비누 냄새나 상큼한 감귤계 향이 잘 어울리는 여성을 좋아합니다. 약간 결벽증이 있는 사람이기 때문에 더러운 이미지는 절대 안 됩니다.
- 담배를 피우거나 남자 편력이 심한 여성은 애인으로 삼고 싶어 하지 않습니다. 그가 좋게 생각하는 것은 화려한 것 같지만 의외로 몸가짐이 바른 여성입니다. 상대방의 그런 면을 보면 의외로 좋은 여자라고 생각합니다.
- 센티멘털하고 로맨틱한 면이 있는 사람이어서 감성적인 데이트를 좋아합니다. 둘만의 조용한 시간을 보낼 수 있는 곳에서 그의 다정함을 마음껏 보여줄 것입니다.

J

- 예쁘고 품위 있으면서 스타일리시한 분위기에 약한 편입니다. 그도 센스에는 자신이 있기 때문에 멋진 여성과 만나 주위 사람들로부터 그림 같은 커플이다. 잘 어울린다는 말을 듣고 싶어 합니다.

- 외모뿐만 아니라 내면적으로도 균형이 잡힌 상식적인 여성을 좋아합니다. 어쨌든 분쟁을 일으키거나 칠칠치 못한 행동을 하는 여성, 또는 질투를 하거나 지나치게 감정에 사로잡히는 여성은 싫어합니다. 정신적으로 성숙한 여성을 원합니다.

- 인간관계를 소중히 하는 그는 그의 친구와 잘 지낼 수 있을지도 중요하게 여깁니다. 자신이 아무리 좋아해도 친구가 싫어하거나 불평을 하면 포기해버리는 이해할 수 없는 부분도 가지고 있습니다.

K

- 깊은 사랑에 빠지고 싶어 하는 사람입니다. 그 누군가 자신만을 좋아해 주는 여성과 진한 사랑을 하기를 원합니다.

- 좋아하는 스타일은 어딘지 신비스러운 분위기가 있는 섹시한 여성입니다. 요염한 부분이 있고 숨기고 싶은 과거가 있는, 그늘진 여성을 좋아합니다. 상상력이 뛰어나 상대방에 대해 생각하다 보면 점차 그 사람에게 깊이 빠져들게 됩니다. 소위 말하는 악녀에게도 약한 타입입니다.

- 제멋대로 행동하는 여성에게 휘둘리는 것이 즐거운 듯 보입니다. 외모로도 중성적인 느낌보다는 글래머러스한 성숙한 외모의 여성을 좋아합니다.

L

- 그가 좋아하는 타입은 활발하고 스포티한 밝은 분위기의 여성입니다. 운동을 열심히 하거나 자신의 꿈을 향해 열심히 노력하는 활동적인 모습에 끌립니다. 여유 있고 얌전한 여성은 뭔가 부족하다고 느낍니다.

- 호기심이 왕성하므로 자신이 모르는 일을 알게 되거나 자신에게 없는 것을 가지고 있는 여성을 좋아합니다. 뭔가에 열중하고 즐겁게 일하는 모습에 매력을 느낍니다.

- 그에게 접근하기 위해서는 상당한 체력이 필요할 것입니다. 자신이 힘이 넘치기 때문에 상대방에게도 그것을 요구합니다. 건강한 여성과 친해질 때까지 즐겁게 지낼 수 있는 그런 교제를 원합니다.

출력되는 결과

A
- 그녀가 원하는 스타일은 민감하게 반응하고 책임감이 있는 남자, 클래식하며 부드럽게 접근하는 남자입니다. 솔직한 남자라면 더욱 좋습니다.
- 좋은 집안에서 자란 표시가 나는 남자, 남성 우월적인 힘으로 대시하는 남자, 야심이 많은 남자에게 매력을 느낍니다.
- 그녀는 실용주의자인 동시에 낭만주의자입니다. 로맨틱한 만남과 경제력을 함께 갖추길 바랍니다. 자신의 드러내지 못한 숨겨진 열정을 드러내서 발휘할 수 있도록 해주는 남자를 찾고 있습니다.

B
- 그녀는 정신적인 것의 가치를 높게 두고 있기 때문에 지적이고 액티브한 마인드의 소유자가 이상형입니다. 그녀는 자기 삶의 모든 것을 가족과 동등하게 공유하려는 성향이 있습니다. 그래서 결혼하면 남편에게 충실한 내조를 합니다.
- 반면 남편에게도 평등을 기대하므로 미래지향적인 페미니스트를 사랑하는 남자라면 그녀의 마음을 얻을 수 있을 것입니다.
- 정신적으로 예민하고 예측할 수 없는 성격을 편안하게 잘 이해해줄 수 있는 남자, 관용적인 사랑으로 정신적인 풍요로움을 줄 수 있는 남자를 원합니다.

C
- 그녀는 자신을 알아봐주는 남자를 원합니다. 자신의 내면의 깊이를 이해하고 장점들을 민감하게 알아보는, 부드럽고 사려 깊은 남자를 바랍니다.
- 사랑에 대한 판단은 애매하며 종종 사랑에 대해 잘못된 환상을 품고 있기도 합니다. 남자를 믿지 않으며 콤플렉스도 많아서 사랑에 대한 깊은 상처를 가지고 있기도 합니다.
- 그녀는 사랑을 받기보다는 주는 데서 더 큰 기쁨을 얻고, 봉사를 받기보다는 상대에게 봉사하면서 더 행복해하는 사람입니다.

D
- 그녀는 감정적으로 자신을 지지해주고 자신의 약점을 스스로 인정하고 받아들일 수 있도록 도와주는 남자를 원합니다. 완전하고 독립적인 존재로서의 여성을 원하는 남자를 사랑하게 됩니다.
- 연애에서 충동적이고 헌신적인 자세를 취하며, 상대방도 에로틱하고 강렬한 에너지를 보내주기를 바랍니다.
- 진정한 사랑에 빠지면 자기가 가진 걸 모두 상대에게 주지만, 반대로 상대에게서 얻을 수 있는 건 모두 얻어내야 한다고 생각합니다.

E
- 그녀는 외모를 보는 편입니다. 일단 잘생긴 남자한테 마음을 빼앗깁니다. 근육질 남자이거나 파워가 넘치는 남자라면 연하라도 상관없다고 생각합니다. 남자다운 남자에게 지배받는 것을 좋아하기 때문입니다.
- 겉으로는 아주 차분하고 정숙한 것 같지만 내면에는 강렬한 섹슈얼함을 가지고 있습니다. 정신적인 면도 중요하지만 육체적인 면에서 잘 맞는 것도 중요하다고 생각합니다.
- 교제하는 동안에는 다른 남자에게 한눈을 팔지 않는 성실한 연인이 되지만, 상대방이 자신에게 정성을 들이지 않는다면 다른 데로 한눈을 팔 가능성도 많습니다.

F
- 그녀는 모든 관심을 자기한테 쏟을 수 있는 남자, 모든 문제에 대해 숨김없이 몇 시간이고 말해줄 수 있는 남자, 자기를 언어로 표현할 수 있는 남자를 이상형으로 생각합니다.
- 애인으로는 지적이고 정보도 많고 재미있으며 쉽게 어울릴 수 있는 진정한 친구가 될 수 있는 사람을 원하며, 무엇보다 말이 통하고 취향이 같은 사람을 찾습니다.
- 결혼 상대로는 생활에 편안할 만큼 부유한 남자, 육체적인 매력과 함께 내면의 공허함을 채워줄 수 있는 남자를 원합니다.

G

- 그녀의 수시로 변하는 감정의 기복을 그야말로 헌신적으로 달래주고 풀어주고 마음을 열어줄 수 있는 남자가 이상형입니다.
- 연인관계에서는 둘 사이에 그 누구도 끼어들 수 없는 충실한 관계를 원하며 정도가 지나치면 집착으로 변할 정도로 독점력이 강합니다.
- 감정적으로나 물질적으로 아주 큰 안정감을 제공해줄 수 있는 남자를 원하며, 부드러운 남자, 자유로운 마인드의 소유자여야 합니다.

H

- 그녀는 마음 씀씀이가 넓은 애인, 화려함을 제공해줄 수 있는 애인, 계속해서 자기를 찬양해주는 애인을 원합니다.
- 가난하거나 전망이 없는 남자는 안 되고, 매너가 없고 자기 앞에서 엄마나 예전 여자친구, 자기보다 잘난 여자들 얘기를 하는 남자도 안 됩니다. 자기를 비난하거나 무시하는 남자에게는 아예 만날 기회도 안 줍니다.
- 남자를 유혹하는 데 너무 많은 에너지를 소비하는 것을 싫어하며 매력적인 왕자가 나타나서 멋진 자신에게 구애하길 느긋하게 기다립니다.

I

- 그녀는 자신의 욕구를 거의 표현하지 않기 때문에 그 첫 표현을 도와줄 수 있는 센스 있고 노련한 남자를 필요로 합니다. 남성 우월적인 태도로 접근하는 남자들은 기회를 얻기 힘들 것입니다.
- 겉모습은 아주 현실적으로 보이지만 속으로는 상상 속의 로맨스를 꿈꾸고 있습니다. 사랑에 빠지면 애인에게 아주 헌신적으로 행동합니다.
- 남자가 리드하길 원하면서도 저속하고 허풍떠는 남자는 싫어하며, 취향이 고급스럽고 늘 말쑥하게 차려입는 남자를 좋아합니다.

J
- 그녀는 말을 잘하는 남자, 지적이고 세련된 취향의 남자에게 끌립니다. 하지만 그녀의 마음을 파고들려면 관대하고 이해심이 많은 남자여야 할 것입니다.
- 그녀와 결혼까지 가려면 재정적으로 안정되거나 최소한 비전이라도 확실해야 합니다. 그녀에겐 사랑에 있어서 경제력이 중요하기 때문입니다.
- 안전하고 행복한 가정을 꿈꾸며, 그런 가정을 만드는 데 필요한 돈의 중요성을 정확하게 인식하고 있습니다. 가정에 정착하면 천사표 아내가 되는 사람입니다.

K
- 그녀는 뜨거운 몸과 냉정한 마인드를 소유한 사람입니다. 전통적인 미인은 아닐지 모르나 묘한 매력을 품어내고 있어 주위에 따르는 이성이 많을 수 있습니다.
- 그녀가 원하는 남자는 정열적인 남자, 강렬한 남자입니다. 일 또는 애정에 있어서 미적지근하거나 허약한 남자에게는 관심이 없습니다. 자기 삶의 모든 것에 강렬하게 집중하고 열정적인 사람을 원합니다.
- 남자를 지배하려는 욕구도 있으나 사랑에 빠지게 되면 상대에게 충실한 타입이며 권태기를 참지 못해 항상 사랑을 확인하려는 경향이 있습니다.

L
- 그녀는 사랑을 할 때도 자유와 독립을 우선시합니다. 상대에게 충실하더라도 믿음까지 주지는 않는 경향이 있습니다. 애인에 대한 우선적인 관심은 상대의 열정과 성적 에너지가 자신과 일치하는가입니다. 애정 표현을 자유롭게 하는 데서 기쁨을 느낍니다.
- 다양한 타입의 남자들과 만나기도 하는데 그녀가 원하는 남자는 가장 남자다운 남자입니다. 마초 타입의 난폭한 남자가 아니라 강하고 의지가 깊고 직선적이면서도 동시에 부드러운 남자를 원합니다.
- 저돌적이면서 강렬한 애정 표현을 하면서도 한편으로는 섬세한 감수성을 표현하는 남자에게 빠져들게 됩니다.

p r o l o g u e

'결혼'과 결혼한 25년, 조촐한 은혼식을 맞이하다

결혼이라는 특별한 분야에서 일을 한 지 25년, 하루 24시간도 모자라서 꿈에서조차 일을 했던 시간이었다. 불광불급, 미치지(狂) 않고서는 미칠 수(及) 없다는 말을 증명이라도 하려는 듯이 매달렸다.

"당신이 하는 중매라는 게 무엇인가?"라고 누군가 내게 묻는다면 난 "잘 살 수 있는 확률이 높은 상대를 만날 기회를 만들어 주는 것"이라고 대답할 것이다. 혹 개똥철학이라는 말을 들을지도 모르겠다. 하지만 나는 그렇게 2만 9천여 명을 결혼시켰고, 10만 명 이상의 만남을 주선했다.

결혼 25주년은 흔히 은혼식이라고 해서 기념을 한다. 의미를 부여하자면 올해는 내가 '결혼'이라는 일생의 테마 속으로 뛰어든 지 25년, 이 한 권의 책으로 조촐한 은혼식을 맞이한 것 같은 기분이다.

  이 책은 한마디로 '라이브'다. 마음을 젖어들게 하는 미사여구는 전혀 없고, 치열하고 생생한 중매의 현장이 있을 뿐이다. 어찌 보면 계산적일 수도, 계획적일 수도 있어 보이지만, 본질적으로는 어울리는 짝을 만나 행복하고 싶어 하는 순수한 열망의 집산이다. 나 역시 바라는 것은 전광판 숫자처럼 결혼 커플의 합계가 바뀌는 것이 아니라 그만큼 행복한 결혼을 한 사람들이 많아지는 것이다. 각 에피소드마다 결혼에 이르는 사람들이 배우자를 어떻게 만나는지에 대한 과정을 보여주며 메시지를 담았다. 이 시대에 사람들은 결혼에 대해 무엇을 고민하고, 어떤 해답을 찾고 있는지가 보인다. 이런 다양한 고민과 해답은 학교에서 선생님이 중요하다고 강조하기 위해 긋는 빨간색 밑줄처럼 눈에 확 들어오지 않을 수도 있다. 비슷한 상황에 있는 사람들이 공감하고 길을 찾는 데 도움이 된다면 그걸로 족하다.

  내가 결혼사업을 시작해서 기반을 다져온 사반세기는 한국 사회의 전반이 급격한 변화의 물결에 휩싸였던 시기였다. 유교적 정서를 기반으로 뿌리가 견고했던 결혼문화 또한 변화를 피해갈 수는 없었다. '골드미스'라는 신인류가 출현했고, 누구든지 마음만 먹으면 결혼하는 시대에서 돈이 없으면 결혼 못하는 시대로 넘어왔다. 그 어떤 분야보다 혁명적인 변화를 겪은 결혼현장에서 난 몸으로 모든 것을 체험했다. 아마 전 세계 70억 인구 중에서 나는 적어도 결혼에 있어서만큼은 전무후무한 경력자일 것이다. 그만큼 정수를 터득했다는 말이다.

사실 재앙과도 같은 우리의 저출산 문제는 사회 전반에 그 어두운 그림자를 드리우고 있고, 이런 상황에서 내 생각과 경험이 해결의 실마리가 되지 않을까 하는 바람도 갖고 있다. 이런 거창한 것을 떠나서라도 많은 사람들이 배우자를 만나는 인생에서 가장 중요한 과정에서 준비가 안 되고, 경험이 없어서 자신에게 맞는 사람을 만나지 못하거나 안 맞는 사람들끼리 만나 이혼으로 이어지는 많은 일들을 보면서 25년간의 현장 경험 정리는 필연적이라고 생각했다. 많은 독자들에게 내 경험이 좋은 배우자를 찾는 열쇠가 되기를 감히 기대해본다.

한편 2만 9천여 명을 결혼시켰다는 성취감보다 결혼시키지 못한 5만여 명의 회원들에 대한 미안함과 부채감이 더 부단히 노력하면서 현재 결혼을 의뢰 중인 2만여 명 그리고 앞으로 만날 싱글남녀들을 위한 완성형 커플 매니저가 되는 데 원동력이 되고 있다. 이 책을 통해 그분들에게 내 마음을 전하고 싶다.
 "더 노력하겠습니다. 고맙습니다."

contents

커플 어드바이스 4

프롤로그 14

×

어머니는 '사'자 신랑감, 딸은 반듯한 남성 22

아이가 셋인 30대 이혼녀의 재혼은? 28

한때 잘나갔던 중년 이혼남, 지금은… 34

자식 이기는 부모 없듯이 자식 결혼 쉽게 시키는 부모도 없더라 40

300명 소개받고도 결혼을 못한 노총각의 고민은? 45

스무 살부터 결혼을 계획한 스물다섯 그녀의 이상형 50

간섭 심한 남성에게 집착 심한 여성을 소개했더니… 54

58세 연애초보에게 사랑은 너무 어렵다 60

폭탄급 외모의 남성이 미인 둘을 동시에 사로잡은 비밀 66

학벌 하나 좋은 남자가 10kg 빼고 부잣집 사위 되다 71

부모에게 얹혀사는 40대 세 자매에게 소개한 세 남성 76

완벽한 이상형과 결혼한 그녀, 그 속사정은? 81

20년째 이혼을 준비 중인 그 남자 87

75kg 무거운 그녀를 가볍게 중매하다 95

79세 아버지의 마지막 소원 103

한국의 골드미스를 꿰찬 월가의 임원은 로또 맞았다 112

자식 비서 노릇하는 부모들이 늘고 있다 117

쌍둥이 자매가 같은 남성과 맞선 본 기막힌 사연 123

그는 그것을 원했고, 그녀들은 원치 않았다 128

30대 후반 그 킹카는 '마음에 쏙 드는 여성'을 절대 만날 수 없다 134

사업가 아내와 주부 남편, 참 잘 만난 두 사람 138

진상 남성과 진상 어머니의 맞수 대결, 그 승자는? 143

딸이 만나는 남성을 뒷조사하는 아버지의 속사정 149

이혼한 전처의 중매를 부탁한 남자 154

부모의 반대 불구 야반도주로 결혼에 성공하다 159

35살 이상 여성 2명 중 1명 평생 결혼 못한다? 165

8대 종손 아버지의 9대 종손 아들 장가 보내기 175

300번 넘게 맞선 보고 결혼에 성공한 여자의 결혼 상대는? 182

국제결혼 커플 마크와 엘리스 190

우리는 여러 번 결혼하는 시대를 살고 있다 198

외동딸 둔 천억 원대 부자의 사윗감 조건 204

그녀의 행운은 거기까지였다 210

어장관리에 대처하는 방식 214

여자는 왜 결혼을 늦출수록 손해 볼까? 218

집 있는 그녀, 집 없는 그를 왜 만나나? 222

결별 남녀, 비싼 명품 선물 어찌하오리까? 226

14살 차이 커플, 감정을 표현하는 방식의 차이가 다르더라 229

이혼할 사람이 처음부터 정해져 있는 건 아니다 232

직업과 성실함, 두 여자의 18년 237

마흔여덟 처녀의 결혼 결심, 왜? 240

남자들은 가고, 선물만 남았다 243

600번 맞선 본 그 남자, 결국 결혼은? 249

스파크 찾다가 되려 만남의 불씨 꺼져버린 40대 후반 노총각 255

배우자를 선택할 때 치열한 이기심이 꿈틀거린다 259

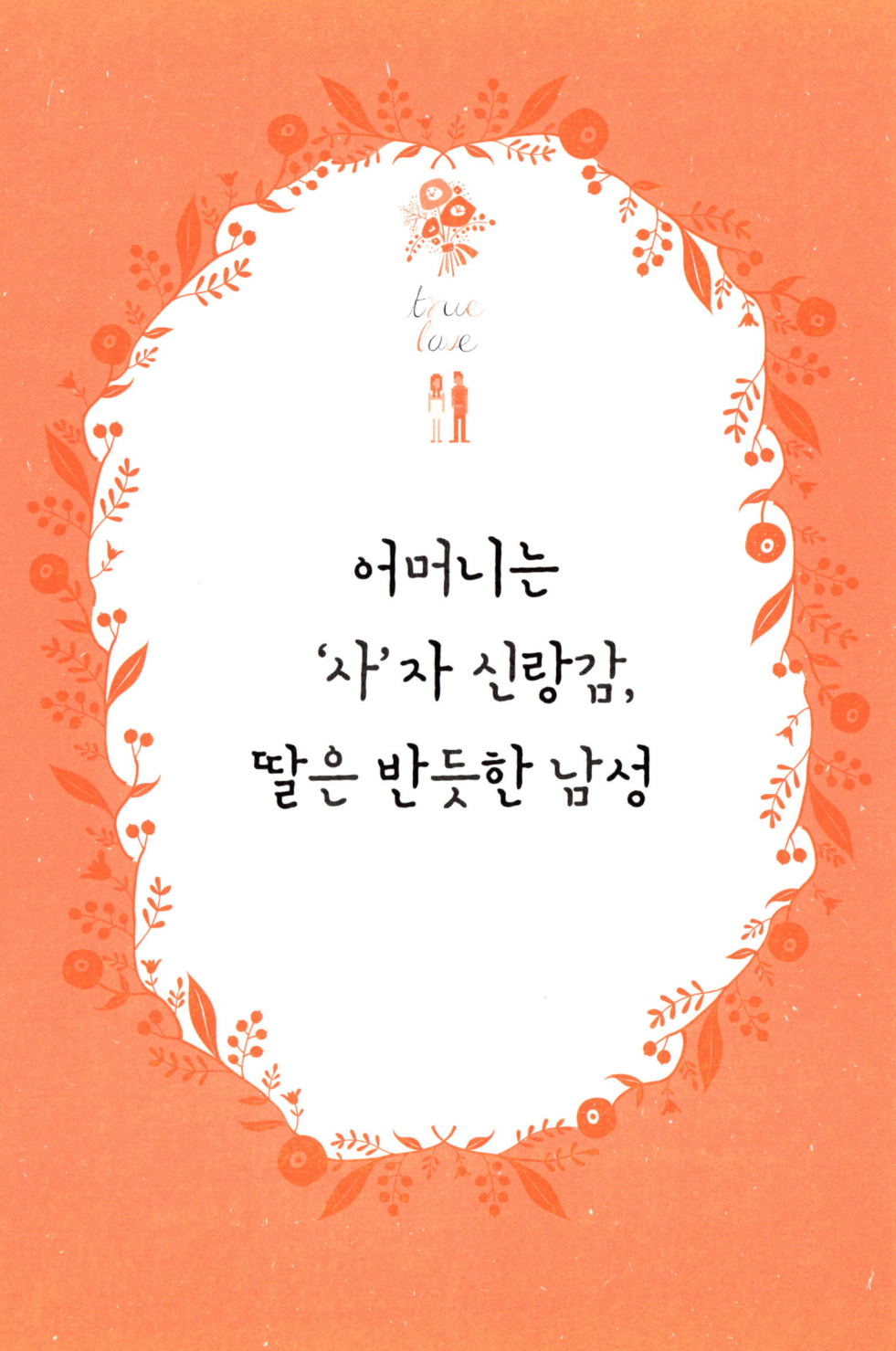

어머니는
'사'자 신랑감,
딸은 반듯한 남성

· · ·

20대 중반인 것 같은데, 그녀에게서는 발랄함보다는 처연함이랄까 애잔함 같은 것이 먼저 느껴졌다. 백옥 같은 피부로 인해 그런 느낌을 받은 것일 수도 있지만, 생각해보니 인간적인 감정이 그 원인인 것 같다.

대학원 졸업을 앞두고 있다는 그녀와 인터뷰를 위해 처음 만난 자리에서였다. 인터뷰라고 함은 소개를 의뢰받은 후 회원을 직접 만나 구체적으로 파악하고, 이성에게 소개할 수 있을지를 판단하는 꼭 필요한 과정이다. 사실 그녀를 만나기 2주 전에 어머니를 먼저 만났다. 그녀의 어머니는 방문 전에 5번 이상 전화를 해서는 피곤할 정도로 많은 것을 물었고, 사무실에 와서도 연신 주위를 두리번거리며 뭔가를 확인하는 것 같았다.

어머니를 처음 봤을 때 흰머리가 많아서 손녀를 둔 할머니, 아니면 30대 골드미스의 어머니인 줄 알았다. 알고 보니 어머니는 60대 중반으로, 늘그막에 외동딸을 하나 두었다고 한다. 현역 때는 활발하게 활동했고, 은퇴 후에는 전원생활을 하는 중이었다.

어머니가 원하는 남성은 재력 있는 집안의 '사'자 신랑감이었다. 대화 내내 몇 번이나 이 부분을 강조했다.

"어머님, 꼭 '사'자 신랑감만 원하세요? 안정적인 직장에 근무하는 좋은 남성들도 많은데, 그렇게 국한시키면 소개 범위가 좁아집니다."

"그게 부모로서 딸에게 해줄 수 있는 최선이니까요. 아직 아이 미래도 불확실하고, 우리 나이가 많아서 젊은 부모들만큼 오래 돌봐주지도 못하고요. 든든한 신랑 만나면 본인도 편하고, 우리도 마음이 놓이니까요."

"요즘 젊은 사람들은 마음이 맞아야 하는데, 따님과는 결혼 얘기를 해보신 거예요?"

"아직 어린 애가 뭘 알아요? 인생 오래 산 부모 말 들어서 나쁠 게 없죠. 마음이란 건 살면서 맞춰가야죠. 마음, 마음 하는데, 직장 변변치 못해서 사는 것을 걱정한다면 사람 좋은 게 무슨 소용 있어요?"

어머니는 '사'자 사윗감을 보려고 나름대로 준비를 해놓았다고 했다. 딸 명의로 50평 아파트도 마련했고, 남은 재산도 하나뿐인 딸에게 모두 물려줄 것이라고 했다.

"어머님, '사'자 신랑감이라고 다 잘 사는 거 아닙니다. 자기 직업에 대한 프라이드가 강하면 고자세가 될 수도 있고요. 결혼이란 게 잘난 사람과 산다고 행복한 게 아닙니다. 따님에게 필요한 사람은 건강하고 착한 사람이 아닐까 싶습니다."

"사장님 생각도 일리는 있지만, 우선 내 마음에 들어야 하니까 그런 사람으로 알아봐 주세요."

아무래도 어머니는 뜻을 굽힐 것 같지 않았다.

"알겠습니다. 그런데 어머니, 남녀의 만남은 상호작용입니다. '사'자 신랑감을 원하시는데, 따님이 그럴 여건이 되는지도 중요합니다. 예전에야 열쇠 3개라면 오케이였지만, 요즘은 본인들도 여력이 있어서인지 여성의 외모도 많이 봅니다. 따님을 한번 만나보고 나서 소개에 들어가야 할 것 같습니다."

사실 여성은 서울의 중위권 대학을 졸업한 평범한 대학원생이었다. '사'자 신랑감이라고 특별한 사람과 결혼하는 것은 아니지만, 그래도 그런 남성들이 찾는 여성과는 다소 거리가 있었다. 게다가 부모님 관심이 너무 많으면 회원을 받고도 고생하는 경우가 많다. 이 경우도 어머니가 일관되게 '사'자 신랑감을 고집하다 보니 소개에 어려움이 많을 것 같아서 사실 회원으로 받지 않을 생각으로 내 의견을 강하게 표현한 부분도 있었다. 하지만 어머니의 정성을 봐서 딸을 만나보기로 한 것이다.

"저는 건강한 사고를 가진 반듯한 사람이 좋아요."

"어머니는 생각이 좀 다르시던데요."

"그건 엄마가 저를 걱정해서 그러시는 거고요. 그 부분은 엄마한테 말씀드릴 테니 걱정 안 하셔도 돼요."

"남성의 성격은 그렇고, 직업은요?"

"사람이 성실하면 무슨 일이든 못하겠어요? 전 그게 직업보다 중요하다고 보는데요."

그녀를 만나 보니 배우자의 품성만 좋으면 된다는 생각을 갖고 있었다. 어머니처럼 너무 직업에 치우치는 것도 문제지만 그녀는 다소 낭만적이라고 할까, 현실적인 부분을 고려하지 않는 경향이 있었다.

개성 강하고 조건에 철저한 요즘 여성들만 보다가 다소곳하고 수용적인 그녀를 보니 어머니가 왜 그렇게 딸을 걱정했는지 알 것 같았다. 그녀는 온순하고 보호 본능을 일으키는 가녀린 인상이었다. 내가 봐도 저런 사람이 부모님 돌아가신 후 형제자매도 없이 혼자 세상을 어떻게 살아갈까 하는 생각이 드는데, 부모님은 오죽하겠는가. 그러다 보니 조카 같은 마음에 걱정까지 하게 되었다.

내가 보기에 여성에게는 '사'자 남성보다는 양친 슬하에서 잘 자라 정서적으로 안정되고 건강한 남성이 더 잘 어울릴 것 같았다. 아들만 있는 집안에서 딸 같은 며느리를 원하는 경우라면 금상첨화!

어머니 생각에 '사'자 신랑감이 얼마나 돈을 잘 버는지 모르지만, 안정된 직업을 가진 남성이면 먹고 살 걱정은 없을 것이다. 그러고 보니 어머니의 생각, 딸의 생각 그리고 내 생각이 다 달랐다. 그래서 우선은 딸의 연령대를 고려해서 28~32세 사이의 '사'자 신랑감 30명을 추천했다. 솔직히 그 안에 여성과 어울리는 남성이 있다는 확신은 적었다. 그런데도 소개를 진행하는 것은 사람이 없어서가 아니라 어머니의 마음을 돌리기 위해서였다. 만일 내 생각, 혹은 딸의 생각대로 남성을 소개하면 어머니는 결코 만족하지 못하고, '사'자 신랑감에 대한 미련을 버리지 못할 것이다.

이번 경우는 나에게 굉장히 어려운 의뢰였다. 어머니의 생각에 무리가 있다는 것을 알면서도 어머니의 걱정을 이해하는, 이런 데 나의 인간적인 고뇌가 있다. 그녀는 현재 '사'자 신랑감들을 먼저 만나고 있는 중이다.

아이가 셋인 30대 이혼녀의 재혼은?

· · ·

얼마 전 30대 이혼녀로부터 메일 한 통을 받았다. 자신은 자녀가 있는 상대를 원하는데 매니저들이 오히려 자녀 없는 사람들을 소개한다는, 일종의 하소연이었다. 보통의 재혼자들이 선호하는 자녀 없는 상대를 소개한 것에 대해 오히려 불평하는 데에는 뭔가 사연이 있는 듯싶었다. 그녀는 명문대를 나왔고, 집안도 좋은 1등 신붓감이었다.

"그때만 해도 제 인생이 마음먹은 대로 풀릴 줄 알았죠. 주변에 남자들도 많았고, 소개도 많이 받았어요. 그렇게 고르고 고른 사람인데…"

그녀의 선택은 외국의 명문대를 나온 변호사였다. 지역 사회에서 명망 있는 집안이고 남자 역시도 능력이 출중하다고 해서 소개를 받았고, 그렇게 믿었다. 결혼 후 남편을 따라 미국으로 건너갔을 때만 해도 그녀의 인생은 황금빛이었다. 말 그대로 아메리칸 드림을 꿈꾼 것이다. 하지만 그녀의 꿈은 딱 거기까지였다. 아이를 연달아 낳아 5년 만에 세 아이가 생겼다. 모든 것을 갖춘 것 같았던 남편이 실체를 드러내는 데도 오래 걸리지 않았다. 주변의 평판이 좋았던 것은 돈을 쓰고 인심이 후했기 때문이었다. 생활능력이라고는 없었고, 버는 돈은 본인 밑으로 다 들어갔다.

"이런 말이 있어요. 미국 워싱턴 높은 곳에서 돌을 던지면 벤츠 탄 변호사가 맞는다고요. 그만큼 변호사가 많다는 거죠. 그 안에서 경쟁해야 하는데, 개인으로 활동하다 보니 사건 하나 제대로 맡기가 어려웠어요. 그렇다고 로펌에 들어갈 능력도 안 되고…. 변호사라고 하니까 한국처럼 잘나가는 줄 알았죠."

변호사라는 간판만 갖고 있는 격이었다. 대책 없이 아이를 셋이나 낳은 상황에 결국 한국 부모님에게 손을 벌리기에 이르렀다. 하지만 그마저도 임시방편일 뿐, 여성으로서는 결단이 필요한 상황이었다. 결국 남편과 이혼한 그녀는 아이들을 데리고 한국으로 돌아왔다. 불과 6~7년 만에 그녀의 인생은 180도 바뀌어 있었다. 한국을 떠날 때는 뭐 하나 부러울 것 없는 새신부였지만 돌아올 때는 아이 셋 딸린 이혼녀였으니 말이다. 그나마 잘 사는 친정이 뒤에서 받쳐주니 다행이었다. 어머니가 아이 셋을 돌봐주신 덕분에 직장생활에도 빨리 적응했다. 귀국 후 5년 만에 가장으로서 제 역할을 할 만큼 안정되었다. 30대 중반의 한창나이인 그녀는 외로웠고, 조심스럽게 재혼을 생각하기 시작했다. 하지만 아무리 본인의 능력이 있고, 친정이 큰 힘이 되어주어도 현실적으로 그녀는 애가 셋이나 되는 이혼녀였다.

"돌아올 때만 해도 하루하루 먹고 사는 게 걱정이었는데, 이제는 앞을 보게 되네요. 어떻게 살아야 할까요? 제가 재혼은 할 수 있을까요?"

"듣기 좋은 말을 원하는 건 아니죠? 냉정하게 말하면 90%는 힘들다고 봅니다. ○○님 나이 때 남자들은 아직 자녀가 없거나 심지어 미혼도 적지 않아요. 남자들은 자기 자식 낳고 싶은 욕구가 강한데, 자식이 셋이나 있는 여성은 쳐다보지도 않죠."

"어떻게 제 또래 상대를 욕심내요. 나이가 좀 많아도 괜찮은데, 그래도 어렵나요?"

"5살 많으면 40대 초반, 10살 많으면 40대 중반인데, 그 연령대 남성들은 대부분 자녀가 있잖아요. 그러니 만일 재혼을 하면 자기 아이 말고도 아이가 셋이나 더 생기는데, 마음먹기가 쉽겠어요?"

"답이 나오지 않는다는 거죠? 그냥 이대로 살까봐요."

하지만 포기하기에 그녀는 너무 젊었다. 그녀의 경우는 젊은층의 이혼이 늘고 있는 우리 시대의 단상을 보여준다. 지난 세대에 이런 경우는 드물기도 했고, 대부분 그냥 개인사로 묻혔지만 이제는 한 집 걸러 한 집 이혼자가 있는 상황이다. 이는 단지 한 해 33만 쌍이 결혼하고 11만 쌍이 이혼한다는 수치상의 개념이 아니다. 한 해를 기준으로 보면 얼마 안 되는 것 같아 보이지만, 오랜 시간을 두고 점점 쌓이면 엄청난 비율이 된다. 이혼은 개인사가 아니라 국가 차원에서 고민해야 할 시대적인 문제가 되었다. 남의 일이 아니라 나 자신, 혹은 가족 누군가가 겪는 일이다 보니 이혼 후의 삶, 사랑과 양육 문제가 우리 모두의 숙제가 된 것이다.

"그래도 포기하면 안 되죠. 어떻게든 이성을 만나야 합니다. 연애를 하는 사람과 그렇지 않은 사람은 피부, 눈빛, 표정까지 다

달라요."

그녀는 첫 결혼의 실패 때문인지 학벌도 집안도 안 따지고, 일단은 경제력이 있는 사람이면 좋겠다고 했다. 그리고 하나 더 덧붙이는 말이 있었다.

"제가 아이가 줄줄이 있잖아요. 자녀 있는 사람 만나야 공평하죠."

"제 생각은 좀 다르네요. 자녀가 없는 사람을 만나는 게 좋습니다. 아이가 셋 이상 되면 양육이 힘들고, 그게 또 살면서 문제가 되거든요."

"그런 사람이 어디 있겠어요?"

"자녀를 낳을 수 없거나 어떤 사정이 있어 자녀가 없는 사람이요. 재혼 생각하면 아무도 못 만나요. 남자친구로 편하게 만나면서 나중을 생각해야죠. 만나다가 정이 들면 결혼하고 싶어질 수도 있고, 남녀관계라는 게 알 수가 없으니까요."

무엇보다 지금은 그녀에게 여자로서의 행복이 더 절실했다. 불행한 결혼생활과 세 아이의 양육으로 많이 지쳐 있었고, 많은 역할을 해나가야 하기에 잠시 숨을 고를 수 있는 쉼표가 필요하다고 판단했다. 우선은 그 부분을 충족시킨 후에 좀 여유롭게 결혼이건 연애건 생각하는 게 순서였다. 보통 결혼에 실패하고 나면 한번은 잘 살아봐야 하지 않겠냐는 생각을 한다. 하지만 그렇게 맹목적으로 매달리다 보면 또 실패하게 된다. 그녀 역시도 비록 아이가 셋 있지만 능력이 있으니 노력하다 보면 잘될 거라는 낙

관적인 기대를 하고 있었다. 나 역시도 그녀에게 희망을 주고 싶지만, 그건 희망고문에 불과하다. 그런 기대 자체가 그녀에게 더 큰 실망과 불행을 안겨주니까. 내가 냉정할 수도 있지만 그녀를 현실에 눈뜨게 하고, 현재 상황에서 최선의 선택을 하게 해주는 게 내 역할이라고 생각한다.

"즐기라고 하면 기분 나쁘게 받아들이는 분들이 있어요. 남녀가 만나는 목적이 꼭 결혼만은 아니잖아요. 지금 상황에선 결혼이 목표가 되면 아무도 못 만나요. 나중에 잘될 수도 있다는 가능성을 열어둬야죠. 하지만 일단 그냥 만나보는 게 중요합니다."

내가 해줄 수 있는 얘기는 다했다. 이제 나는 그녀에게 부담 없이 친구처럼 만날 수 있는 사람을 소개할 것이고, 그 다음 일은 그녀의 선택이다.

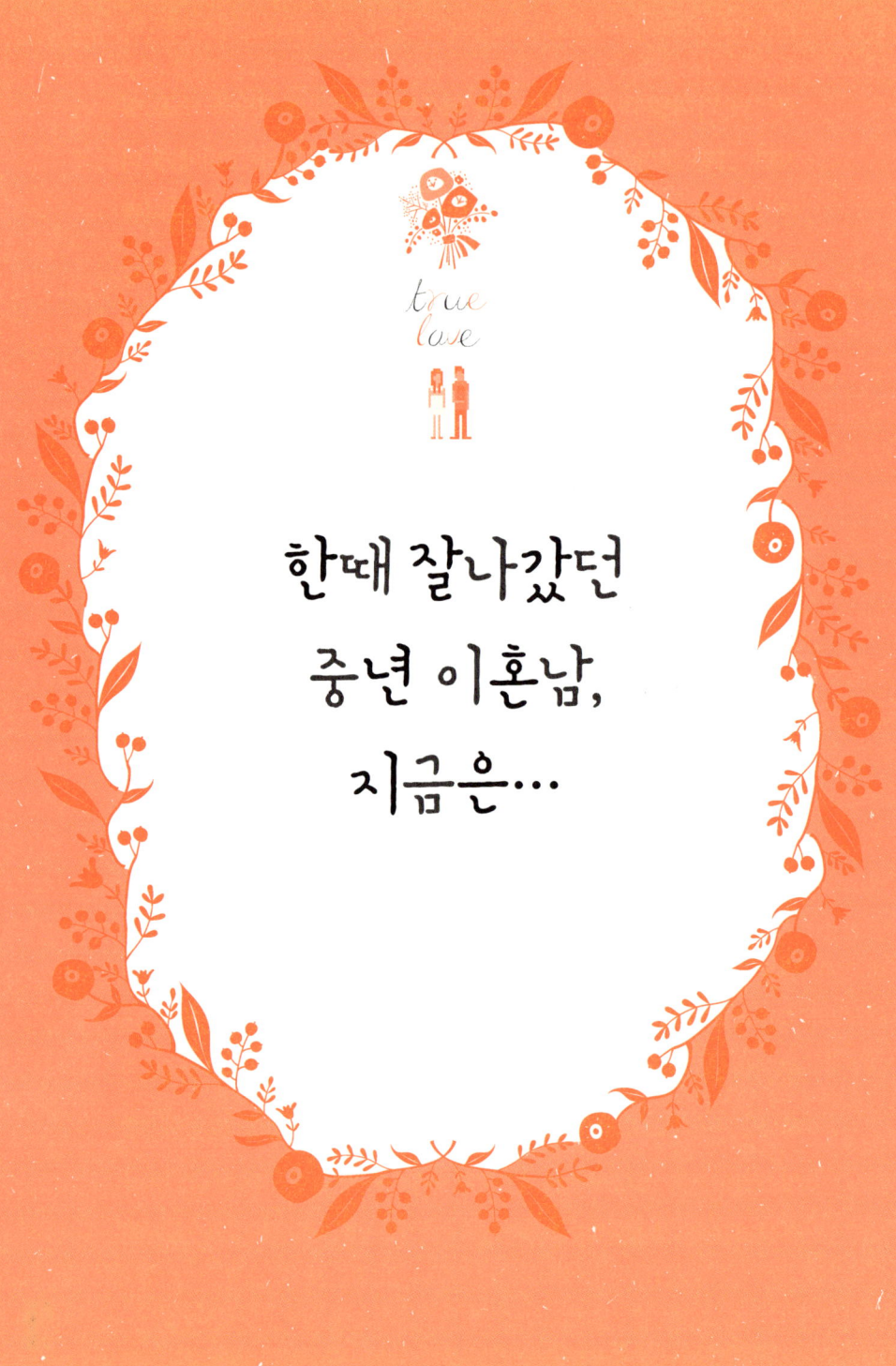

한때 잘나갔던
중년 이혼남,
지금은…

닭갈비 익는 소리가 꽤 먹음직스럽게 들린다. 그와 오랜만에 갖는 술자리인데, 돌이켜보면 15년 전에는 이 남자와 로얄 살루트, 헤네시 코냑 같은 값비싼 양주를 마셨다. 그런데 지금은 소주를 마신다는 게 조금 어색하다고 해야 할까.

"행복하죠?"

"편안합니다. 우리 나이에 그런 게 행복 아닌가요?"

그는 첫 번째 결혼에 실패하고 몇 년 전 재혼했다. 그 두 번의 결혼을 다 내가 중매했다.

그를 처음 만난 건 1990년대 중반이었다. 당시 벤처 붐이 한창이었는데, 그도 벤처사업을 하고 있었다. 환경은 평범했지만 그의 열정과 능력이 예사로워 보이지 않았고, 그래서 성공할 것을 예상했기 때문에 인상 좋고 잘나가는 여성을 소개했다. 내 예상대로 그는 사업적으로 크게 성공했다.

중매하면서 사람들에게서 두 가지 다른 모습을 보게 될 때가 있는데 하나는 평범하다가 갑자기 부자가 된 후의 모습이고 다른 하나는 반대로 굉장히 잘나가다가 갑자기 많은 것을 잃었을 때의 모습이다. 공평하게도 신은 행운만 주거나 불운만 주는 것이 아니라 행운과 불운을 함께 주는 것 같다. 행운을 줄 때는 불운을 감춰놓고, 불운을 줄 때는 행운을 감춰놓는다. 그것을 찾는 것은 우리들 몫이다. 그 남성에게는 갑자기 행운이 주어졌다. 남성의 경우, 성공하면 술 마시는 횟수가 많아지고 고급술을 찾는 것이 보통이다. 그리고 가는 곳마다 여자가 따른다. 그다음 코스는 가정불화이다. 그래서 부부를 따로 만나서 슬쩍 몇 마디 건넸다.

"남편분이 결코 잘하는 건 아니죠. 하지만 젊은 날의 일탈일 수도 있으니까 한 번 정도는 기다려주는 게 어떨까 싶네요."

"아무리 사업하는 사람이라도 적어도 가정은 지키면서 해야죠."

그는 뭐든 다 잘해낼 자신이 있다면서 걱정하지 말라고 큰소리쳤다. 하지만 남자는 바람을 피우고 말았고, 그로 인해 이혼을 하게 되었다. 남자는 부인에게 위자료를 많이 주고 결혼생활을 정리했다. 그러고는 얼마간 남자의 전성시대였다. 싱글이고 돈 많은 사업가인 그는 늘 주변의 환영을 받았고, 대접도 받았다. 누구 눈치 볼 필요도 없이 하고 싶은 대로 하고 살았다. 여기서 절제를 해야 했는데, 그러지 못했다. 그러는 동안 자신도 모르는 사이에 조금씩 무너져갔고, 회사도 점점 기울었다. 그 남자와 만난 지 10년이 지났지만 여전했다. 사업이 예전처럼 잘되는 것이 아니었는데도 그의 씀씀이는 여전했고, 그날도 여성들이 술시중을 드는 고급 술집으로 나를 불렀다. '아… 이 사람 정말 안 될 사람이구나…. 머지않아 큰일 나겠구나.' 그때 그에게 크게 실망을 해서 바로 술집을 나와버렸고, 이후로는 만나지 않았다. 그리고 세월이 흘렀고 그 사이에 그는 사업에 실패해 주변에 큰 피해를 주고 외국으로 피신했다고 들었다.

그를 다시 만난 것은 4~5년 전쯤인 것 같다. 예전의 그 총기 어린 눈빛은 흐려지고, 피부도 까칠했다. 댄디한 사업가였는데 완전히 아저씨가 다 된 그를 보니 허무하고 안타까웠다.

"그동안 고생 많이 했나 보네요."

"큰소리쳤던 게 부끄럽습니다. 인생에서 좋은 기회는 자주 오는 게 아니더라고요. 호시절에 잘 살았어야 했는데…."

"아직 젊은데, 다시 시작하면 되죠."

그는 조심스럽게 재혼의사를 비쳤다. 내가 눈을 크게 뜨고 쳐다보니 빙그레 웃으며 말했다.

"다 망한 주제에 무슨 재혼이냐고 생각하시는 거죠?"

"그렇게 솔직하게 나오시니 말씀드리기가 한결 수월하네요. 나이도 있고, 재혼이다 보니 사실 경제적 기반이 제일 중요하죠."

"다행히 비빌 언덕은 아직 있습니다."

부모님께서 작은 부동산을 물려주셨는데 시가로 2억 5천에서 3억 정도 되고, 그것이 전 재산이라고 했다. 인생에 지치고 모든 것을 초월한 것 같은 그에게 재혼은 하나의 희망이었을 것이다. 그래도 난 할 말은 해야 했다.

"늙어갈수록 혼자는 힘듭니다. 하지만 사장님은 예전처럼 미인은 만날 수 없습니다. 평범한 여성을 만나야 하는데, 받아들이실 수 있습니까?"

"그럼요. 제 처지가 이런데요. 대표님 말씀대로 하겠습니다."

그래서 그와 비슷한 상황의 여성을 찾아보니 마침 자녀 없이 사별하고, 재산이 1~2억 정도 있고, 중소기업에 다니는 여성이 있었다. 여성에게 남성의 상황을 솔직하게 얘기했다.

"사업에 실패는 했지만, 그래도 큰일을 했던 사람이라 경험과 판단력이 있기 때문에 아마 장사를 하더라도 잘할 겁니다. 실패를 겪으면서 더 단단하고 신중해져서 잘나갈 때보다 인간적으로 훨씬 호감이 가고요. 그분을 지금 만나신 게 행운이라고 생각합니다."

내심 좀 아쉬워하는 것 같은 남성에게는 돌직구를 날렸다.

"이 여성분이 최선입니다. 과거에 금수저로 밥을 먹었건 얼마나 잘나갔건 지금 말해 봤자 아무 소용없죠. 비슷한 분들끼리 만나서 서로 믿고, 만족하면서 살면 얼마든지 하기에 따라 더 좋은 날이 오는 거 아닙니까?"

그렇게 해서 두 사람은 만났고, 몇 달 후 재혼했다. 서울 근교 소도시에 내려가 가진 돈을 합쳐서 조그만 아파트를 얻고, 소규모 자영업을 하며 살고 있다. 이제 재혼 3년째인 그를 다시 만나 그와의 15년을 반추해본다. 그 남자의 드라마틱한 인생을 통해 기회가 많을 때, 잘나갈 때 악마의 미소가 숨어 있다는 것을 명심하고 절제하며 살아야 한다는 것을 배웠고, 큰 실패 뒤에 혼자가 아니라 둘이서 함께 새로운 희망을 일궈나가는 것을 보면서 관계의 특별한 의미에 대해 다시 한 번 생각하게 되었다. 꼭 가정의 형태가 아니더라도 사람에겐 함께 할 누군가가 필요하다. 혼자 사는 건 초인(超人)이나 가능하다. 누군가를 책임진다는 것이 꼭 부담만 되는 건 아니다. 인생을 살아가고, 어려움을 헤쳐나갈 수 있는 동기가 되고, 힘이 되기도 한다. 그래도 굳이 혼자 살겠다면? 몇 가지 준비와 전제가 필요하다. 혼자만의 시간을 견디는 것을 넘어 즐길 수 있는 취미가 있어야 한다. 그리고 자신이 할 수 있는 분야에서 장인이 되어야 한다. 결국 혼자 삶으로써 필연적으로 파생되는 정서적인 결핍을 메울 수 있는 그 무엇, 예를 들어 신앙, 운동, 일 등이 있어야 한다.

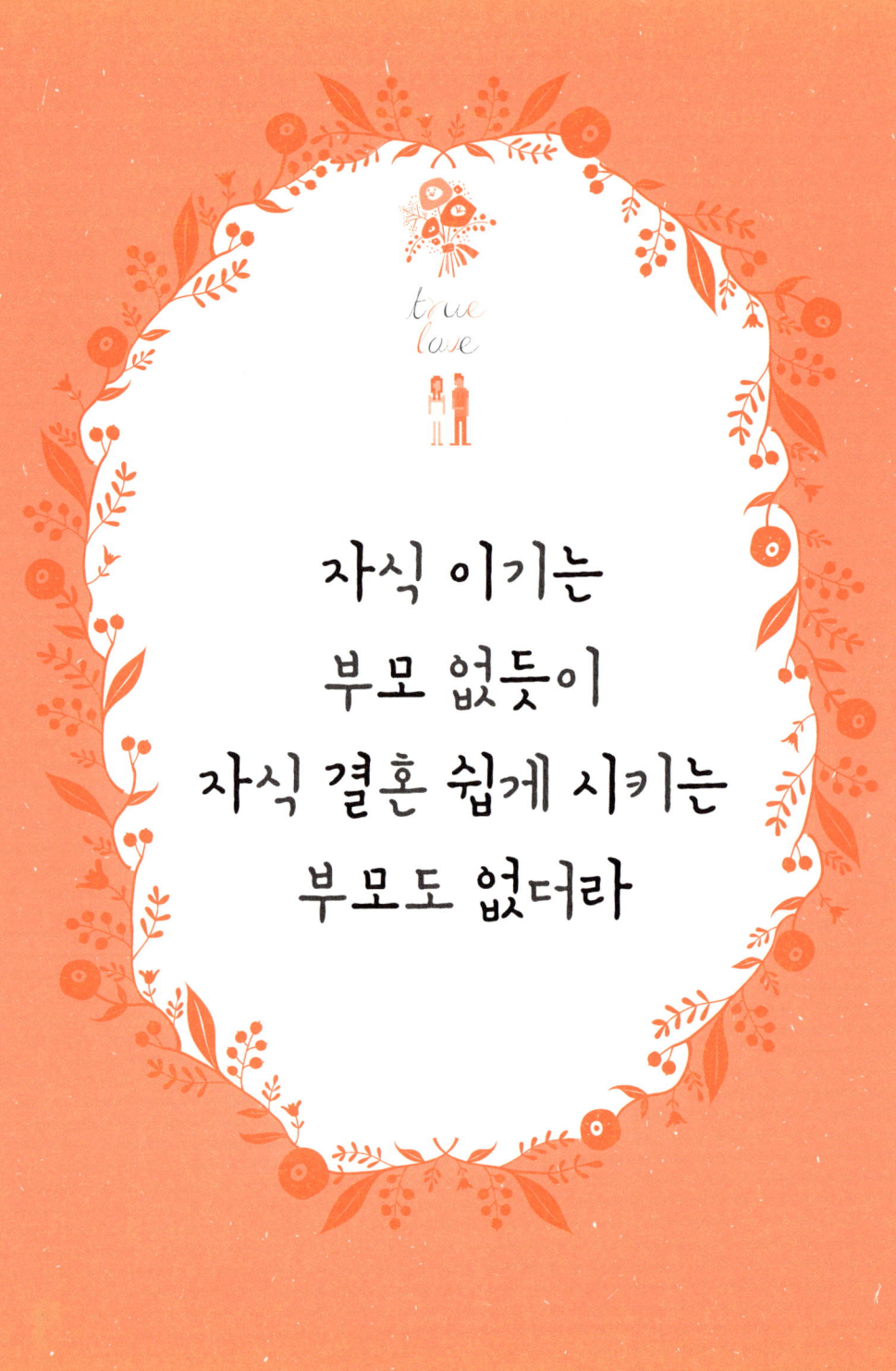

"딸이 사랑한다고, 꼭 결혼하겠다고 하는데 방법이 없었다. 부모가 자식 못 이긴다…."

한 정치인이 한 말이 자꾸 귓가를 맴돈다. 나도 두 딸이 있어서 그런지 '자식 이기는 부모 없다'는 옛말이 가슴에 꼭꼭 박히니 말이다. 자식의 행복을 바라지 않는 부모가 세상에 어디 있겠는가. 자신이 잘 살지 못했다면 자식만이라도 잘 살게 하고 싶어서, 혹은 자신이 잘 살았더라도 자식은 더 잘 살게 하고 싶어서, 그래서 안달을 하는 게 부모 마음이다. 자식이 잘 살지 못할까 봐 결혼을 반대하고 싶어도 자식 마음 상하게 할까 봐 차라리 자신의 마음에 대못을 기꺼이 박는 게 부모이다. 세상에 무서울 것 없는 역전의 노장들이 자식 앞에서 약한 이유는 바로 부모라서다. 나는 매일 자식 결혼 걱정 때문에 찾아온 부모들을 보면서 그 절절한 심정을 느낀다.

몇 달 전 캐나다에서 방문했던 분이 또 한국에 오셨다. 70을 훨씬 넘긴 아버지는 몸살기가 있는데도 딸의 결혼이 걱정되어 그 먼 길을 또 오신 것이다.

억척스럽게 사업해서 큰 성공을 거둔 한 어머니도 계신다. 눈빛도 강렬하고, 소위 '말발'도 대단한 당당한 여성이다. 이 어머니가 딸을 데리고 왔는데, 세상 무서울 것 없어 보이는 이분이 딸 앞에서는 세상에서 제일 약한 사람이 되어버린다. 연신 딸이 뭐 불편할까 물어보고 안색을 살피는 모습이 참 안쓰러웠다.

공기업 대표인 한 아버지는 널리 이름이 알려진 인사인데, 그분의 1남 1녀 중 외아들의 신붓감을 소개해준 적이 있다. 아버지의 화려한 이력에 비해 아들은 평범했다. 여러 차례 소개 끝에 한 여성과 교제를 시작했다.

"혹 바라시는 며느릿감 없으세요?"

"결혼은 아들애가 하는데, 내가 뭘…. 다 부모 욕심이지. 아들애가 좋다고 하면 나도 좋아요."

잘 만나던 두 사람이 조금 삐걱거렸나 보다. 결혼 얘기가 나오던 차에 여성 쪽에서 잠시 결혼을 늦추자고 했다는 것이다. 그러자 아들보다 더 애가 탄 아버지가 여성을 만났던 모양이다. 그러고는 "아무것도 해올 필요 없다. 몸만 와라"고 하면서 혼수 비용까지 주었다고 한다. 며느릿감이 예뻐서가 아니다. 결혼에 차질이 생기면 아들이 상심할까 봐 걱정하는 것이다. 그게 부모 마음이다. 내가 보기에 이 시대 자녀는 단군 이래 부모의 사랑을 가장 많이 받는 세대가 아닐까 싶다. 부모들에겐 한두 명뿐인 자식들이 인생의 전부가 되었다. 부모 세대는 가난한 시대에 태어나 치열하게 삶을 개척하면서 자기 분야에서 우뚝 섰다. 이제는 인생을 누릴 만해졌는데, 장성한 자식들이 또 치고 들어온다. 다른 것도 아니고 결혼을 시켜야 하니 만만하게 볼 일이 아니다. 그래서 다시 기운을 낸다. 그렇게 자신을 내려놓고 자식들에게 헌신하면서도 그들의 눈치를 본다. 그런데도 서운해하기는커녕 더 못해줘서 안달이다. 부모 세대는 어렵게 사는 게 당연했다. 고생 끝에 낙이 온다고 몸이 부서져라 일해도 그 고통이 달게 느껴졌다. 그렇게 고생을 했으면서도 자신은 누리지 못하고 자식들에게 다 넘겨줘버리는 이들이 현재의 부모 세대다. 여기에는 자신이 힘들게 고생했으니까 그 고생을 자식에게는 물려주기 싫다는 세대 집단의식이 잠재되어 있다. 또한 자신이 누리지 못한 부모의 사랑을 온전하게 주고 싶은 마음도 있다. 문제는 이 시대 젊은이들이 그저 말이 좋아 인생의 주인공일 뿐, 뒤치다꺼리는 다 부모들이 한다는 것이다. 결혼도 그렇다.

"우리 때는 그냥 물 흐르듯이 결혼이 당연했는데…. 자식일이라서 그런가, 결혼을 시키는 게 너무 어렵네요."

"차라리 내가 아프고 말지. 애들이 연애다, 결혼이다 힘들어하는데 어떻게 해줄 수도 없고…."

"부모만 안달복달하는 거 같아서 답답해요. 자기들 인생인데, 어쩌자고 천하태평인지…."

"우리랑 보는 눈이 다르니, 골라줄 수도 없고. 좋다고 하는 애들 보면 마음에 안 드는데, 그렇다고 뭐라고 할 수도 없고…."

"나는 연애해서 결혼하는 게 제일 큰 효도라고 생각해. 결혼할 때 애를 먹이면 살면서도 그렇더라고요. 숭덩숭덩 결혼하면 사는 것도 자기들끼리 뚝딱뚝딱 잘 살아."

부모님들 얘기를 들어보면 늘그막에 자식의 결혼까지 짊어져야 하는 현실이 걱정스럽다. 짠하다. 자기 분야에서 둘째가라면 서러울 분들이 자식 결혼은 어려워한다. 불황이다, 청년실업이다 결혼하기 어려운 시대인 건 맞다. 그래서 더욱 힘들어지는 것이 이 시대 부모들이다. 우리나라 부모들이 극성이라서가 아니고, 눈이 높아 최고의 사윗감, 며느릿감을 골라서도 아니다. 자식이 좋아하면 좋고, 힘들어하면 가슴이 아프고, 이렇게 단순해지는 것이 부모의 DNA라서다. 이것이 이 시대에 자식을 둔 부모로서 살아가는 많은 분의 자화상이다. 그래서 나는 오늘도 구두끈을 단단히 조여매고 회원들의 부모님을 만나러 간다.

··

한 회원으로부터 문자가 왔다.

"대표님, 일전에 추천해주신 의사분과는 궁합이 안 맞는다고 하네요. 이번에는 기대를 했었는데, 너무 아쉽습니다. 매번 신경 많이 써주시는데 이런 답신 드리게 되어 죄송합니다."

답신을 보냈다.

"충분히 이해합니다. 다음 상대를 다시 찾아서 추천해드리겠습니다."

이 남성 회원과 이런 내용의 문자를 주고받은 것이 10년째이다. 휴대폰이 없던 시절에는 전화로 의사 전달이 이루어졌다. 28세였던 그가 38세가 될 정도로 긴 세월이었다.

그가 이번 경우처럼 궁합을 봤는데 안 맞는다고 한 것이 10년 동안 300명이 넘는다. 실제로 만난 경우는 50여 명밖에 안 된다. 그래도 내가 그에게 계속 중매해온 이유는 직업적인 부분도 있지만 그는 자신의 요구를 관철시키면서도 소개하는 사람이 기분 나쁘지 않고, 오히려 애착을 갖고 일을 하게 만드는 매너나 요령 같은 게 있는 사람이었기 때문이다.

그를 만난 여성들, 심지어 그가 거절했던 여성들 중에서도 그에 대해 나쁘게 말하는 경우는 거의 없었다. 인간적인 매력이 많은 사람이었다. 그는 내가 만나본 사람 중에 뛰어나게 능력 있고, 품격과 인격까지 갖춘 남성이었다. 좋은 집안에서 잘 자랐고, 전문직에 종사하고 있었다. 결혼 상대에 대해 많은 것을 볼 수도 있는데, 그가 우선적으로 원하는 것은 궁합이었다.

개인적으로 나는 궁합을 믿지 않는다. 하지만 결혼에 대해서는 존중받아야 할 자신만의 가치가 있다. 누구는 늘씬한 스타일을 원하고, 누구는 경제력을 중시한다. 누구는 성격 혹은 외모, 라이프스타일을 소중한 가치로 생각한다. 이렇듯 이성에 대한 다양한 생각은 결코 평가의 대상이 아니다.

이런 생각을 하게 되면서 그의 거절도 당연하게 받아들일 수 있었다. 하지만 그가 너무 까다롭다면서 불평을 하는 매너저도 있었고, 그러면 나는 그를 불러다 일장연설을 하곤 했다.

그는 3형제 중 막내이다. 위로 두 형도 내가 중매를 했는데, 두 사람 모두 소개한 지 반년 안에 결혼을 했다. 그 역시도 뭐 하나 흠잡을 데 없는 사람이라 쉽게 결혼할 줄 알았다. 그런데 10년이 지나도록 나는 여전히 그와 궁합이 잘 맞는 여성을 찾고 있는 것이다. 궁합이 맞으면 성격, 스타일 등 여러 가지 이유로 거절을 하기 때문에 그를 중매하는 일이 앞으로 얼마나 더 오래 걸릴지는 잘 모르겠다.

최근에는 어떻게든 결혼을 성사시킬 생각에서 3번에 걸쳐 150명의 리스트를 그에게 주었다.

"대표님, 어쩌죠? 궁합 봐주는 사람이 있는데, 저랑 맞는 여성이 한 명도 없다네요."

"150명 전부 안 맞는데요? 한 명도요?"

내가 실수를 한 것 같았다. 궁합 시스템을 통해 그와의 궁합을 먼저 맞춰본 후 리스트에 맞다, 안 맞다 표시한 것을 지우지 않고 그에게 준 것이다. 궁합 보는 사람이 기분 나빠서 그랬을 수도 있겠다 싶었다. 물론 공들여 찾은 150명의 여성을 모두 거절당하고 나니 허탈감에 드는 생각이었다.

"150명 궁합보는 데 수백만 원 들었습니다."

"그럼 그 많은 여성들 궁합보는 데 다 돈을 줬다는 거예요?"

"수천만 원 들었죠."

그렇게 말을 하면서도 그는 여전히 궁합 맞는 상대를 기다리고 있다.

우리의 가치관이 바뀌고 있다고 해도 50년, 100년이 지나도 없어지지 않을 것이 바로 궁합이다. 결혼 커플의 20% 이상은 궁합을 꼭 보고 100명 중 5명은 궁합이 맞아야만 결혼을 할 정도로 신봉한다. 점을 보고, 운세를 보듯이 결혼하는데 궁합을 보는 것이다. 여기에 해당되지 않은 사람들은 아마 이해하지 못할 수도 있다.

반대의 경우도 있다. 나는 이혼한 사람들도 많이 만나는데, 그들 중 결혼 전 궁합이 좋았던 경우는 30%이고, 좋지 않았던 경우도 30%이다. 어찌 보면 만나서 잘 살면 좋은 궁합이라도 할 수 있다. 어쨌건 궁합은 현재 존재하는 결혼문화 중 하나이고, 그를 통해 그 영향력이 극명하게 보이는 것이다.

   그의 문자를 받고 나는 또 다시 여성들을 찾고 있다. 힘들긴 하지만 결혼에 대해 이 정도 신념이 있는 그가 때로는 훌륭하다는 생각도 든다. 그래서 나는 그를 꼭 결혼시키고 싶다.

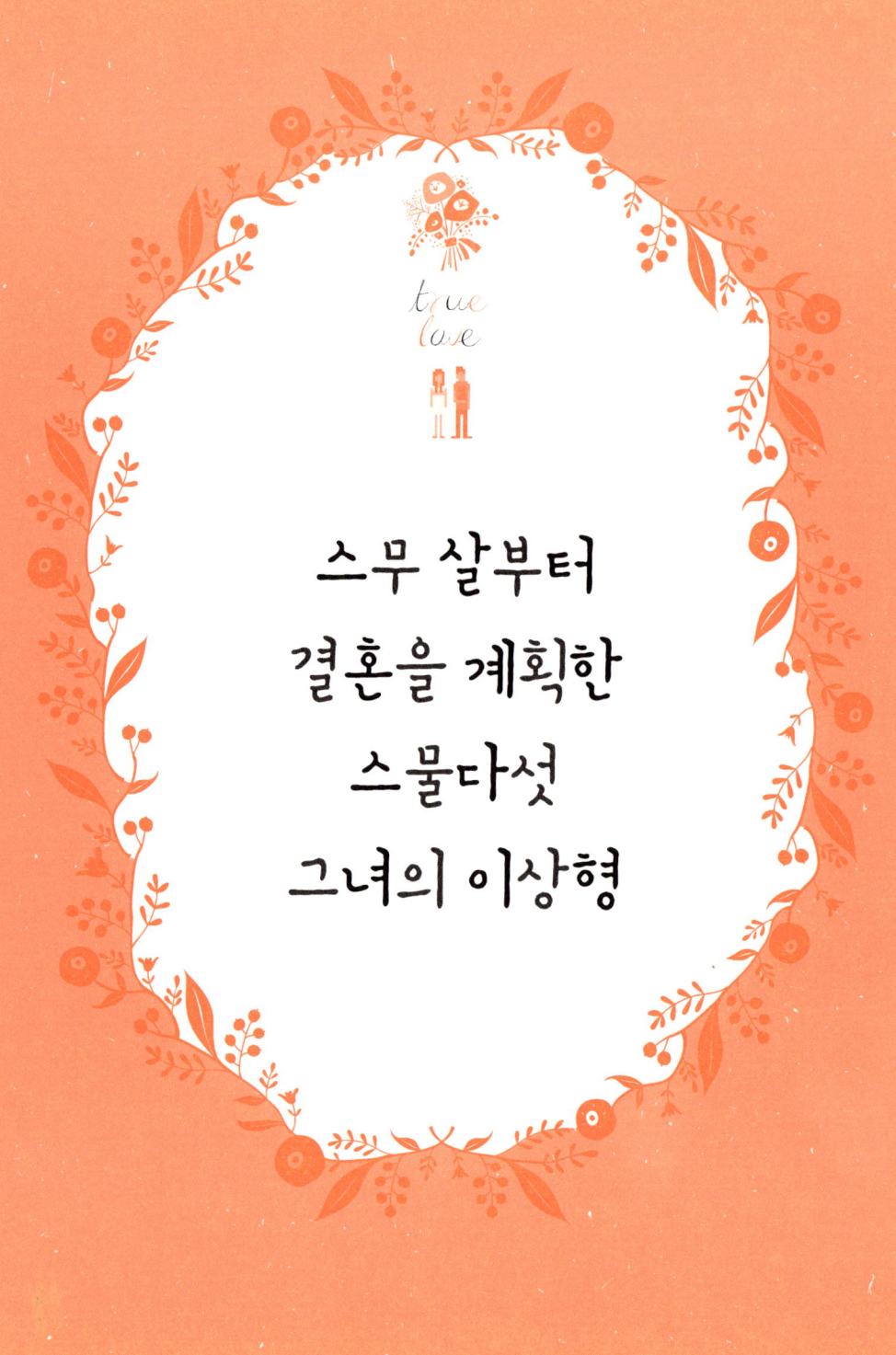

스무 살부터
결혼을 계획한
스물다섯
그녀의 이상형

· · ·

    이제 막 스물다섯이 된 여성이 상담신청을 했다. 시내 커피숍에서 만났는데, 부모님을 모시고 나왔다. 공기업에 다니는 그녀는 스타일이 좋고, 단아하면서도 야무진 인상이었다. 50대 초중반의 부모님은 품위가 있어 보였고, 단란한 모습이었다.
    "따님을 일찍 결혼시키시려는 것 같습니다."
    "저희도 너무 이른 게 아닌가 싶은데, 딸아이 뜻이 확고해서요."
    15~20년 전이라면 그녀의 나이가 결혼적령기이다. 하지만 요즘 골드미스가 많다 보니 결혼하기에 너무 어리다는 생각이 들었다. 몇 마디가 오고 가고, 혹시 원하는 이성상이 있는가 해서 물었더니 그녀는 대뜸 전문직을 만나고 싶다고 했다.
    "○○님은 배우자를 만나는 데 많은 가능성이 있다는 게 행운입니다. 시간이 갈수록 괜찮다고 생각하는 남성들은 다른 여성들이 데려가서 점점 줄어들 거니까요. 어떤 배우자를 원하건 가능성이 있습니다."
    그 외에도 상황은 그녀에게 유리했다. 결혼에 대해 적극적인 노력을 한다는 것 자체가 좋은 상대를 만날 확률을 높인다. 그 말끝에 그녀에게 물었다.

"그런데요. 남녀 만남이란 게 상호작용이거든요. 상대방도 좋아해야 만남이 이뤄진다는 거죠. ○○님은 자신의 장점이 뭐라고 생각하나요?"

"딸아이가 경제관념이 좀 투철한 편이에요. 1억 원 넘게 저축을 했거든요."

어머니의 대답은 그저 자랑삼아 한 얘기가 아니었다. 그녀는 대학 다닐 때부터 아르바이트를 해서 돈을 모았다고 했다. 게다가 허투루 돈을 쓰는 일도 없고, 매사 그렇게 야무지다는 것이다.

대화가 이어지면서 편안하고, 솔직하게 얘기를 하는 분위기가 형성되었다. 서로 간에 신뢰감이 생기고 있음이 느껴졌다. 대개 처음 상담을 하면 가입을 위해 회원이 원하는 얘기를 해주는 경향이 있다. 하지만 나는 솔직하게 상담을 해야 일말의 불편함이나 오해를 미리 막을 수 있다는 생각에 생각하는 그대로를 얘기한다.

"○○님이 조카 같이 편안하게 생각되어서 솔직하게 말씀드립니다. 물론 ○○님이 원하는 대로 전문직 남성을 만나는 것도 좋겠지만, 그 목적은 결국 경제적 완성이 아닌가 하거든요. 그렇다면 경제적으로 성공한 집안에도 똑똑한 남성들이 많습니다. 그런 분들은 배우자로 어떨까요?"

여성은 분명하게 얘기했다.

"저는 스무 살 때부터 미래를 생각하고 계획했거든요. 대학 다닐 때부터 저축을 한 것도 그래서고요. 직장도 안정적인 곳이 좋아서 공기업에 갔어요. 제 인생의 포트폴리오에는 물론 결혼도 들어있어요. 어떤 사람을 배우자로 만나야 할까 생각도 많이 했죠."

그녀가 생각한 배우자의 기준은 경제적 안정이라고 했다. 아무리 부자라고 해도 회사가 부도가 나거나 집안이 몰락할 수도 있지만, 전문직은 라이센스가 있으므로 그런 급변하는 상황은 없다는 것이다.

그녀의 말에는 충분히 일리가 있었다. 아니, 전문직을 원하는 대다수 여성의 보편적인 심리가 구체적으로 설명되었고, 그래서 나는 그녀의 말에 공감할 수밖에 없었다. 물론 그녀의 말이 일반화될 수는 없다. 하지만 그녀처럼 20대 초반부터 미래를 계획하고 결혼에 대해 충분히 생각하고 준비하는 여성이라면 어떤 남성을 만나도 인생을 슬기롭게 헤쳐나갈 수 있을 것 같다고 판단했다. 그렇다고 그녀가 결혼에 목을 매서 지나치게 욕심을 내고 있는 것도 아니고, 나름대로 확고한 기준을 갖고 선택하는 것이라면 충분히 존중받을 만하다. 결혼을 안 하려고 한 것도 아닌데 어느새 나이를 먹고 말았다는 여성들이 있는가 하면, 이렇듯 배우자를 만나는 계획까지 철저하게 세우고 준비하는 여성도 있다.

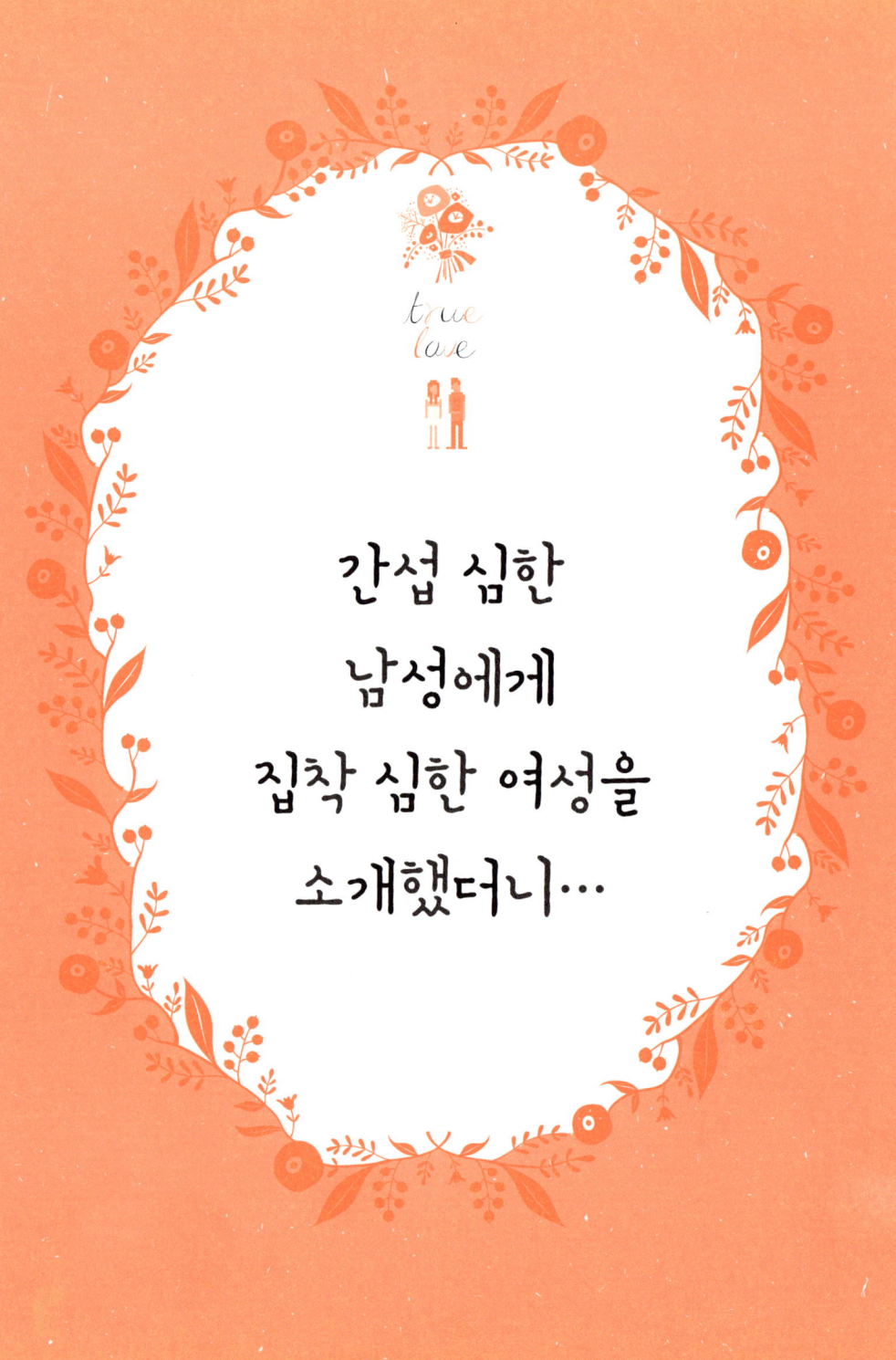

간섭 심한
남성에게
집착 심한 여성을
소개했더니…

...

몇 달 전이다. 한 여성 회원이 상담을 요청해왔다.

"지금 만나는 사람이 제가 좋아하는 춤도 배우지 말라고 하고 대학 때부터 10년간 친하게 지내던 남자 동기와도 연락을 끊으라고 하네요. 그 친구 와이프와도 잘 지내는 사이인데…."

"남자 입장에서는 좋아하는 여자를 보호하고 싶어 하는 마음이 있으니까요."

"춤은 그렇다 해도 친구까지… 남자 동료와는 1:1로 식사하면 안 된다, 설사 상사라고 해도 뭔가 이유를 대고 거절하라고 합니다. 자기 누나는 결혼하면서 알던 남자들한테 전화 올까 봐 핸드폰 번호까지 바꿨다면서요. 이런 사람이 결혼해서 의처증 생기는 거 아닌가요?"

"관심이 지나치거나 보수적인 분인 것 같네요. 간섭이 심해서 그분과 헤어지고 싶은 건가요?"

"그건 아니고요…."

"그럼 ○○님이 뭘 하든 그분이 아무 상관도 안 했으면 좋겠어요?"

"…"

그의 관심이 싫지는 않은 눈치였다.

10여 년 전에 소개한 커플이 있다. 맞벌이인 여성은 직장에서 정시 퇴근을 하고, 회식도 1년에 한두 번만 간다. 그러다 보니 직장생활에 어려움이 많이 생겼고, 결국 회사를 그만두는 일이 여러 번 있었다. 그런데도 이직을 할 때 보수가 아무리 많아도 야근이 있는 회사는 절대 안 가고, 일찍 퇴근하는 회사만 다녔다. 그 이유는 딱 한 가지, 남편이 아내가 늦게 들어오는 것을 극도로 싫어해서다. 가정형편상 맞벌이를 해야 하는 상황이라 회사는 다니는데, 남편 간섭이 심하다는 것이다. 퇴근 시간을 조금만 넘겨도 전화기에 불이 난다.

그 정도면 부부 갈등이 있을 것 같은데, 그렇지 않았다. 오히려 두 사람이 얼마나 뜨거운지, 밤 9시만 넘으면 아이들을 각자 방에 들여보낸 후 부부만의 시간을 갖는다고 했다. 보통 사람들이 보면 이해가 안 될 것이다. 하지만 그녀의 표정이 그렇게 편하고 밝을 수가 없다. 그들은 자기 나름대로의 방식으로 서로 사랑하고 있는 것이다. 물론 나도 당시에는 이해가 되지 않았다. 하지만 지금은 이해한다. 남들이 의처증이니, 집착이니 해도 당사자들이 괜찮으면 된 거다. 남녀관계는 정의할 수가 없다. 아니, 모든 관계가 정의이다. 당사자가 아닌 그 누구도 판단하거나 평가할 수 없다.

한 여성 회원은 소개할 때마다 남성들의 항의를 많이 받았다. 인상도 좋고, 직업도 좋아 처음에는 호감을 갖고 만나는데, 만남이 몇 번 진행될수록 남성들이 뒷걸음질을 치는 것이다. 수시로 전화하고 문자를 보낸다고 하는데, 그 정도가 병적인 수준이었다. 처음에는 그냥 안부 전화였는데, 상대가 안 받으면 불안감이 발동하는 모양이다. '바빠서 못 받겠지.' 하면 되는데, 상대와 연락이 될 때까지 계속 전화를 하는 것이다. 그러다 보니 상대방은 처음에는 관심이라고 생각해서 이해하려고 노력을 하다가 급기야 질리게 되고, 결국 무서울 지경이 되었다고 한다. 다들 '예비 의부증 환자 같다'고 입을 모았다. 이렇게 집착이 강한 여성들이 종종 있다. 매니저들은 정도가 지나치다고 의견이 분분했는데 내 생각은 좀 달랐다.

"회원들을 이해하기에는 아직 멀었다. 다 자기만의 세계가 있다. 그것을 존중해야 한다."

그녀와 얘기를 해보고 나니 상황이 명확해졌다. 3년 사귄 남자와 결혼 날짜 잡고 청첩장까지 돌렸는데, 그 남자가 알고 지내던 여자와 바람이 나서 결혼식 며칠 전에 파혼을 했다는 것이다.

"청첩장 보낸 분들한테 결혼이 연기되었다는 안내장을 다시 보내는데, 독한 마음이 들더라고요. 보란 듯이 좋은 남자 만나 결혼해야겠다는 그런 생각이요."

하지만 남자를 다시 만나기까지는 오랜 시간이 걸렸고, 믿음을 갖는 데는 아직도 시간이 더 필요할 것 같다. 잘 만나다가도 문득문득 불안감이 든다는 것이다. 그럴 때면 때와 장소를 가리지 않고 전화를 건다고 한다.

"두 번 속을 수는 없으니까요."

"그런데 남성이 ○○님한테 그렇게 전화를 해대고 그러면 어떻겠어요?"

"전 그게 더 좋아요. 저를 챙겨주고 생각해준다는 거잖아요. 저도 그런 마음이 있거든요."

남자와 만나면서 그녀가 느끼는 조급증과 불안감은 이해할 수 있었다. 그녀는 자신에게도 그런 관심을 가져주기를 원하고 있었다. 그렇다 해도 그녀에게 일반적인 남성을 소개할 수는 없었다. 서로를 이해하지 못하면 의부증 소리를 들을지도 모르기 때문이다. 예전 같으면 그녀에게 소개할 남성은 많지 않았다. 하지만 그동안 우리는 많은 경험을 쌓았고, 고객 클레임 유형을 분석해서 어울릴 만한 상대를 찾아냈다. 그녀의 소개 상대는 어떤 사람일까? 이해심 많은 남성? 웬만한 것에는 눈 하나 깜빡 안 하는 강단 있는 남성? 아니다. 만남 상대들로부터 집착이 심하다는 평가를 받는 남성이었다. 그녀와 비슷하다고 무조건 소개를 하려는 건 아니었다. 비슷하다는 이유만으로 서로 이해한다거나 어울리는 것은 아니기 때문이다. 그 남성을 만난 여성들 대부분은 '결혼하면 의처증 생길 것 같다'라고 말했다. 그와 얘기를 해보니 보수적인 성향이 유달리 강했다. 이런 남성들은 상대를 좋아하게 되면 단속이 심해지는 편이다. 하지만 내가 그를 믿게 된 이유는 상대에게만 일방적으로 요구하는 것이 아니었기 때문이다. 자기 여자가 다른 남자 만나는 것을 싫어하니 그 역시도 다른 여자를 만날 일을 절대 만들지 않는다. 사업상 중요한 약속이 아니면 늘 집에 일찍 들어온다. 집착이 강하다고 하지만 스스로도 엄격하게 자신을 단속하는 사람이었다. 지나친 집착이 누군가에게는 지옥 같을 수 있지만, 그것을 관심으로 받아들이는 사람도 있다. 그 여성이 그런 사람이었다. 이렇게 해서 집착이 심한 남녀가 만났다. 그렇게도 상대를 힘들게 하던 두 사람이라 염려스러운 부분도 있었는데, 아직은 여느 커플처럼 잘 지내고 있다. 그래도 인격적인 면이나 품성이 나쁜 사람들은 아니라서 노력하면 잘 될 것도 같다. 만남 결과가 안 좋아도 그것은 잘못 만난 것일 뿐 그 사람 자체가 잘못된 것은 아니다. 서로 안 맞는 것이지, 누가 옳고 그르다는 식으로 판단할 문제가 아니다.

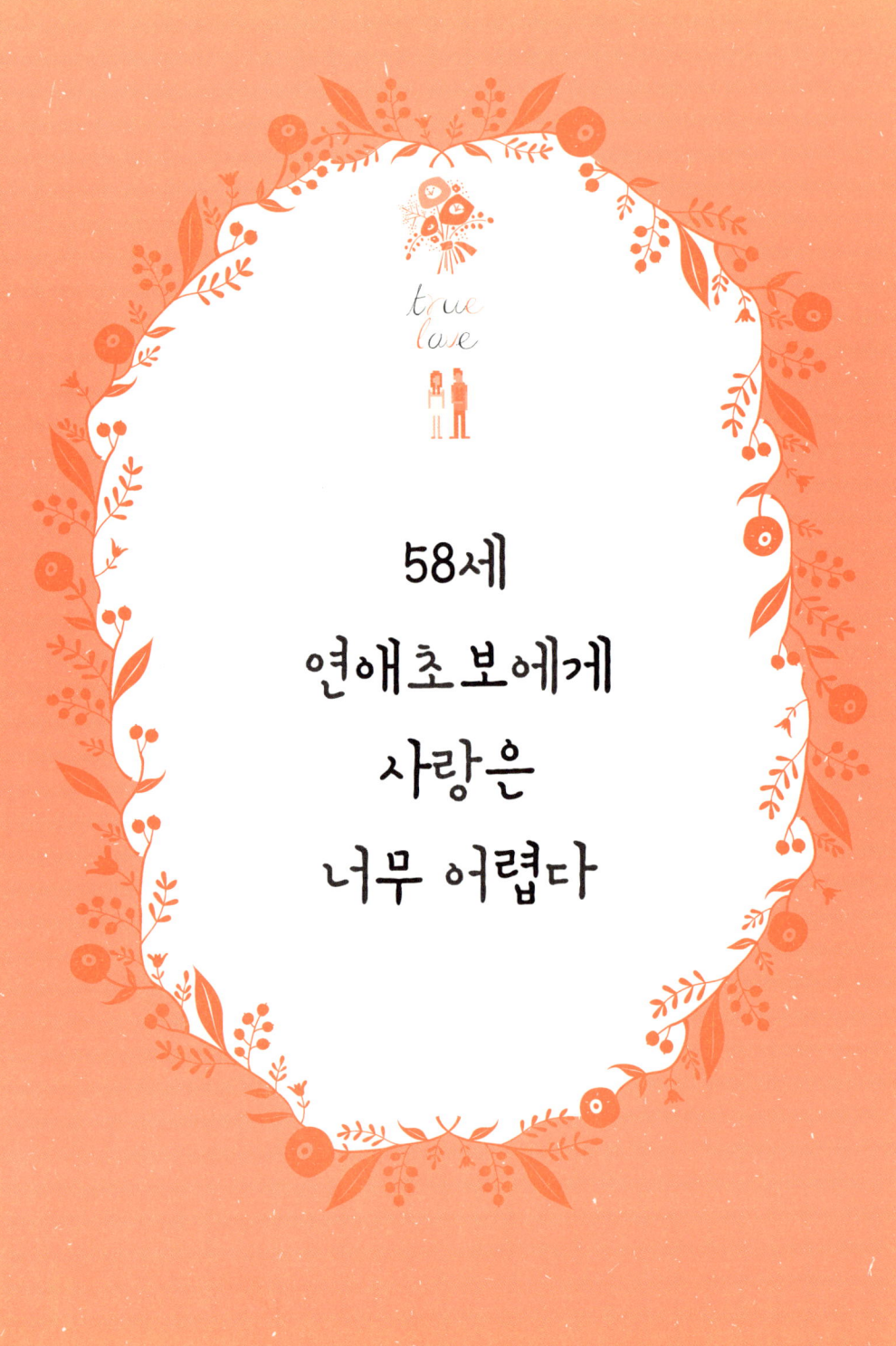

· · ·

"시궁창에 던져진 기분입니다. 이럴 수는 없어요. 난 정말 그 사람을 사랑했고 다 바쳤어요. 그래서 더 용서가 안 돼요. 이대로 헤어질 수 없고 갈 데까지 갈 겁니다. 주변에 우리 관계에 대해 다 알릴 거고요. 나를 기만하고 내 감정을 욕보인 것 톡톡히 대가를 치르게 할 거예요."

남자는 격앙된 목소리로 감정을 쏟아냈다.

"선생님. 그렇게 하시겠다는 이유가 뭔가요? 말씀대로 사랑했던 분인데…."

"그 사람, 내가 아니면 안 돼요. 너무 마음이 여리고 착해서."

과격한 언사와는 달리 그녀와 끝까지 함께 하고 싶은 게 그의 진심이었다. 내게는 이 일을 오래하면서 체득한 감각이 있다. 그에게서 진정성이 느껴졌다. 사실 1시간 전쯤 그가 만나고 있던 여성으로부터 전화가 걸려왔다.

"한 달 정도 만난 건데 자기가 남편이나 되는 줄 아나 봐요. 연락 안 되면 수십 번 전화하고 매일 문자에, 거의 협박성이에요. 당황스럽고 무섭기까지 해요."

"그럼, 싫다는데도 그분이 그러는 건가요?"

"그건 아니에요. 처음에는 잘 만났죠."

여자는 그 남자의 감정에 대해 자신도 일부분 책임은 있다고 했다. 하지만 겨우 한 달 만났고 감정이 변할 수도 있지 않느냐는 것이다. 두 사람과 통화하면서 짚이는 부분이 있었다. 나이와 관계없이 연애 기간이 긴 커플과 짧은 커플의 특징이 있다. 오래 만난 커플은 특별한 일이 없는 한 롱런하고, 결혼해서도 불륜, 도박 같은 극단적인 상황이 아니면 무난하게 잘 산다. 반면 만난 지 얼마 안 되는 커플들은 관계에 대한 내성이 길러지지 않아 말 한마디, 사소한 오해가 시한폭탄이 된다. 이 커플이 바로 그렇다. 연애에 서툰 이 커플을 중재해보려고 나서면서 두 사람 사이의 짧지만 깊은 스토리를 알게 되었다. 남자는 50대 후반, 여자는 50대 초반이었다. 남자는 경제력이 있고 중후함이 느껴지는 멋쟁이였고, 여자 역시 자기 관리를 잘해서 나이에 비해 젊어보였다. 남자는 수년 전 사별하고 재혼 상대를 찾다가 이상형을 만난 것이고, 여자도 첫 만남에서 남자에게 호감을 느꼈다. 이후 두 사람은 영화 같은 한 달을 보냈다고 한다. 급속도로 가까워졌고 재혼 얘기도 오가고 가족까지 소개할 정도가 되었다.

"우리 집에 데려가서 사는 것도 보여주고 심지어 통장까지 공개했어요. 내 모든 걸 보여준 거죠. 그것만큼 확실한 고백이 어디 있겠습니까? 좋아합디다."

남자는 전형적인 한국 남자였다. 여자와 깊은 관계를 맺었으니 책임을 져야 한다고 생각하고 있었고, 그 연령대 남자들이 그러하듯 권위적인 면도 조금 있었다. 하지만 서로 좋을 때야 '내 사람 책임진다'는 확실한 태도로 보이지만 좀 힘들어지면 그런 것들이 집착과 고집으로 받아들여진다. 두 사람에게 그런 위기가 닥쳤다. 하루가 멀다고 만나 사랑을 불태우던 중 여자의 몸이 아픈 때가 있었다. 몸이 따라주지 않으니 만나는 것도 싫다고 하고, 전화도 대충대충 받았다고 한다. 이런 경우 연애 경험이 있는 노련한 남자였다면 꽃다발을 보낸다거나 좀 세련된 방법으로 위로해서 점수를 땄을 텐데, 이 남자에게는 여자 마음이 변한 걸로 느껴져 당황하고 조급해진 모양이었다. 남자는 자꾸 보채고, 여자는 자신의 건강을 배려해주지 않는 남자에게 실망하고, 이렇게 티격태격하다가 급기야 남자는 "말한 거 전부 녹음해뒀다. 안 만나주면 우리 관계 다 폭로한다"는 식으로 협박하고야 말았다. 여자에게 겁을 줘서 다시 돌아오게 할 심산이었는데, 여자는 그 일로 인해 완전히 마음을 접게 되었다. 그리고 나에게 전화를 해서 하소연한 것이다. 상황이 안 좋을 때는 무엇보다 서로 해서는 안될 말을 조심해야 하는데, 연애 경험 없는 초로의 남자가 절박한 심정에서 일을 저질러버린 것이다. 이럴 때는 더 말이 오가는 것은 무의미하고, 한 템포 흥분을 가라앉히고 감정을 조절하는 시간이 필요하다.

"그게 그분 순정이에요. 표현은 거칠었지만 자기감정 속이지 않고 순수한 거죠."

"대표님은 남자 편이에요?"

여성에게는 이렇게 말하고 남성에게는 다음과 같이 말했다.

"선생님. 그런 말을 하면 어떡해요? 까딱하다간 돌이킬 수 없습니다."

"여자 편만 드는 거요?"

두 사람은 서로에 대한 악감정을 나한테 쏟아 부었다. 듣기 거북한 말도 있었지만, 상황을 진정시키려면 참고 들어줄 수밖에 없었다.

"자. 지금부터 일주일간은 절대 통화하지 말아야 합니다. 일주일 후에 셋이 만나는 겁니다."

두 사람에게 일종의 평화 중재안을 제시했다. 일주일 동안 감정을 가라앉히고 나면 마음이 좀 수그러들 수도 있고, 그때 가서 화해를 시키면 되겠다고 생각했다. 일주일 후 여성이 나오긴 했는데, 겁이 났는지 덩치가 좋은 집안 동생과 동행했고 그것이 남자를 자극했다. 본인은 그동안 반성문도 쓰고 나름대로 노력했는데도 여자가 여전히 마음을 안 준다고 생각한 것 같았다. 또 "당신에겐 내가 필요하다"고 말하면서 조울증이 어떻고 하는 식으로 여자를 자극하고 말았다. 결국 동행한 남자와 싸우는 상황이 벌어지고, 분위기가 정말 살벌했다. 개개인으로는 착하고 좋은 사람들이고, 서로 잘 어울릴 수도 있었음에도 연애 과정에서 생긴 한 상황을 노련하게 넘기지 못한 것이다. 남자와 여자를 떼어놓고 각자에게 말했다.

"저분 얘기는 결국 사랑한다는 역설적인 표현인데, 그 감정이 너무 절실하다 보니 평정심을 잃은 것 같습니다. 더 이상 아무 말

쏨 하지 마세요."

"선생님, 남자로서 이해는 하지만 그래도 넘지 말아야 할 선은 지켰어야죠. 남자가 여자가 마음에 들어서 집 앞에 가서 만나달라고 하면 그때까지는 멋있게 봐줄 수 있습니다. 하지만 그 상황에서 욕을 한다면 어떻게 되겠습니까? 말을 너무 잘못하셨어요. 잘못하다가는 스토커로 몰려 경찰서 갑니다. 상황이 너무 안 좋습니다. 젠틀하게 물러나는 걸 생각해야 합니다."

그러고는 2차 중재안을 내놨다. 2주 후에 다시 한 번 만나기로 한 것이다. 두 사람 사이는 돌이킬 수 없게 되었다. 지금으로서의 최선은 이들이 더 상처받지 않고 잘 헤어지는 방법을 찾는 것이다. 인생 경험과 연애 경험은 별개다. 나이가 많건 적건 고수는 고수고 하수는 하수다. 나는 많은 생각을 하며 2주 후를 기다리고 있다.

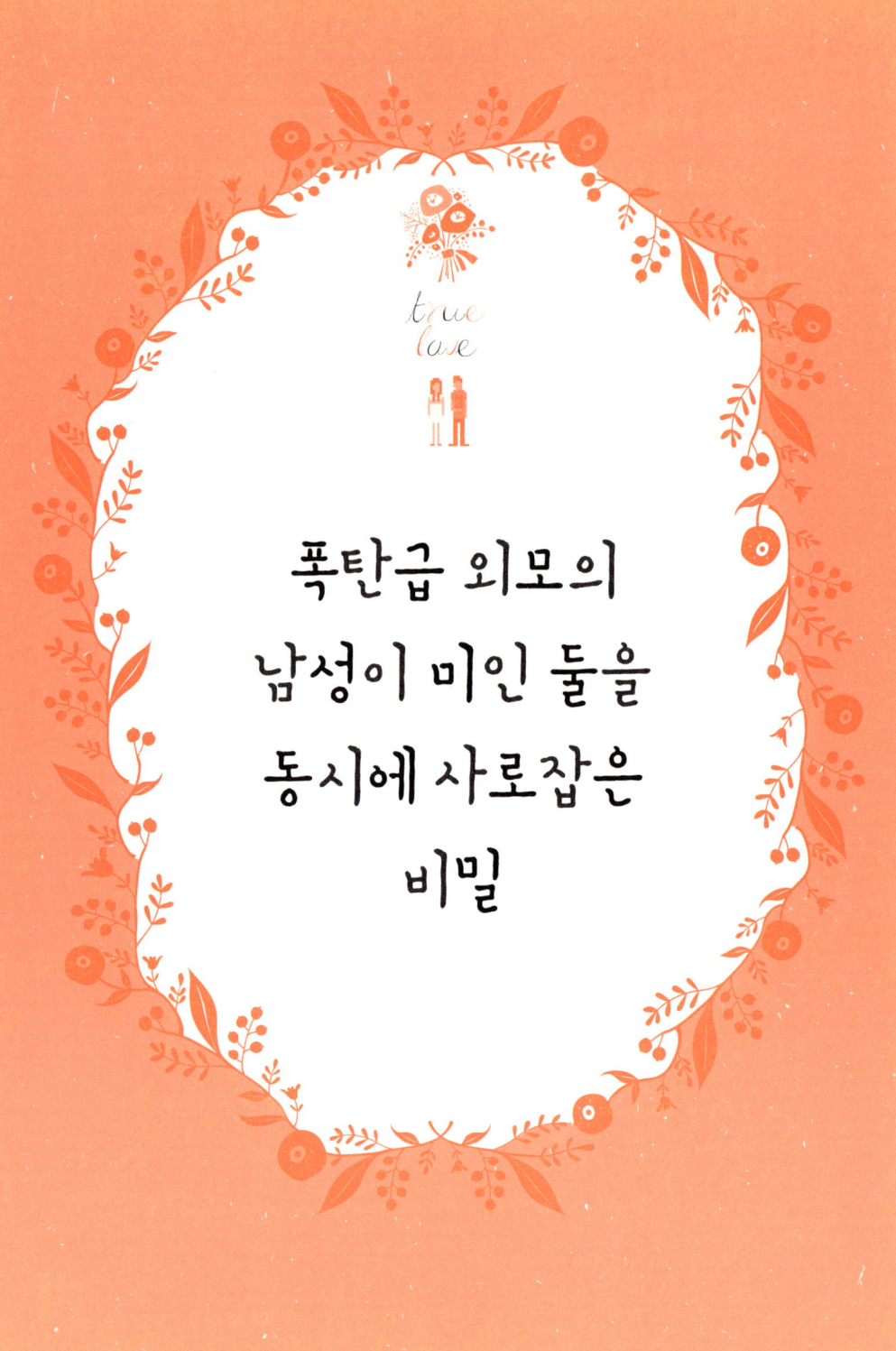

폭탄급 외모의
남성이 미인 둘을
동시에 사로잡은
비밀

∴

 여성 회원의 메일을 받았다. 잘 될 때는 연락 안 오다가 잘 안 되면 연락 오는 게 우리 일인지라 메일 하나하나가 다 신경 쓰인다. 아니나 다를까 이번에도 혹시나가 역시나다.
 "거기서 만난 사람 때문에 정말 기분 나쁜 일을 당했다. 그래서 탈퇴할 거니까 가입비 돌려 달라. 남자 한 명 만나고 있었는데, 알고 보니 나 말고 다른 여자도 만나고 있었다. 그 여자도 거기서 만났다더라. 이런 부분은 회사에서 관리해줘야 하는 거 아닌가? 너무 화가 나서 인터넷에 올리고, 소비자원에도 고발할 거다."
 정확한 상황 파악은 못했지만 일단 사과를 하고 사실 확인 후 조치를 하겠다고 설명을 했다. 하지만 그 여성은 메일을 보낸 것에 그치지 않고, 사무실로 수차례 전화를 걸어서 항의했다. 이런 경우 화풀이할 대상은 우리뿐이다. 주변에 가입 사실을 얘기하지 않았다면 그 끓는 속을 어떻게 풀겠는가. 내가 직접 나서서 진화 작업을 했다. 내 느낌상 여성은 상당히 호감이 가는 상대를 만난 것이 분명했다. 그런데 그 남자가 양다리를 걸쳤으니 화가 나는 건 당연했다. 프로필을 보니 꽤 괜찮은 여성이었다. 도대체 이런 여성의 가슴에 불을 지펴놓고 화가 나게 한 남자가 누구란 말인가? 난 그 남자에게 단단히 경고를 하기 위해 어떤 사람인지 확인해봤다.

"정말 이 사람 맞아?"

그의 사진을 보고 내 눈을 의심한 나머지 담당 매니저에게 몇 번이나 확인했다. 그 여성의 만남 상대가 맞다는 것이다. 내가 놀란 이유는 그 남성은 '이성이라도 만날 수 있을까?'라는 생각이 들 정도로 매력을 찾기 어려운 외모였기 때문이다. 물론 나는 세상 누구라도 짝을 찾아줘야 하는 중매쟁이다. 그럼에도 사람을 보면 '결혼이 잘 되겠다' 혹은 '어렵겠다' 하는 느낌이 온다. 그 남성은 워낙 특이한 외모라서 기억에 남는 경우였다. 그가 가입한 후 매니저들도 '사람은 괜찮은데 외모에서 걸린다'고 안타까워할 정도였다. 단체 미팅에서도 한번 만난 적이 있는데, 그의 이름을 써낸 여성은 한 명도 없었다. 그런데 예쁘고 괜찮다는 평가를 받는 여성이 클레임을 걸었다. 동시에 만난 여성도 그에게 꽤 호감을 갖는 편이었다. 난 놀라움을 넘어 궁금해졌다. 도대체 어떻게 그 남성이 미인을 한 명도 아니고 두 명이나 동시에 만날 수가 있을까? 그 남성과 통화했다.

"더블 플레이를 하면 어떡합니까? 처음 한두 번 정도야 동시에 만날 수 있지만 마음이 정해지면 정리를 해야죠. 지금 난처한 상황인 거 아시죠? 어떻게 해결하실 건가요?"

상황을 얘기하고 해명을 요구했다. 그는 그럴 의도가 아니었다면서 정리하겠다고 했다. 나는 확답을 받고 싶어 그를 직접 만났다.

"저는요. 많은 사람을 사귀진 않지만 몇 번 만나면 좋아하는 편입니다."

"누가요? ○○님이 여자분을요?"

"아니요. 여자들이 저를요."

처음에는 자기도취 증상이 심한가 싶었다. 그래서 물었다.

"집 갖고 있어요?"

"전세 살 정도예요."

"집안이 좋은가요?"

"아뇨."

"혹시 최면술 같은 거 공부했어요?"

"네?"

내가 만난 그는 이랬다. 외모는 E급인데 분위기는 A급이었다. 사람을 편안하게 했다. 그리고 핵심은 스킨십이었다. 얘기를 들어보니 필요한 때에 가벼운 터치를 하는 것과 부드럽게 감싸 안는 것이 통하더라는 것이다. 아직 만남 초기이므로 흐트러진 머리를 살짝 정리해준다거나 길을 걸을 때 에스코트하는 몸짓도 그런 예이다. 잘못하면 오해를 살 만한 행동이지만 잘하면 남녀가 친해지는데 강력한 계기가 될 수 있는 것이 스킨십이다. 그 남성은 타이밍을 잘 맞춰서 단계별로 서서히 상대에게 다가가는 스킨십 테크닉을 갖고 있었던 것이다. 내가 아는 또 다른 남성은 대화를 나눌 때 여성의 말을 잘 들어주는데, 빨려 들어갈 것 같은 눈빛이나 자꾸 얘기를 하고 싶게 만드는 성의 있는 경청의 자세가 상대의 마음을 끌었다. 여성들에게 인기 있는 남성들 중에는 의외로 이렇게 자신만의 독특한 매력을 가진 경우가 적지 않다. 남녀의 만남에서 외모나 키 같은 타고난 신체조건도 물론 중요하다. 하지만 이게 전부는 아니다. 외모가 훌륭하지 않은 남성들에게도 희망이 있다.

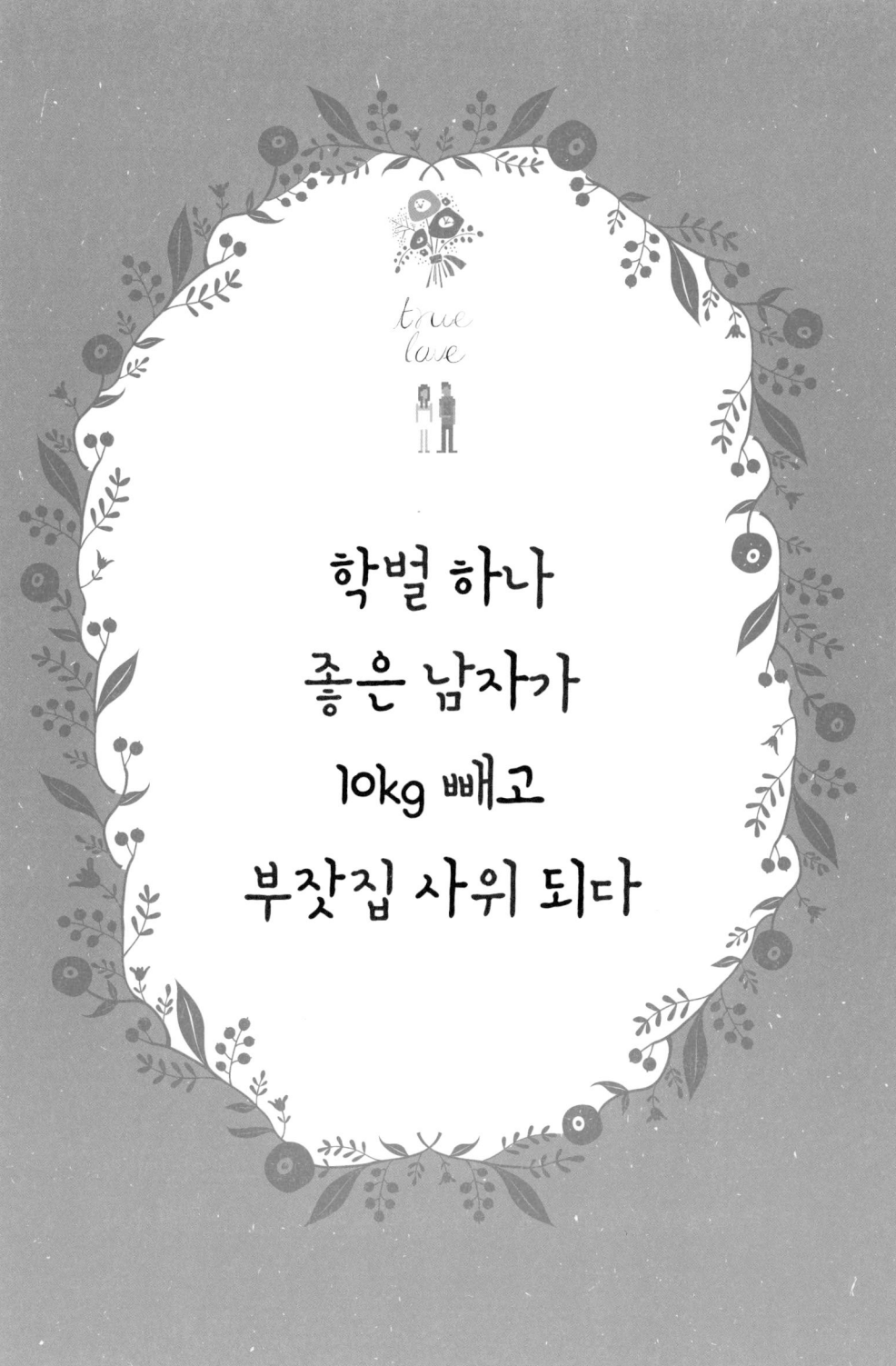

∴

"사장님, 여전하시네요."

승용차 한 대가 멈추더니 낯이 익은 사람이 내리면서 내게 말을 걸었다.

"열심히 사시네요. 힘내세요."

그는 악수를 청한 후 차를 타고 그 자리를 떠났다. 내가 뭐라고 할 새도 없이. 뒤를 돌아보니 말로만 듣던 최고급 수입차다. 그동안 연락도 없더니만 차 자랑하려고 아는 척한 건가? 좀 씁쓸한 생각도 들었다. 그가 툭 뱉은 "힘내세요"는 내가 그에게 자주 하던 말인데, 내가 그 말을 듣게 되다니. 이거야말로 인생역전이라고 해야 하나. 수년 전 친한 지인에게서 그를 소개받았다. 명문대 출신인 것을 빼면 직장도 그렇고, 가정환경이나 외모 등도 평범했다. 게다가 살이 찐 체형이라 그다지 호감을 주는 스타일이 아니었다. 그런데 그는 대뜸 부잣집 사위가 되고 싶다고 했다.

"○○님이 내세울 거라곤 학벌 하나뿐인 게 현실입니다. 솔직히 말하면 경쟁력이 너무 없다고 봐야죠."

"그래도 학벌 찾는 사람도 있을 거 아녜요."

"물론 있겠죠. 하지만 부잣집 딸을 원하는데, 그런 여성이 과연 학벌만 볼까 하는 게 문제죠. 학벌은 웬만해선 우선순위가 아니거든요."

나의 돌직구에 그는 적잖이 당황한 표정이었다.

"그럼, 안 된다는 말씀인가요?"

"요즘엔 자녀를 한두 명밖에 낳지 않기 때문에 건강과 자기 관리가 우선입니다. 그게 안 되어 있는 상황에는 다른 조건이 아주 특출나지 않으면 결혼하기 어렵습니다."

"방법이 없을까요?"

"하루에 1시간씩 1년 정도 하면서 몸을 만드는 게 먼저입니다. 할 수 있겠어요? 물론 쉽지 않고, 시간도 걸리지만 그래도 이 정도로 경쟁력을 갖출 수 있으니 해볼 만하지 않나요?"

이쯤에서 짐작했겠지만 근래 들어서 결혼에 관한 종전의 개념이 무너지고 있다.

결혼문화는 20년 단위로 바뀌고 있다. 1950년대, 1970년대, 1990년대 그리고 지금이다. 결혼은 우리 삶의 모든 영역과 관련이 있다. 그런 까닭에 많은 부분을 반영하면서 새로운 가치를 추구한다. 삶의 질이 중요해지면서 결혼에서 건강이 배우자 선택 시 중요 조건으로 대두했다. 그는 바로 운동을 시작했고, 나는 종종 전화하면서 진행 상황을 체크했다. 두어 달 지나면서 몸이 달라지기 시작했는데 그는 자신감이 좀 붙었는지 만남을 주선해달라는 것이었다.

"○○님은 물론 처음과는 많이 달라졌습니다. 하지만 처음에 마이너스였기 때문에 많이 달라졌다고 해도 아직은 내세울 만한 단계는 아닙니다. 조금만 더 힘을 냅시다."

그렇게 다시 두어 달이 흘렀다. 살이 빠지면서 많이 날렵해졌고, 몸이 만들어지기 시작했다. 그제야 소개에 들어갔다. 상대는 강남권에 빌딩을 몇 채 소유한 집안의 두 딸 중 큰딸이었다. 여성은 지방 소재 대학을 나왔고, 외모도 평범했다. 그에 대해 얘기를 꺼내자 명문대 출신이라는 점에 호감을 보였다. 만남이 이뤄졌고, 서로 원하는 부분을 갖춰서인지 무난하게 교제에 들어갔다.

"운동 게을리하지 마세요. 몇 번 만났다고 방심하면 안 됩니다. 6개월 정도 만나면서 ○○님이 더 멋진 남자가 되는 걸 보여주세요."

그는 더 멋진 남자가 되어갔다. 적어도 처음에 내가 계획했던 외모적인 부분은 충족이 되었다. 이제 굳히기 작전에 들어갔다.

"그분과 만날 때 2~3번 중 1번은 성공한 친구들을 소개하세요."

그러자 그는 도리어 걱정을 했다.

"나는 직장도 그렇고 가진 게 없는데 잘난 친구들과 비교되면 안 좋은 거 아닌가요?"

"아주 부자거나 사회적으로 아주 성공했거나 어떤 면에서건 성공을 거둔 사람들은 보통사람과는 안목이 다릅니다. 사람을 볼 때 그가 어떤 친구들을 만나는지도 평가 기준이 되더라고요. 내가 아직 성공하지 못한 경우 성공한 친구들이 많은 것도 자신을 잘 포장하는 방법이 됩니다."

6개월 교제 끝에 그는 바라던 대로 부잣집 사위가 되었다. 결혼 결정 이후 그에게서는 연락이 끊어졌다. 아마 과거를 들추기 싫었던 것이 아닐까 싶다. 그를 나에게 소개했던 지인으로부터 그의 소식을 들을 수 있었다. 결혼을 하고도 그는 체력 단련을 계속 했다고 하고, 아내는 그에게 매료되었지만 처가 부모는 사위라고 해서 단박에 곳간문을 열어주지 않았다고 한다. 첫 아이가 태어나고서야 그에게 집안의 자산 관리를 맡겼고, 둘째 아이가 태어나면서부터는 확실하게 그 집안사람이 되었단다. 그 스스로 결정권을 갖고 집안의 대소사를 처리하면서 아들 역할을 하고 있다고 했다. 그날 그를 만났을 때 어깨에 유난히 힘이 들어간 것도 그래서였던 것 같다. 물론 그런 태도에 마음이 불편해지긴 했지만 그래도 노력해서 자신이 원하는 결혼을 하고 또 노력해서 처가에서 자리를 잡아가는 과정을 알기에 그가 행복하게 잘 살았으면 하는 게 솔직한 내 마음이다.

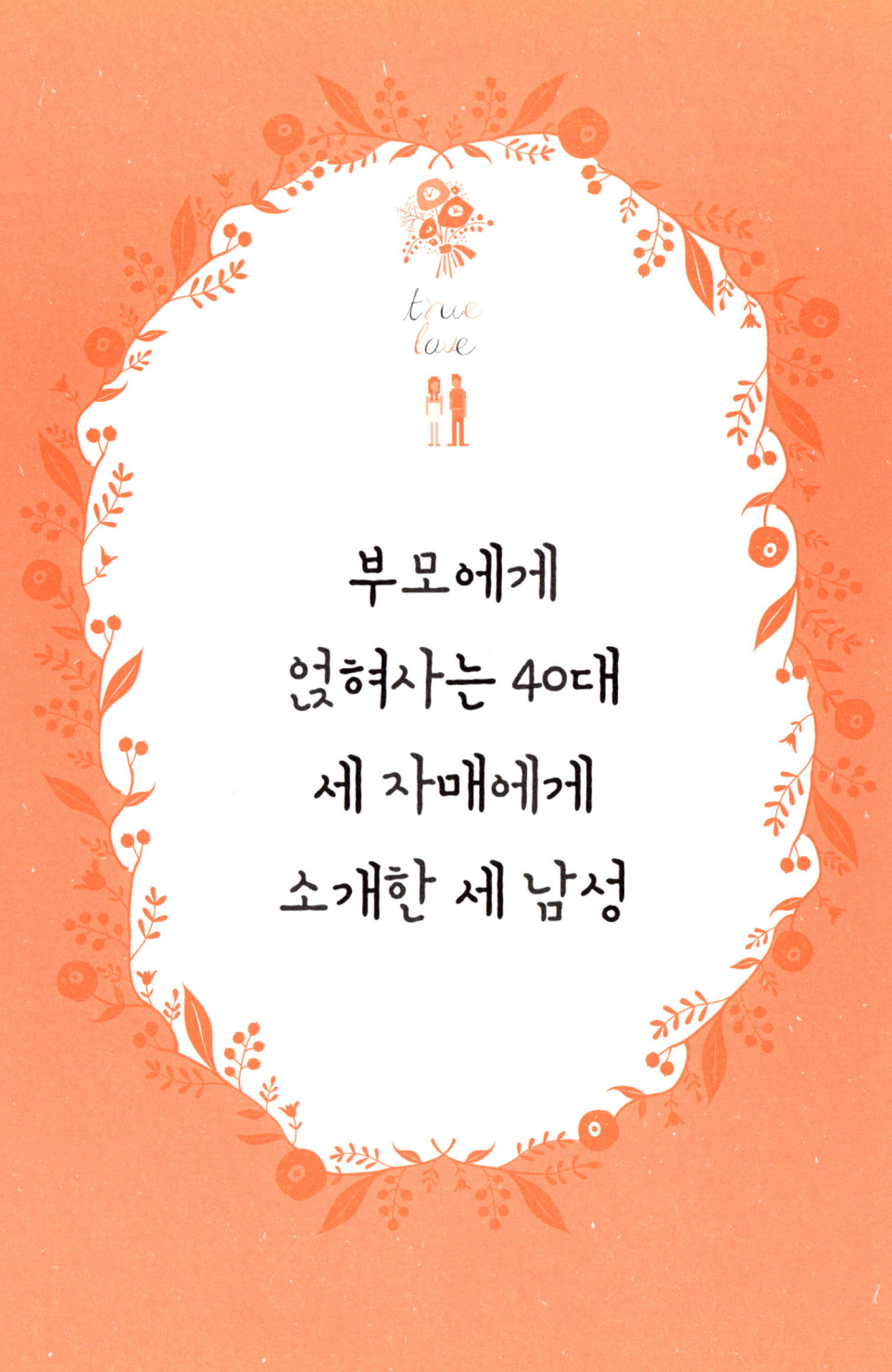

∴

"이 대표, 소주 한 병만 더 합시다."

이미 2병을 마신 터라 취기가 돌았지만 그분의 말을 차마 거절하지 못했다. 이런 낮술은 거의 없는 일이고, 최근 몇 년간 처음이었다. 아는 분 소개로 찾아오신 그분과 가볍게 식사나 하자면서 반주 삼아 시작한 술이 소주 1잔에서 2병으로 늘게 되었다. 무엇보다 식사 자리가 길어진 것은 그분의 하소연을 중간에서 끊기 어려웠기 때문이었다. 그분의 성공적인 삶과 사회적 성취로 보아 누구에게 아쉬운 소리를 할 리가 없는데 사업가 이전에 아버지이기에 고민과 회한을 가슴 깊이 담고 있었다.

내 앞에서 어렵게 말을 꺼내는 그분의 심정은 환자가 의사에게 의지하는 것과 비슷했을 것이다. 저 사람이라면 내 마음을 알아주겠지 하는 마음 말이다. 그만큼 나에 대한 믿음 같은 것이 전해졌다. 그분은 공직자로 퇴직하고 사업을 시작해서 10여 년 만에 중견기업으로 키웠다. 또한 선대부터 잘사는 집안이라 상당한 재력가이기도 했다. 딸만 셋 있는데, 45세, 42세, 40세로 모두 미혼이었다. 딸들은 평범한 대학을 나왔고, 특별한 직업 없이 집에 머물렀지만 아버지의 후광으로 맞선 자리는 많았다고 한다. 게다가 결혼정보회사나 중매인을 통해서도 맞선을 보면서 족히 수천만 원은 들었다니…. 그런데도 딸 셋 모두 결혼을 안 한 게 의아하기까지 했다.

"걔들이 결혼을 안 하는 건지, 못하는 건지 잘 모르겠어요."

"그게 무슨 말씀이신지?"

"부모의 과잉보호가 애들을 망쳐놓은 것 같아요."

태어날 때부터 어려움이라곤 모르고 자란 세 자매이다. 재벌급 부자인 부모로부터 적지 않은 재산도 물려받을 터이다. 지금의 생활이 충분히 만족스러운데, 굳이 왜 결혼을 하겠느냐는 것이다.

"부모한테 붙어사는 캥거루족인가 그런 게 있다는데, 우리 애들이 딱 그 꼴이죠."

"따님들이 결혼하기를 원하세요?"

"부모가 돼서 어떻게 자식을 포기합니까? 우리가 언제까지 걔들을 돌봐줄 수도 없는 거고. 타고난 연분들이 어디 없겠어요?"

아버지의 깊은 사랑은 충분히 이해하지만 이런 상황을 자주 봤던 나로서는 그런 아버지가 안쓰러울 따름이었다. 그분의 딸들에겐 헝그리 정신이 없었다. 평범한 집안이었다면 남들처럼 일하고, 때가 되면 결혼했을 것이다. 사람은 혼자 살 수는 없고, 그런 것을 절실하게 느낄수록 진지해지고 노력을 하게 된다. 하지만 세 딸은 아쉬울 게 없고, 지금도 큰소리치면서 당당하게 사는데 굳이 왜 결혼을 하느냐고 생각할 수 있다. 더구나 결혼이 엄연한 현실임을 알 만한 나이니까 남자를 만나 서로 맞추고, 하고 싶지 않은 일도 굳이 하면서 살고 싶지 않은 것이다.

　아버지의 청이 하도 간절해서 세 딸의 맞선을 주선하기로 했다. 우선 45세의 큰딸에게는 아내와 사별하고 딸 하나가 있는 공직자를 소개했다. 이 시대의 최대공약수를 보여주는 매칭이라고 생각한다. 큰딸이 총각을 만나기는 거의 불가능하다. 재혼자 중에서 상대를 찾아야 했으므로 사별한 남성을 택했다. 만일 이혼자였다면 아이를 양육하는 쪽을 추천했을 것이다. 대개 귀책사유가 있는 쪽은 아이를 양육하지 않는 경우가 많기 때문이다. 또한 큰딸의 연령상 출산을 하지 않을 수도 있으므로 그럴 경우를 대비해서 아들보다 키우기가 수월한 딸 하나가 있는 남성을 선택한 것이다.

　42세의 둘째 딸에게는 4살 많은 총각을 소개했다. 대기업 부장급으로 명문대를 졸업하고 연봉도 높은데, 보증을 서는 바람에 전 재산을 날린 사연이 있는 남자다. 흔히 말하면 빈털터리지만 과소비나 주식투자, 바람기 같은 문제성 원인이 아니고, 능력이 있어서 다시 돈을 모을 수 있는 사람이다.

　소개 조건은 여자 쪽에서 집을 마련하는 것이었다. 아버지는 여자 돈 보고 결혼하려는 거 아니냐고 걱정했다.

　"그 많은 재산 어디에 쓰시겠어요. 남자가 무능력해서 처가에 의지하는 것도 아니고, 조금만 힘을 실어주면 얼마든지 능력을 발휘할 사람인데, 따님에게는 다 갖춰진 사람보다는 그렇게 가능성이 있는 사람이 어울립니다."

그 남성이 만일 보증을 서지 않고 집까지 다 마련했었다면 이렇게 능력 있는 남자가 벌써 결혼을 했지, 42세 노처녀에게까지는 기회조차 가지 않았을 것이라는 냉정한 설명도 덧붙였다. 능력 있는 남자와 집 있는 여자를 소개하는 것은 새로운 발상이다. 대개는 남자가 집을 마련하지만 여자에게 집이 있다면 굳이 남자까지 집을 마련할 필요가 없고, 좋은 직장이 있으면 그것으로 집을 마련해야 하는 조건이 상쇄될 수 있다.

40세의 셋째 딸에게는 신체 건강하고 작은 사업체를 가진 집안의 아들을 소개했다. 경제적으로 너무 차이가 난다는 아버지의 말을 딱 끊어버렸다.

"따님만 셋인데, 누군가에게 사업을 물려주실 거 아닙니까? 남자가 똑똑하고 능력 있고 두루 다 갖추면 자기 잘난 맛에 사느라 여자 고생합니다. 조금 부족해도 그런 이유에서 더 노력하고 잘하려고 하는 성실한 사람 만나는 것이 최선입니다. 선생님! 뛰어난 사위 보시려고 수천만 원 쓰신 건데, 결과는 잘 안 되지 않았습니까? 현실적으로 맞는 사람을 만나야지요."

이렇게 세 딸은 맞선을 앞두고 있다. 그 결과는 두고 봐야 알 것이다. 그날 딸들의 맞선을 부탁하며 아버지가 내게 보인 눈물이 부디 헛되지 않기를 바랄 뿐이다.

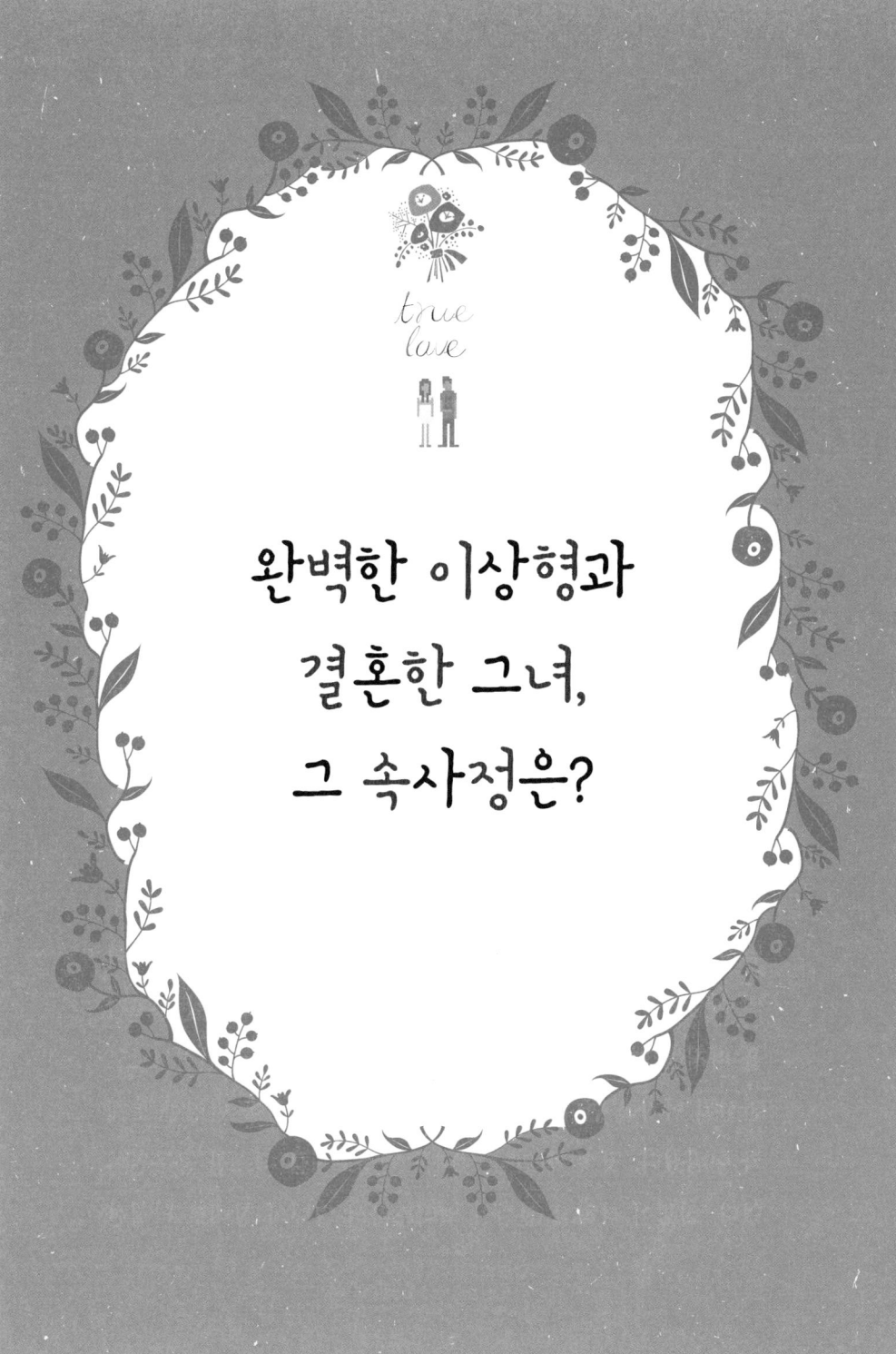

사무실에 한바탕 소란이 벌어졌다.

"내 딸이 결혼했던 건 사실이지만, 혼인신고도 안 했고 처녀나 다름없어요. 초혼 대접을 받아야 해요."

"아버님. 따님의 경우는 안타깝지만, 일단 결혼식을 올렸고 부부로서 생활을 했기 때문에 사실혼에 해당하니 재혼으로 가입하셔야 합니다."

딸을 재등록시키고자 방문한 아버지는 분노와 안타까움으로 땅을 쳤지만, 우리로서도 어쩔 수 없는 일이었다. 도대체 그분의 딸에게 어떤 일이 있었던 걸까?

그녀가 처음 가입한 것은 2년 전이다. 당시 그녀는 30대 초반의 엘리트 공무원으로 명문대를 졸업했고, 매력적인 인상과 늘씬한 몸매에 가정환경도 좋았다. 거기다가 섹시함도 겸비했다. 남자들이 줄을 서는 건 당연했다. 그녀의 선택만 남은 상황. 그녀의 이상형은 다른 여성들과는 달랐다. 직업이나 학벌 같은 조건을 따지는 게 아니라 매너가 좋고 점잖은, 한마디로 인격적으로 완성된 남자를 만나고 싶어 했다. 그녀의 이성상을 반영한 소개가 이뤄졌다. 첫 번째 만남 상대는 행정고시를 패스한 공무원이었다. 심성이 착하고 지적인 엘리트라서 그녀의 상대로 낙점한 것이다.

얼마 후 여성의 항의전화가 걸려왔다. 두어 번 만났는데, 같이 영화를 보러 가서는 손을 잡고 스킨십을 시도했다면서 그 남자를 못 만나겠다고 하는 것이다. 이런 상황에 대해 남자의 해명을 요구했다.

"말이 잘 통하고, 나를 마음에 들어 하는 것 같고, 마침 분위기가 무르익어서 진도를 좀 나간 것이다. 그렇게 정색을 하고 싫어할 줄은 몰랐다. 남녀가 나이가 좀 들어서 만나면 조금 적극적일 필요도 있지 않느냐?"

남성은 오히려 여성의 고지식함을 탓했다. 정상적인 남녀가 서로 마음이 통하면 몸도 따라가는 것이 당연한데, 그게 싫으면 결혼할 생각을 왜 하고, 남자는 왜 만나냐는 것이다. 얼마 후 또 다른 남성을 소개했다. 인간적인 매력도 있으면서 진중한 스타일의 직장인이었다. 이번에도 여성이 항의전화를 해왔는데, 남성이 육체적인 접근을 했다는 것이다.

사연은 이랬다. 그녀는 지방 출신으로 서울에서 혼자 살고 있는데, 그 남성을 자기 집에 데려갔던 모양이다. 여성의 말로는 남성이 약속 장소로 오다가 미끄러져서 다치는 바람에 그냥 보낼 수가 없어 치료를 해주러 갔다고 하는데, 남성 입장에서는 겨우 두 번 만난 여자가 집에 가자고 하니 오해를 할 수도 있는 상황이었다. 매력 있는 남녀가 서로 호감을 갖고 있던 차에 집에 단둘이 있게 되었으니 사단이 날 만도 했다. 남성은 손을 잡았고, 여성이 거절하지 않자 키스를 시도했다. 그런데 갑자기 여성이 저항하며 난리를 쳐서 당황해 인사를 하는 둥 마는 둥 하고 집을 나왔다고 한다. 여성이 항의했다고 하자 남성은 자신을 치한 취급한 것에 대해 상당히 불쾌해했다.

"그렇게 요조숙녀가 왜 두 번 만난 남자를 집으로 끌어들이느냐. 누울 자리를 보고 발을 뻗는 거 아니냐. 상식 있는 사람이 상대가 싫다는데 억지로 손을 잡고 키스까지 하겠는가."

그녀의 말도 이해가 되고, 남성들의 말도 이해가 되었다. 이후로도 그런 일이 몇 번 있었다. 상황이 이 정도 되자 나는 '그녀가 정말 매너 있고, 이성적인 남자를 찾는구나' 하는 생각이 들었다. 그렇지 않고서야 남성의 스킨십에 그렇게 민감하게 반응할 수가 없다. 만남이 잘 진행될 때 남녀 사이에 스킨십 진도가 너무 더디면 오히려 여성 쪽에서 이상하게 생각하는 경우가 있다. 혹시 자신이 여자로서 매력이 없어서 그런가 하고 생각하기 때문이다. 그런데 그녀에게는 성적인 매력이 있고 그것을 모를 리 없는데, 남자의 스킨십에 대해 그렇게 예민한 반응을 보이니 소개하기가 참 어려웠다. 그러다가 그녀로부터 연락이 끊어졌다. 그리고 2년 만에 아버지가 방문했고, 그간 그녀에게 벌어진 일에 대해 들을 수 있었다.

여성은 자신의 이상형에 꼭 맞는 남성을 만났다고 한다. 전문직 종사자로 본인은 물론 집안도 재력이 있고, 무엇보다 젠틀하다는 것이 뭔지 보여주는 사람이었다. 사회적 지위와 재력에서 우러나는 품위와 여유 있는 분위기가 여성을 압도했다. 데이트 할 때 최대한 여성을 배려했고, 때때로 명품 선물로 그녀를 감동시켰다.

"딸이 그러더군요. 몇 번 만남이 실패하면서 자기가 너무 욕심을 부렸나 싶었는데 간절히 원하면 이뤄지나보다고요."

그러다가 아버지의 눈에 눈물이 맺혔다.

"그렇게 행복해하던 모습이 눈에 선한데, 이런 신세가 되었으니…."

여성이 결정적으로 남성과 결혼을 결심하게 된 계기는 두 사람이 1박 2일 여행을 다녀온 후였다. 대개 이런 경우 육체관계가 이뤄지는데, 그는 최고급 호텔에서 각방을 썼다고 한다. 자신의 얘기를 다 들어주고 따뜻하게 대해주고, 그러면서 자신을 절제하는 이 남자야말로 천생배필이라는 생각에 그녀는 마침내 그의 청혼을 받아들였다. 두 사람의 결혼식은 입이 떡 벌어질 만큼 화려했다고 한다. 탁월한 외모와 능력을 갖춘 선남선녀가 부부로 사람들 앞에 선 모습은 그림 같았고, 주위의 부러움을 한 몸에 받았다.

하지만 결혼식이 끝나고 한 달이 채 지나기도 전에 아버지는 딸로부터 청천벽력 같은 말을 들었다. 아직 두 사람이 초야를 치르지 않았다는 것이다. 처음에는 결혼식의 피로와 긴장 때문인가 했는데, 2주가 지나도 남편은 그녀의 곁에 오지 않았다. 고민하던 여성은 어머니에게 그 사실을 털어놓았고, 아버지까지 알게 된 것이다. 아버지는 사위를 만나 남자끼리 솔직한 대화를 나눴고, 그가 성불구자라는 것이 밝혀졌다. 결국 여자는 집을 나왔고, 그들의 결혼생활은 결혼식의 맹세가 무색하리만큼 허무하게 끝이 났다.

아버지의 얘기를 듣는 나도 한숨이 나왔다. 그렇게 많은 남성을 울리면서 자신의 이상형을 찾던 그녀가 선택한 사람은 알고 보니 가장 중요한 부분이 결여되어 있었다. 그녀는 정상적인 욕구를 표출하던 남성들은 걷어차고, 결국 정상이 아닌 사람을 선택했으니 이 무슨 운명의 장난인가.

딸을 재혼 회원으로 가입시키고 사무실을 나서는 아버지의 초라한 뒷모습이 눈에 들어왔다. 세상에 완벽한 사람은 없다. 만나면서 단점이 드러나야 정상이다. 자기 틀에 맞춰서 사람을 만나면 보고자 하는 부분만 보게 된다. 이상형만 고집하는 사람들에게 이 말을 꼭 해주고 싶다.

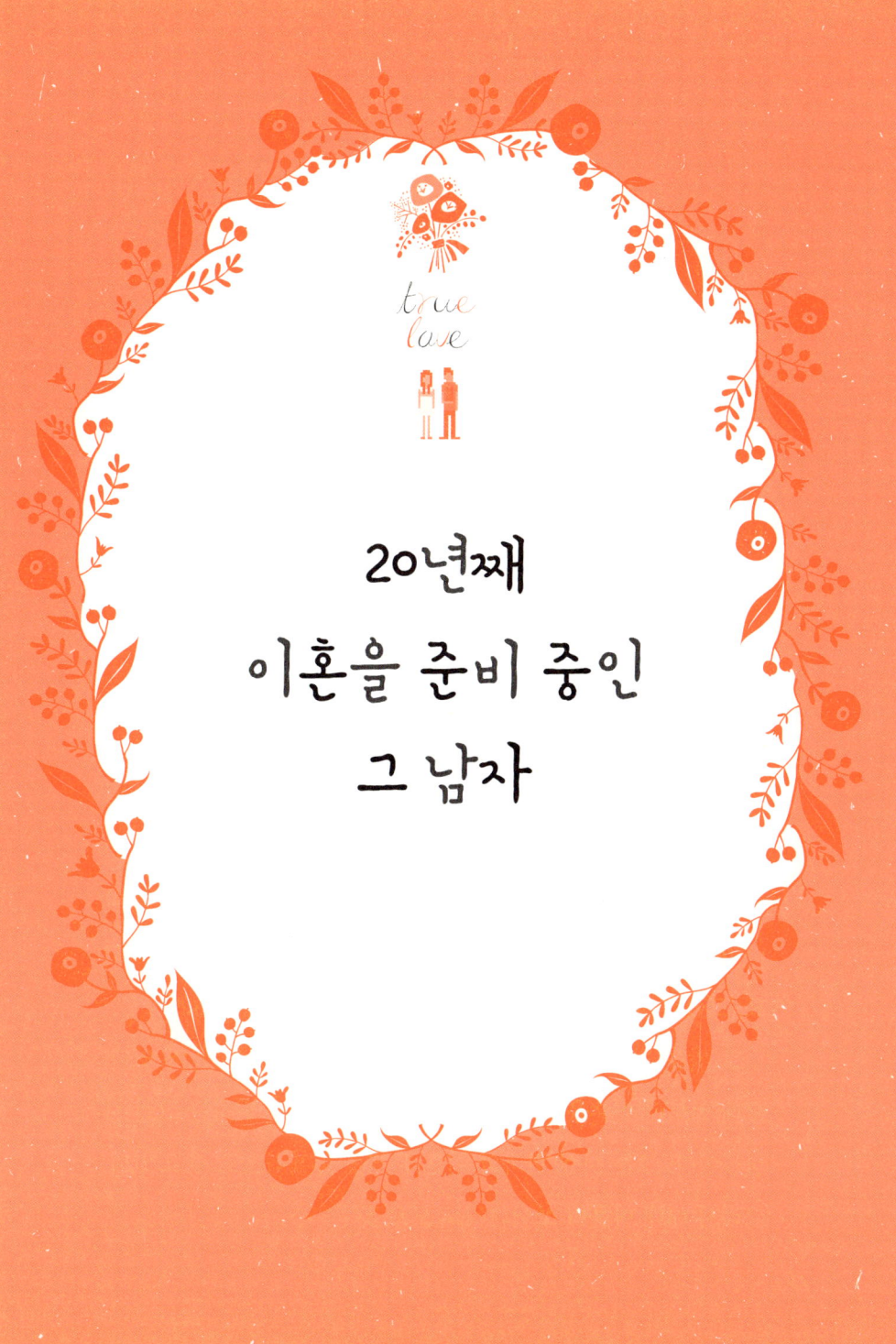

20년째
이혼을 준비 중인
그 남자

⋯

현재 나는 한 남성을 20년째 상담 중이다.

"대표님, 이제 정말 이혼할 겁니다. 애들 엄마와는 쿨하게 헤어지기로 다 얘기했어요. 애들도 우리 사이가 워낙 안 좋다 보니 차라리 이혼하는 게 낫다 싶은 눈치예요. 대표님 말대로 이혼했을 때 경제적으로 먹고 살 만큼은 준비가 된 것 같아요. 나랑 안 맞는 사람과 살기에는 인생이 너무 길어요."

그가 아내와 안 맞는다고 한 것은 4가지인데, 생활습관, 가치관, 속궁합 그리고 자녀교육 문제이다. 부부들이 흔히 겪는 갈등의 요인이기도 하다. 40대 후반의 그는 약간 따지는 스타일이다. 그동안 나랑 나누었던 얘기들을 조목조목 언급하면서 길고 길었던 자신의 결혼생활에 드디어 종지부를 찍을 모양이었다.

"맞는 게 하나도 없는데, 어떻게 살겠습니까? 저나 애들 엄마나 많이 힘들었죠. 늦은 감이 있지만, 지금이라도 결정을 하려고요. 그런데 제가 재혼하면 어떤 사람을 만날 수 있을까요?"

그 말을 듣는 순간 한숨부터 나왔다. 이런 사람들이 몇 있다. 오래 전부터 이혼을 하려고 했고, 이혼 후 재혼을 원하는 그런 사람들이다. 그는 사실 한국의 이혼 문제를 총체적으로 갖고 있다. 그래서 내내 마음이 쓰이는지도 모르겠다.

그는 내가 결혼을 시켰다. 90년대 중반이니 벌써 20년이 되었다. 그런데 이혼상담까지 하게 될 줄은 몰랐다. 결혼 후 2~3년쯤 지났을 때였다.

"대표님, 제가 문제일까요? 결혼해서 살다 보니 생활습관이 안 맞아요."

"어떤 부분이요?"

"저는 깔끔하고 정리정돈을 잘하는데, 집사람은 너무 털털해요. 퇴근해서 집에 들어가면 청소가 안 되어 있어 지저분해요. 좀 짜증을 내면 남자가 너무 예민하다고 오히려 화를 내요. 자꾸 부딪히니까 이제는 성격도 안 맞는 것 같아요. 저도 고집이 센데, 집사람도 만만치 않네요."

몇 달 전 일이라고 한다. 집에만 들어오면 하수구 냄새가 나는데, 그의 생각에는 싱크대에 문제가 있는 것 같았다. 그런데 아내는 아무 냄새도 안 난다는 것이다. 몇 번 티격태격 하다가 아내가 미국 친지 방문차 며칠 집을 비우게 되어서 아예 싱크대를 바꿔버렸다고 한다. 이런 식으로라도 해결하지 않으면 작은 문제에서 곪아 터지게 되기 때문이다. 당시만 해도 나는 보수적이었다. 우선은 그를 설득했다.

"결혼한 지 이제 2~3년인데, 벌써부터 사네 마네 하는 건 너무 성급한 것 같습니다. 더구나 아이도 있는데, 모르는 사람끼리 만나서 서로 맞춰가며 살다 보면 크고 작은 문제들이 생길 수밖에 없거든요. 그건 어떤 누구를 만나도 마찬가지죠. 조금 더 지켜보시면 어떨까요?"

일단은 상황이 그렇게 마무리된 듯했다. 그리고 또 2~3년이 지나갔다. 그가 다시 연락을 해왔다. 이혼을 다시 고민하기 시작했다는 것이다.

"너무 힘드네요. 대화가 안 돼요. 10분 이상 넘어가면 언성이 높아져요. 서로 생각이 달라도 너무 달라요. 나는 남자로서 포부를 갖고 사업에 전념하고 싶은데, 집사람은 가정에 충실하래요. 그래놓고 남자보고 돈 많이 벌어오라고 하니 어쩌라는 건지…. 처가 문제, 부모님 문제도 그렇고, 도대체 말이 안 통해요. 서로의 생각이 하늘과 땅 차이인데, 어떻게 함께 사나요? 대표님도 공감하시죠?"

그 사이 아이가 하나 더 태어나서 둘이었다.

"아이가 둘이나 되는데, 애들 봐서라도 시간을 좀 더 가져보세요. 그래도 아이들이 엄마, 아빠 사랑은 받고 자라야죠. 그리고 처가에서 잘해준다면서요. 처가가 힘이 되어주는 게 얼마나 다행인데요. 처가까지 먹여 살리느라 등골이 휘는 사람도 많은데."

처가가 동력이 되어준다는 말에 그도 어느 정도 공감하는 눈치였다. 더구나 그도, 그의 아내도 심성이 착한 사람들이라 함께 살아야 할 이유를 상기시켜주면 웬만한 문제는 잘 넘어갈 수 있겠다 싶었다. 그렇게 해서 몇 년이 흘렀다. 그와 통화를 했다. 이런 대화가 몇 년 주기로 반복되다 보니 그를 통해 보통의 부부들이 어떤 문제를 겪으면서 사는지 알 수 있었다. 이번에는 어떤 문제로 그가 이혼 얘기를 꺼내는지 궁금하기조차 했다.

"잘 지내고 있죠?"

"대표님은 밤에 좋아요? 난 집사람이랑 통 재미가 없어요. 대화도 줄고, 공통의 취미도 없고, 잠자리도 식상하고…. 이러면 남과 다를 게 뭐 있나 싶어요. 처다보면 아무런 느낌이 없어요. 아직 40대인데 이러고 살아도 되나 싶어요."

"만일 아내분과 헤어지게 되면 생활은 어떻게 되나요?"

"둘 다 전세 정도는 살 수 있겠죠."

"생활비는요?"

"뭐 좀 빠듯하죠. 집사람은 생활력이 없으니 애들 양육까지 하려면 제가 부담을 해야 하니까요."

"이혼하면 경제력은 반토막이 나게 됩니다. 생활수준이 10만 원짜리 소고기에서 5만 원짜리 돼지고기로 낮아집니다. 여행이라도 가려면 이전에는 예산이 20만 원이었다면 이제는 10만 원으로 줄어듭니다. 이혼 전에는 그런 건 참을 수 있을 것 같죠? 막상 그렇게 되면 비참합니다. 어떤 여자가 그런 거 봐줄까요? 완전 개털 되는 거죠. 지금 몸무게는요?"

내가 갑자기 몸무게를 묻자 그는 의아해했다.

"85kg 정도요."

"그래서는 여자들이 싫어합니다. 재혼 생각하면 살도 빼야죠."

그에게 재혼을 부추기려는 게 아니었다. 오히려 이혼의 힘든 현실을 알려줘서 재혼의 환상을 깨주려고 한 것이다. 그들 부부가 함께 할 시간을 벌게 해주고 싶었다. 당시에는 두 아이가 사춘기였다. 그래서 또 숙제를 던졌다.

"아이가 있다면 이혼도 부부 마음대로 못합니다. 아이들 동의도 구해야죠. 헤어지더라도 서로 상처를 줄이게끔 이혼도 준비가 필요해요."

그리고 얼마 전이었다. 그의 전화를 다시 받았다.

"대표님 말대로 운동해서 살도 빼고, 돈도 좀 모았습니다. 이제는 정말 이혼하렵니다."

그는 단호한 목소리로 얘기를 시작했다.

"애들 대학 보내는 것도 둘이 뜻이 서로 안 맞네요. 애들 엄마도 틀린 건 아니지만, 내 생각도 있는 건데. 아이들도 엄마 편만 들더군요. 그렇게 키우지 않았는데도 본 게 있어선지 애들도 정리정돈을 잘 안 합니다. 엄마의 가치관이 전수된 거죠. 게다가 큰 녀석은 아빠를 우습게 압니다. 명색이 가족인데, 내 마음 알아주는 사람 하나 없으니 인생 헛살았다는 생각도 들고, 아무튼 살 맛이 안 나요."

생활습관, 가치관, 속궁합, 자녀 문제가 쌓여서 쓰나미급 태풍으로 그들 부부를 덮친 것이다.

"가족들에게서 소외되니 이제 정말 희망이 없더군요. 더 살아야 할 이유요? 이젠 정말 없습니다. 나이 들어서 여자한테 괄시당하고 쫓겨나느니 한 살이라도 젊고 힘이 있을 때 나 자신을 위한 혁명을 해볼까 합니다."

그는 이혼을 '혁명'이라고까지 말했다. 20년 만에 결전의 시간이 온 것일까?

"대표님 충고대로 준비를 했다면 했습니다. 헤어지면 저는 작은 아파트에서 살고, 애들 엄마는 전세를 마련해줄 겁니다. 애들하고도 얘기가 되었고요. 담배 끊고, 술도 거의 안 합니다. 체력 관리하면서 몸도 만들고 있습니다. 이제 어떤 사람을 만나도 잘 해줄 자신이 있습니다."

"○○님은 노력했고, 재혼할 자격도 있습니다. 서류에 제대로 도장 찍으면 시작하지요. 어떤 사람을 원하는데요?"

"가치관, 생활습관, 속궁합 중 욕심을 부리자면 다 맞으면 좋겠지만, 최소한 2개만 맞아도 좋겠어요."

"그거야 ○○님 하기 나름이겠지만, 얼굴만 달라진 ○○님 아내 같은 사람일지도 모릅니다. 한 달의 신선함이 될지, 1년의 신선함이 될지는."

"저는 어떤 사람을 만날 수 있을까요?"

"그렇게 완벽한 사람이라면 옛날 같으면 남자들이 그냥 두지 않았겠지만 요즘엔 워낙 이혼이 많으니까 그런 사람이 있을지도 모르죠. 생활습관, 가치관, 속궁합. 어느 것 하나 놓칠 수 없는데, 그렇게 좋은 사람 만나려면 선택권이 있어야 합니다. ○○님에게는 그런 능력이 있나요?"

새롭게 출발하고 싶어 하는 그를 더 이상 만류하지 않았다. 하지만 그에게 아무리 선택권이 있다고 한들, 그래서 잘 맞는 사람을 만난다고 한들, 같이 살아보지 않으면 모르는 것이다. 그가 이혼만 하면 누구든 만날 수 있을 거라는 환상을 갖지 않기를 바랄 뿐이다.

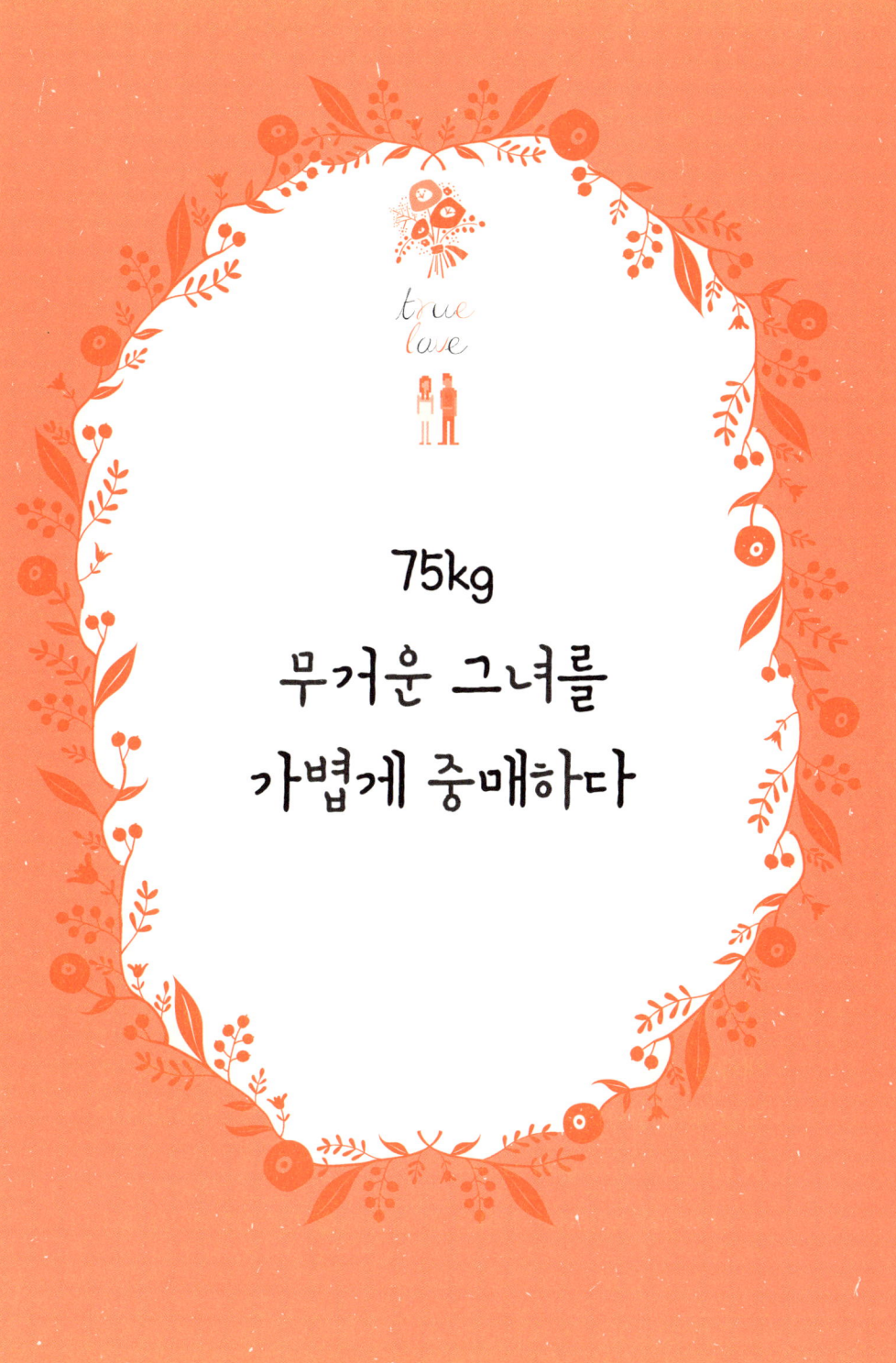

⋯

 나는 대중교통을 이용할 때는 아주 급한 경우가 아니면 전화를 받거나 걸지 않는다. 하지만 그날은 상대방이 내가 신세를 크게 진 분이라 전화를 받을 수밖에 없었다.
 "회장님, 안녕하십니까?"
 "이 대표, 여전히 바쁘지요?"
 몇 마디 안부 인사를 나눈 후 그분은 본론을 꺼냈다.
 "가까운 분 따님이 이 대표 회사에 가입을 했답니다. 그 친구가 어떤 상황인지 알아보고 말씀 좀 해주면 좋겠는데."
 지인의 딸을 잘 부탁한다는 것을 돌려서 얘기한 것이다. 그분께 신세를 갚는다는 생각으로 그 여성의 프로필을 살펴봤다. 167cm, 75kg⋯. 신체조건이 일반적인 여성의 평균체중을 훨씬 넘어섰다. 여성의 외모는 중매에서 가장 큰 비중을 차지하지만, 한 가지만 보고 판단할 수 없으니 다른 정보들을 확인했다. 여성의 어머니와 통화가 되었다. 사람을 많이 만나다 보니 몇 마디만 해봐도 느낌이 온다. 어머니의 목소리에는 건강미가 넘쳤고, 구김살 없이 밝았다. 모전여전이라고 하니 여성도 엄마의 분위기를 닮았으면 좋을 텐데 싶었다.
 "딸아이가 걱정되어서 아는 분께 부탁을 드렸었는데, 사장님이 직접 전화를 하셨네요."

"어머니, 솔직히 말씀드리면 따님이 체중이 좀 많이 나가요."

"맞아요. 특히 허벅지가 꿀벅지예요."

"아, 그렇군요. 운동을 좀 시키시지, 그냥 계셨어요?"

"원래는 조금 통통한 편이었는데, 공무원 시험 보느라 2년 정도 책상에만 앉아있더니, 살이 많이 쪘어요."

"지금은 간호사네요. 결혼 자금은 얼마나 모았나요?"

"한 3천만 원 정도 모았다고 하네요."

그 액수는 적을 수도 있고 많을 수도 있지만, 어머니는 야무지게 돈을 모은 딸이 대견한 듯했다.

"사장님, 우리 딸은요, 심성이 고와서 누구를 만나건 배려를 많이 할 거예요. 남녀가 만나는 데 제일 중요한 건 마음 아닌가요?"

어머니와 얘기를 하다 보니 가정의 화목함이 느껴졌고, 그 여성이 어떤 교육을 받고 성장했는지를 알 수 있었다.

"아버님은 어떤 분이세요?"

"애 아버지요? 딱 스탠더드예요."

"살면서 과태료 같은 거 내보신 적은 있어요?"

"하유, 과태료라니요. 사람이 있건 없건 파란불이면 멈춰야 하는 사람이죠."

"부모님께서는 자녀분들 결혼 준비가 어느 정도 되신 건지요?"

"많이는 못해주지만, 작은 평수로 빌라 하나씩 해줄 정도는 됩니다."

 마음이 훈훈해졌다. 이분들은 자녀들에게 자기 위치에서 최선을 다하는 성실함이라는 삶의 미덕을 물려주었다는 생각이 들었다.

 "자녀 결혼에 부모님 역할이 참 중요합니다. 같이 노력을 하셔야 하니까요."

 "그러게요. 살을 빼게 할까요?"

 "아닙니다. 오히려 따님을 있는 그대로 좋아하는 사람을 만나게 해야 합니다. 제 역할이 그런 것이고요."

 직감적으로 소신껏 소개를 해도 되겠다는 확신이 들었다.

 "그런 사람이 있을까요? 요즘 남자들은 다 키 크고 날씬한 여자 좋아하잖아요."

 "많지는 않습니다. 하지만 남자들 시각이 워낙 다양하니까요. 따님 같은 스타일 좋아할 사람이 100명 중 2~3명 정도는 있지 않을까 싶습니다. 그런 사람을 찾아봐야죠. 물론 발품을 많이 팔아야겠지만…."

 이 여성에게는 공을 많이 들여야 하지만 회비를 더 받거나 그럴 마음은 없었다. 그냥 좋은 사람을 찾아주고 싶었다. 중매만 24년 하다 보니 나도 세상사, 인간사에 웬만큼 도가 트인 것 같다. 재력가부터 무일푼인 사람까지 만났고, 최고의 지위를 가진 사람부터 밑바닥 인생을 사는 사람까지 만나보면서 사람은 누구나 나름대로의 장점이 있고, 그래서 다 가치 있는 존재라는 사실을 거듭 확인했기에 나를 찾는 사람들은 모두 동일한 기준으로 대한다. 세상 그 누구도 다 짝이 있다. 적어도 결혼에서는 루저가 없다. 자신에게 맞지 않은 이성상을 갖고 있는 경우엔 고생할 뿐이고, 그 과정이 힘들 뿐이다. 이 여성도 과체중이라는 것을 빼면 화목한 가정에서 건강하게 자란 사람이다. 그런 장점을 알아주는 사람을 찾으면 된다.

여성의 어머니와 통화를 마친 후 생각을 정리하고, 여성과 나이 터울이 적당한 80~85년생 남성 2천여 명에게 문자 메시지를 보냈다.

'간호사인 30세 여성과 만날 80~85년생 남성을 찾습니다. 이 여성은 167cm, 75kg으로 통통한 편입니다. 이런 스타일을 선호하는 남성들은 만남 신청 바랍니다. 군장교로 전역한 부친은 자영업에 종사하시고, 평생 과태료 한번 낸 적이 없는 모범적인 분입니다. 뿐만 아니라 자녀 결혼용으로 작은 평수의 주택을 마련해주실 수 있을 정도로 성실하게 살아오신 분입니다. 여성분은 화목한 가정에서 자라 배려심이 많은 성격입니다.'

바로 20여 명에게서 답장이 왔다. 한 명 한 명 꼼꼼하게 확인했다. 어느새 내 마음은 여동생 신랑감을 찾는 것 마냥 진지하면서도 설렜다.

1. 지방대 졸업, 중소기업에 다니는 82년생 남성은 사진 등록을 안 했다. 성의가 없어보여서 탈락!

2. 중소기업에 다니는 83년생 남성은 운동 좀 하게 생긴 건강한 인상. 일단 보류!

　3. 전문대 졸업, 벤처기업 프로그래머인 80년생 남성은 연봉이 4천만 원이고, 기술이 있어서 만남 대상으로 정하려고 했지만, 여성의 외모를 많이 본다고 해서 탈락!

　4. 176cm, 지방대 졸업, 가구업에 종사하는 81년생 남성은 연봉이 3천만 원인데, 결혼할 준비가 안 되어 있어서 탈락!

　5. 은행 근무, 연봉 5천만 원, 4살 터울의 지방대 졸업 남성은 성실성이 있어서 통과!

　6. 3살 터울의 자영업을 하는 남성은 기반이 불안정해서 탈락!

　7. 항공사 승무원인 82년생 남성은 자신이 너무 말라서 통통한 여성을 원한다는 말에 진정성이 느껴져서 통과!

　8. 수도권의 대학을 졸업하고 직장에 다니는 82년생 남성은 성실성이 엿보이고, 여성과 가까운 지역에 거주하고 있어서 만남이 수월하다고 판단해서 통과!

　이런 식으로 고르고 골라서 4~5명을 선정했다. 이 중에 여성의 배우자가 있을 확률이 높다는 게 내 판단이다. 그래도 조심스러웠다. 사실 여성은 이전에 몇 번 만남을 가졌는데, 사진으로는 체형이 잘 드러나지 않기 때문에 아마 남성 쪽에서 만나보고 실망했던 모양이다. 그래서인지 자신감이 많이 떨어져 있는 상태였다. 그래서 매니저들에게 남성과 통화할 때 '사진보다 더 통통하다'고 꼭 설명하라고 일렀다. 만남을 주선할 때는 일단 만나게 하려는 의도에서 실제보다 더 좋게 말하는 경우가 대부분이다. 그런데 이 여성의 경우에는 실물에 대해 정확하게 말할 필요가 있었다. 그렇게 한다고 해서 만남이 어려운 건 아니다. 주변에서야 찾기 힘들지만, 이곳에서는 만남 상대가 나오기 마련이다. 중매에 대해 모르는 사람들이야 통통한, 좀 더 솔직하게 말하면 뚱뚱한 여성 소개가 어렵다고 할 수 있지만, 그건 정말로 모르는 말씀이다. 이 여성의 경우 오히려 용이한 면도 있다. 스타일에 관한 것은 그 스타일을 좋아하는 남성을 만나면 되기 때문이다. 우선 여성에게 남성들에 대해 설명했다.

"그분들한테 제가 뚱뚱하다는 거 다 말씀하셨죠? 그래도 좋다고 하나요?"

"문자 보여드렸죠? 그 문자 보고 연락한 분들입니다. ○○님 있는 그대로 호감 있다고 한 분들이에요. 남녀 만남이 자로 잰 듯 똑 떨어지는 거라면 저 같은 사람은 필요 없을 거예요. 키 작은 여성, 키 큰 여성, 마른 여성, 통통한 여성 등 좋아하는 스타일이 다양합니다. 인연은 다 있습니다. 제가 지금 그 인연을 찾아드리려는 거고요."

그녀는 다시 용기를 내보겠다고 했다.

"세상 모든 남성들이 나를 좋아해주는 건 아무 의미가 없습니다. ○○님을 좋아해줄 딱 한 사람만 찾으면 됩니다. 그 인연을 한 번에 만날지, 열 번, 백 번째에 만날지 모르지만 찾다 보면 만나게 됩니다."

드디어 그녀는 내가 소개한 첫 번째 남성을 만났다. 나는 설레는 마음으로 결과를 기다리고 있다.

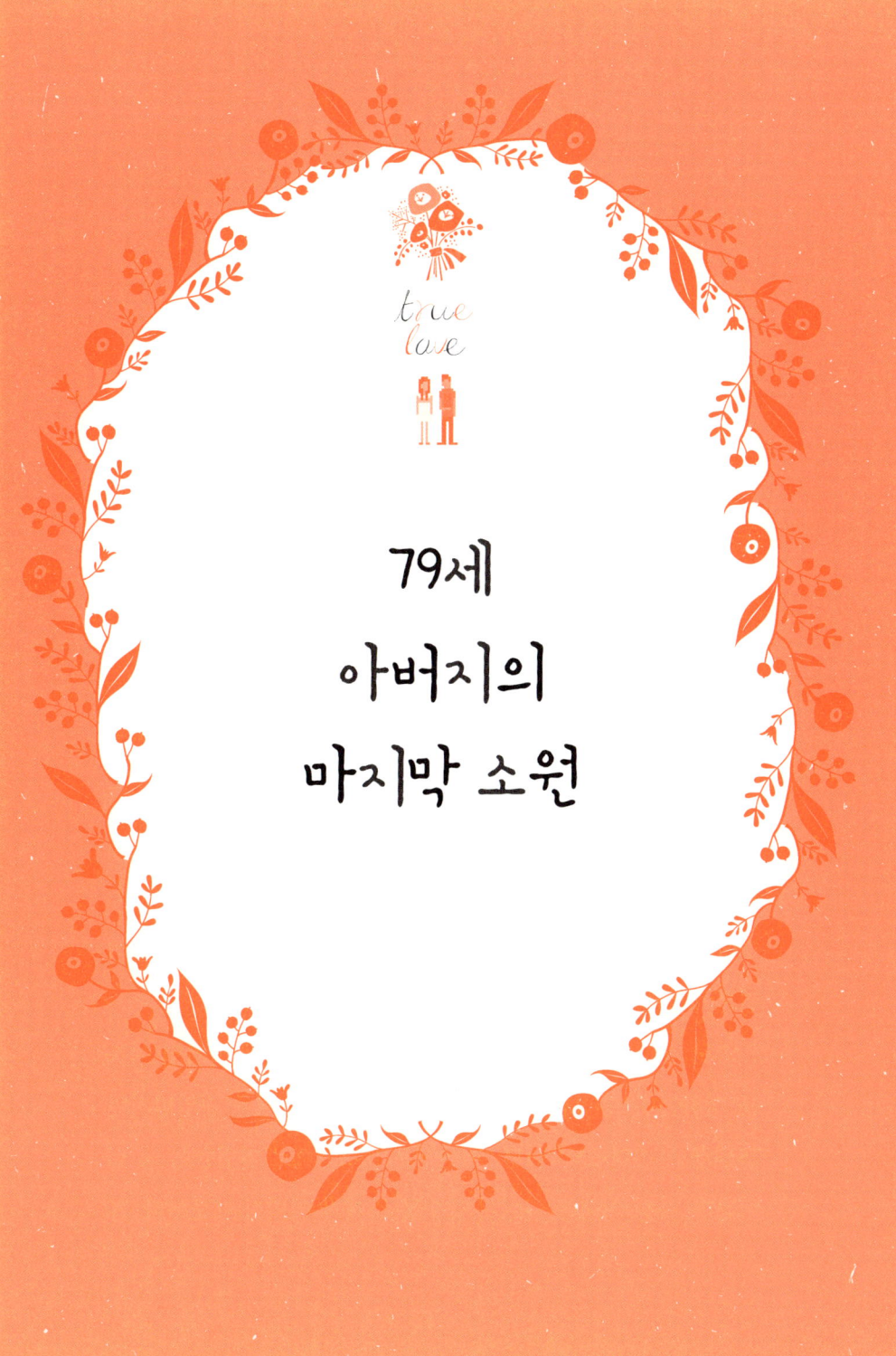

79세 아버지의 마지막 소원

· · ·

매니저의 연락이다.

"대표님, 이 분과 꼭 통화를 해주세요. 따님이 70년생인데, 대표님을 꼭 만나야 하신대요."

알려준 번호로 연락을 해보니 해외에서 나를 만나려고 일부러 한국에 오셨다는 것이다.

"선생님, 그래도 오시기 전에 저랑 통화라도 한번 하시지. 이렇게 도착해서 연락을 하시면 제가 부담 되죠. 일이 잘 된다는 보장도 없는데."

"이 사장, 내가 올해 일흔아홉이요. 살날이 얼마 없는데 연락하고 기다리고 할 수가 없었어요. 죽기 전 마지막이라는 심정으로 왔으니, 내 심정 좀 이해해주세요. 내 딸 결혼하는 거 보는 것이 딱 하나 남은 소원입니다."

이 말을 듣는 순간 가슴이 먹먹해졌다. 아버지에게 지금 딸의 결혼이 얼마나 간절한지가 실감났기 때문이다.

회원 가입을 할 때 소개가 잘 이뤄질지를 판단해서 가입 여부를 정하는데, 통상적으로 80년생은 10명 중 7명을 가입받지만 75년생은 10명 중 3~4명, 70년생은 1~2명으로 가입률이 뚝 떨어진다. 특히 여성은 나이가 들수록 소개가 어렵기 때문이다. 70

년생인 그분의 딸은 솔직히 소개가 어렵다. 그래도 딸 결혼시키겠다고 이역만리에서 연로한 몸으로 나를 만나러 찾아온 분의 기대를 무너뜨릴 수가 없었다. 다음날 바로 아버님과 약속을 잡았다. 그분이 설명한 딸의 프로필을 정리해봤다.

아버님은 40여 년 전에 이민을 가서 사업을 했고, 큰 부를 쌓은 후 퇴직해서 지금은 대저택에서 살고 있다. 아버지에게는 딸이 둘 있는데, 변호사인 둘째 딸은 결혼을 했고, 소개를 받을 딸은 큰딸이다. 그녀는 한국에서는 아직 잘 알려져 있지 않지만 선진국에서는 유망한 분야의 전문가로, 세계적인 명성을 얻고 있는 연구자인데, 수십만 달러 연봉을 받고 있다고 한다. 배우자로서 최고의 조건을 갖췄지만 해외생활이라는 특수성으로 인해 결혼하기가 어려운 상황인 것이다.

직접 만난 아버님은 79세라는 것이 믿기지 않을 정도로 꼿꼿하고 당당한 분이었다. 사회에서 성공한 사람이 갖는 여유로운 분위기가 넘쳤다.

"저는 한국계 사위를 두고 싶은데, 그게 어렵네요."
"언어가 통해야 결혼생활도 가능한데, 따님은 한국말을 잘하시는지요?"
"아주 잘합니다. 어릴 때부터 집에서는 한국말을 썼으니까요."
"현지에서 다른 사람을 만났을 수도 있는데, 사귀는 사람이 없나요?"
"딸아이가 워낙 어려운 분야를 공부하다 보니 한창 연애할 나이에는 공부하느라 시기를 놓쳤고요. 본인도 한국 사람과 결혼하겠다고 하는데, 주변에서는 마음에 드는 사람 찾기가 어렵네요."

좋은 환경에서 태어나 잘 자랐지만 결혼하려고 하니 외국생활이 문제였던 것이다.

"40대 후반인데 지금에서야 결혼을 적극적으로 생각하게 된 건가요?"

"딸애랑 단판을 지었습니다. 내가 그랬어요. 너 결혼하는 거 보고 죽으련다. 그게 내 소원이다. 그 나이 돼서 결혼을 하는 게 막막하겠죠. 그래도 부모에게는 마음이 참 약해요."

"아버님은 어떤 사윗감 보고 싶으세요?"

"인간성 좋고 건강하면 됩니다."

"따님이 그렇게 조건이 좋은데, 설마 그것뿐이실까요?"

"진심입니다. 더 바랄 게 뭐가 있나요? 몸만 오면 됩니다. 남자가 한국을 못 떠날 상황이라면 딸애를 설득해서 한국에 보낼 생각도 합니다."

"그래도 거의 그곳 사람이 다 된 따님이 한국에 와서 사는 건 어렵죠. 거기 가서 거주할 의사가 있는 남성을 찾아보겠습니다."

"사장님이라면 내 소원을 들어줄 거라는 생각이 듭니다. 믿을게요. 무슨 말이든. 딱 하나, 이런 사람만 아니면요. 얼마 전 아는 분 딸이 결혼 얘기가 오갔는데, 우리처럼 기반을 잡은 분이라서 그 남자에게 정말 잘해줬나 봐요. 그런데 남자가 미국에 오는데 공항에 입고 갈 청바지를 보내달라고 하더래요. 좋다, 좋다 해도 그건 아니잖아요. 그래서 결국은 결혼 안 하기로 했다더군요."

여자 덕 보려고 작정하고 덤벼드는 남자는 싫다는 말로 이해했다. 사실 찾아보면 그분의 딸과 같은 여성을 만나려고 하는 남성들은 의외로 많을 수 있다. 나이가 좀 많기는 하지만 여성의 배경과 뛰어난 능력이 이미 나이의 한계를 뛰어넘기 충분하다. 또한 이런 여성을 만나고 싶어 하는 것이 남성들의 로망이기도 하다. 하지만 아버지는 그 지역사회에서만 살기 때문에 이런 사실을 모른다. 문득 생각나는 얼굴이 있었다. 그분 딸보다 4년 연상의 미혼으로 명문대를 졸업하고 방송국에 근무하는 남성이었다. 한 가지 걸리는 것은 지인의 보증을 섰다가 큰돈을 잃고, 그 빚을 갚느라 경제력이 바닥인 상황이라는 것이다. 그래도 사회에서 인정받고 평판 좋게 살아온 터라 여성 보는 눈은 높았다. 하지만 본인이 찾는 여성이 경제력 없는 그 남성을 선택할 리 없고, 그런 괴리로 인해 결혼이 힘든 상황이었다. 그에게 무작정 전화를 걸었다.

"난데요. 혹시 외국 가서 살 생각 없어요? 좋은 여성이 있는데…."

"좋죠."

"그럼, 여성 아버님이 오셨는데, 일단 그분부터 만나볼 수 있나요?"

"본인이 아니라 아버님을요?"

전화기 너머로 당황하는 남성 얼굴이 보이는 듯했다. 하지만 여성은 태평양 건너에 있으니 가서 만나려면 많은 과정이 필요하다. 일단은 만나겠다고 마음먹는 게 중요했다. 이렇게 밀어붙인 결과, 바로 다음날로 약속이 잡혔다.

"이 대표, 난 그 청년이 마음에 드는데, 그쪽 생각은 어떤가요?"

남성에게 전화를 했다.

"아버님이 참 좋으시네요. 그런데 이런 식으로 갑자기 만남을 결정해야 하나요?"

"여성이 미국에 있어서 당장은 못 만나니까 우선 아버님부터 만나본 후에 다음을 생각해보자는 거죠."

"외국에서 한 번도 안 살아봤는데 향수병이라도 걸리면 어떡하죠?"

"너무 생각이 많으면 될 일도 안 됩니다."

"내가 거절당하는 건 차라리 괜찮은데 그분한테서 느낌이 안 오면 어떡하죠?"

망설여지는 건 당연했다. 시간을 갖고 좀 더 생각해보라고 했다. 아버님은 만남이 꼭 성사되기를 원했고, 남성의 답변을 기다리는 초조한 시간이 흘렀다.

"선생님, 아시겠지만 남성도 얼떨떨할 겁니다. 갑자기 아버님을 만났고, 빨리 결정을 해야 하는 상황이니까요. 3~4일도 안 되었으니 조금만 더 기다려보시자고요."

"기다리는 거야 얼마든지 기다리겠지만 좋은 소식이 있어야 할 텐데 말입니다."

"한국에서 쌓은 기반을 버리고 가야 하는 상황인데 고민이 되겠죠."

독촉하고 싶은 마음은 아니었지만 일단 상황 파악을 해야 했기에 남성에게 전화를 했다.

"제가 미국에서 할 수 있는 것이 없어서 정작 가서 뭘 해야 할지 생각하니 막막합니다. 제가 외로움도 잘 타는데 여자 하나 보고 멀리 가서 사는 것도 그렇고, 게다가 데릴사위나 마찬가지인데 잘하는 건지 모르겠습니다."

"그래도 이제는 결심해야 할 때입니다. ○○씨는 어떻게 보면 행운아예요. 정말 그런 여성은 어디에서도 만나기 힘들거든요."

"그러게요. 제가 결정권을 가질 게 아니라 다른 분들도 만나봐야 하지 않나요?"

"사실 그렇게 할까도 생각했는데, 그럼 ○○씨에게는 기회가 없겠죠. 이 정도 여성이면 다른 남성들이 좋아할 가능성이 높으니까요. 그래도 제일 처음 ○○씨가 떠올라서 바로 연락을 한 거예요."

그는 아직 망설이고 있었다. 그 심리를 잘 안다. 나이는 많지만 아직 직장에서 잘나가는 노총각들은 주변에 젊은 사람들도 많고, 사회적 지위가 있기 때문에 일말의 기대를 버리지 않는다. 그리고 바깥세상이 얼마나 추운지를 잘 모른다. 껄끄럽기는 하지만 그런 상황을 설명해야 하는 것이 나의 역할이다. 새벽 4시에 일어나서 그에게 문자를 보냈다.

"○○씨, 올해 딱 50인데, 그 나이에 선택할 수 있는 여성이 얼마나 될까요?"

그 시간에 깨어 있었는지 그에게서 전화가 왔다.

"사회적으로 어느 정도 성공한 남성들은 나이가 어리거나 외모가 좋거나 혹은 나이가 좀 많더라도 능력 있는 여성을 만나려고 합니다. 그건 ○○씨도 마찬가지고요. 나이 어린 여성들을 만나려면 경제력이 있어야 하는데, ○○씨는 그 부분이 어렵고요. 그렇다면 나이가 있는 여성 만나는 것이 답인데, 그 연령대 여성들은 잘나가기 때문에 남성이 아주 마음에 들지 않는 이상 굳이 결혼을 하지 않습니다. 그렇다면 결국 ○○씨가 만날 수 있는 여성은 극히 드문 거죠."

"기반 있는 곳을 두고 가는 것도 마음에 걸리고요."

"지금은 안정된 상황이지만 10년 후면 은퇴하잖아요. 그동안 벌 수 있는 돈이 얼마인지 그리고 미국에 가서 새롭게 시작하는 것에 대해 한번 생각해보세요. 좋은 결혼할 수 있는 마지막 기회예요. 물론 고민해야 하겠지만 이렇게 시간을 늦추는 건 더 이상 안 될 것 같네요."

최후통첩처럼 강하게 밀어붙였다. 강요하려는 것이 아니라 이렇게 하지 않으면 그는 다람쥐 쳇바퀴 돌듯 계속 고민만 할 것이기 때문이다.

그날 오후, 마침내 그에게서 전화가 왔다.

"사장님 믿고 한번 만나보겠습니다."

아버님은 그 얘기를 듣자마자 부인과 딸을 설득해서 한국에 오겠다고 했다.

"선생님, 세 사람이 움직이는 것보다야 남자 혼자 가는 게 낫죠."

그러고는 남성에게 제안했다.

"○○씨, 본인이 가서 만나는 게 어때요? 매너 좋게. 비행기표는 내가 사줄게요."

"가서 보고 아니면 어쩔 수 없는 겁니다. 부담 없이 가겠습니다."

아버지는 자신이 남성의 여행비용을 부담하겠다고 했지만 잘 안 될 경우를 생각해서 거절했고, 혼자 가는 남성의 부담을 덜어주고자 미국 출장을 핑계로 내가 동행하게 되었다. 그래서 나는 지금 좀 희한하기도 하고, 특별하기도 한 중매여행을 기다리고 있는 중이다.

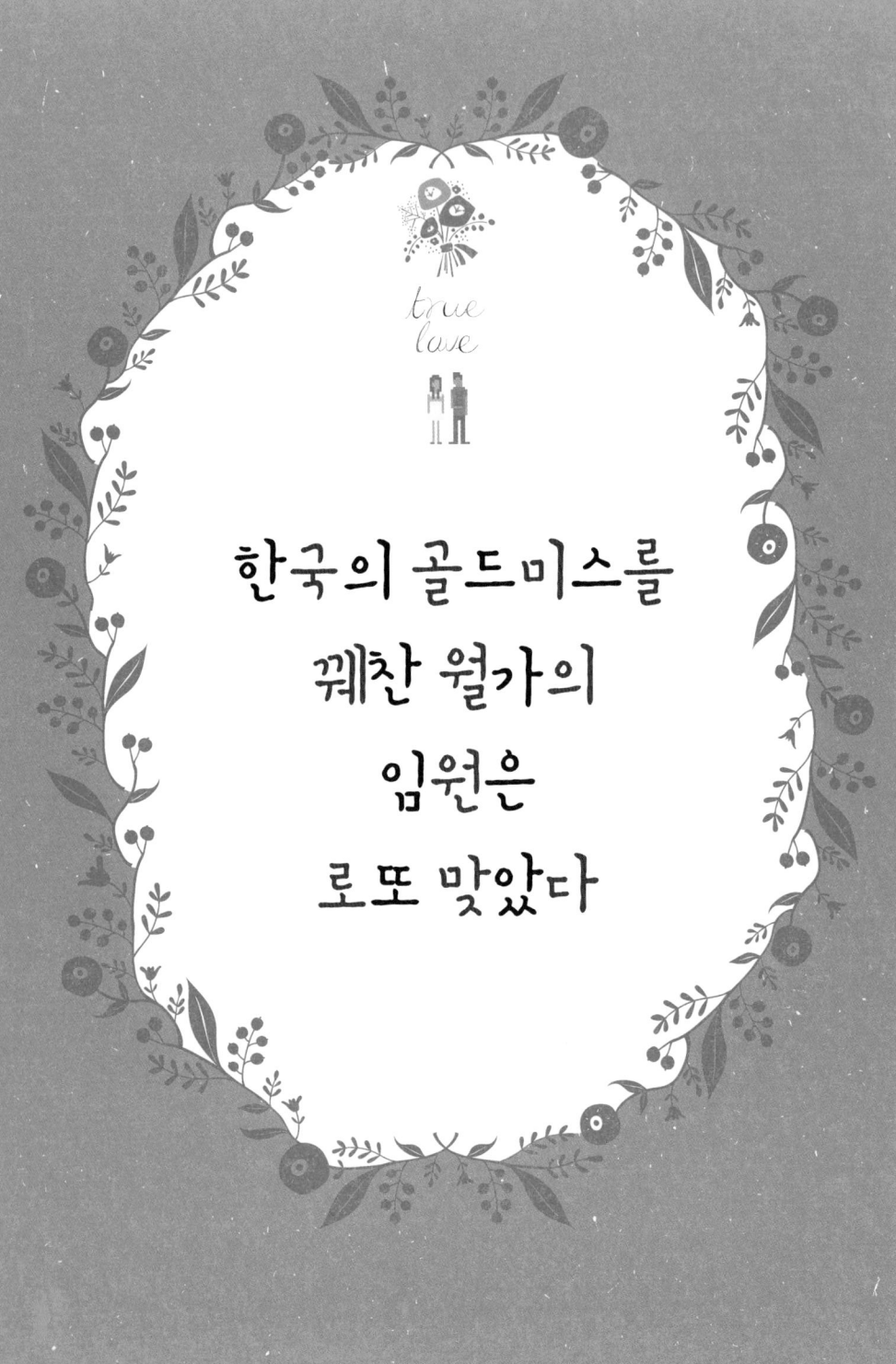

· · ·

미국 맨해튼에 거주하는 76년생 A씨는 미국 명문 로스쿨을 졸업한 변호사로 연봉 40만 불을 받는다. 미국 LA에 거주하는 73년생 B씨는 내과 전문의로 연봉이 30만 불 이상이다. 72년생 C씨는 한국의 S대 교수로 인상도 좋고 집안도 좋다. 캐나다 교포인 71년생 D씨는 뇌의학 전문의로 병원이나 연구소에서 좋은 조건으로 스카우트 제의가 줄을 이을 정도로 이 분야에서 인정받고 있다. 화랑이 즐비한 미국 뉴욕에서 큐레이터로 활동하는 74년생 E씨는 미국 미술계에서 알아주는 인재이다. 경기도에서 산부인과를 운영하는 40대 초반의 F씨, 서울 강남에서 유명 로펌의 변호사로 활동하는 40대 초반의 G씨 등 열거한 이 사람들의 공통점은 3~40대 싱글여성, 흔히 말하는 골드미스라는 것이다. 한국과 화폐 단위가 달라 실감이 잘 안 나서 그렇지, 30만 불, 40만 불은 일반인들이 받기 힘든 고액 연봉이다. 사회에서 괄목할 만한 재능을 발휘하고 있는 이 여성들이 결혼에 어려움을 겪고 있다. 내가 알고 있는 이런 여성들이 족히 수백 명은 된다. 최근 이들 중 한 명이 결혼을 하게 되었는데 상대는 미국 금융계의 중역으로 일하는 백인 남성이다. 이 여성이 처음부터 외국인과 결혼하려고 했던 것은 아니었다. 마흔이 된 그녀와 3~4살 나이 차이가 나는 40대 중반의 한국 남성들을 몇 명 소개했었다.

"나이가 너무 많네요."

그래도 ○○님과 4살 차이가 나는데요.

"2~30대 때야 둘 다 젊으니까 괜찮지만 내 나이가 오십이 다 되어가는데, 여자라도 좀 젊어야지요."

"그래도 이제 마흔인데 나이가 너무 많다고 하시는 건…"

다른 남성들도 느낌이 안 온다, 출산을 고려해야 한다 등의 이유를 들어 만나기를 꺼려했다. 그녀와 솔직한 얘기를 나눴다.

"나이 많아서 싫대죠?"

"나이 따지는 한국 남자들 많은데, 계속 이러면 한국에서 결혼하기 힘들어요. 시야를 좀 넓혀보면 어떨까요? 밖으로요."

"밖으로라면, 국제결혼 말씀하시나요?"

"교포들도 있고요. 외국 남성들도 있고요. 왜요? 전혀 생각 안 해본 건가요?"

"그렇긴 하지만 국제결혼한 친구도 있고, 그렇게 부정적인 건 아니에요. 하지만 좀 갑작스럽긴 하네요."

"혹시 직장에서 외국 나갈 기회는 없나요? 미국 같은 곳이요. 물론 남성 쪽에서 한국에 올 수도 있겠지만, 외국 지사 같은 데 나가기도 하니까요."

혹시나 해서 제안을 한 것인데 일이 잘 풀리려는 건지 얼마 안 있어 미국 월가에서 일하는 애널리스트가 한국에 와서 만나게 되었고, 서로 호감을 갖게 되면서 여성 쪽에서 적극적으로 미국에서 일할 기회를 찾고 있는 중이다.

한국 사회가 지난 1~20년 동안 사회적으로, 또 이와 맞물려 가치관에 있어서도 많은 변화를 겪었고, 개방성과 포용력을 갖게 된 부분도 있지만 결혼에서만큼은 상당한 편견이 여전히 존재하고 있다. 어찌 보면 골드미스들도 그로 인한 피해를 보고 있다고 할 수 있다. '노처녀들은 기가 세다', '눈이 높으니까 결혼을 못하지', '여자가 남자보다 잘나면 뭐에 쓰게?' 이런 생각이 적지 않다. 게다가 이성을 선택할 때 느낌을 중시하는 외국에 비해 한국 남성들은 나이를 따지는 편이고, 그런 경향은 나이가 들수록 심해진다. 골드미스의 경우 내가 보기에 좋은 여성들이 많고, 본인들 또한 이런 자부심으로 살아왔는데 결혼을 준비하는 과정에서 나이가 많다는 이유로 거절당하면서 좌절감을 느끼는 경우가 많다. 이들을 보면 얼마나 안타까운지 모른다. 가끔 이런 생각을 한다. 이 여성들이 일보다 결혼에 집중했으면 지금처럼 성공할 수 있었을까? 그랬을 수도, 그렇지 못했을 수도 있다. 분명한 것은 이들이 눈이 높아 조건 좋은 남성을 찾다가 나이가 든 것도 아니고, 기가 세서 결혼생활을 조신하게 할 수 없어서 이렇게 된 것도 아니라는 것이다. 그저 자기 일을 열심히 했고, 결혼을 하려고 보니 어느새 나이가 들어있었을 뿐이다. 지적이고 능력 있는 이들에게 나이는 그저 신체적인 노쇠함이 아니라 연륜이고 지혜가 된다. 정신적으로 성숙하고, 많은 경험을 통해 포용력도 갖고 있다. 이런 여성들과 결혼하는 남성들은 그야말로 호박이 넝쿨째 굴러오는 것이다. 월가의 예비신랑에게도 '당신은 천만 불짜리 복권에 당첨된 것'이라고 말해주었다. 처음에는 어리둥절하던 그에게 이런 설명을 하니 엄지손가락을 치켜든다. 이런 행운을 한국 남성들도 가졌으면 좋겠다. 나이부터 따지지 말고, 내면의 깊이와 능력을 고려한다면 얼마든지 가능하다.

자식 비서
노릇하는 부모들이
늘고 있다

· · ·

순간 나는 얼굴을 살짝 찡그렸다. 얼마 전 아들이 맞선을 본 어머니와 통화를 하면서였다.

"아가씨 반응이 너무 밋밋하네요. 적극적이지가 않아. 확답을 줘야 우리도 움직일 텐데."

"어머님, 만난 지 겨우 2주 되었습니다. 좋다, 싫다 결정하는 게 쉬운 일인가요?"

내 말이 길어진 것은 어머니가 억지를 부리다시피 해서였다. 아들에 대한 프라이드가 지나치게 강한 나머지 대개는 남성이 먼저 움직이는 남녀 만남에서 여성 쪽이 먼저 확실하게 결정해 달라고 하는 것이었다. 딴에는 자랑할 만한 아들이었다. 전문직에 돋보이는 외모를 가진 미국 명문대 유학파이고, 부모님이 명문대 교수, 게다가 부유한 집안이었다.

"아드님은 여성분 만나보고 뭐라고 하던가요? 더 만나볼 의향이 있다던가요?"

"뭐, 싫지는 않은 눈치예요. 저쪽에서 만나자고 하면 만난다고 하네요."

"그럼, 아드님이 먼저 연락을 해보면 되잖습니까? 어느 한쪽이 적극적이어야 한다면 남자 쪽인 게 모양새가 좋죠."

"글쎄요."

어머니는 처음 가입을 할 때도 아들 대신 본인이 했고 상담도, 추천받은 여성에 대한 설명을 듣는 일도 다 직접 나서서 했다. 어머니를 중간에 두고 아들과 나의 간접 대화가 이뤄지고 있었다.

"어머님, 여성도 호감이 있는 것 같으니 아드님이 적극적으로 나오면 잘될 수 있는 상황입니다."

"그렇기는 한데, 아들애가 아쉬운 게 없어서 그런지 좋지도, 싫지도 않다고 그래요."

"맞선을 보러 나왔을 때는 결혼을 염두에 둔 건데, 아드님처럼 뜨뜻미지근하면 열 번, 백 번을 만나도 안 되죠. 다른 분을 만나도 마찬가지고요."

"제가 다시 한 번 얘기를 해볼게요."

어머니는 자신 없다는 말투로 얘기를 마무리했다. 이렇게 부모님이 나서서 중매가 이뤄지면 사실 당사자를 직접 대하는 것보다 몇 배는 더 번거롭다. 얘기가 전달되는 과정에서 오해가 생기기도 하고, 내가 직접 얘기하면 몇 마디로 될 것을 부모님이 중간에 끼면 열 마디, 스무 마디로 늘어나기 때문이다. 하지만 요즘에는 자식 결혼에 대해 적극적으로 개입하는 부모님이 늘어서 이런 상황이 많다 보니 적응이 되었다. 그리고 부모님은 자식에 대해 잘 알고 있고, 연륜이 있어서 상황 파악이 정확하다 보니 일을 진행하기가 용이한 부분도 있다. 하여튼 두 사람 모두 자타 공인 잘난 사람들이라 먼저 연락하기는 싫고, 그렇다고 똑부러지게 거절하기도 찝찝한 그런 애매한 상황이 계속되고 있었다. 공교롭게도 상대 여성 또한 어머니가 대신 가입을 한 경우다. 명문대를 나온 늘씬하고 인상 좋은 이 여성은 6개월 전부터 소개를 받고 있는데, 한 번도 퇴짜를 맞은 적이 없을 정도로 호감을 주는 스타일이다. 남성과 마찬가지로 6개월 동안 여성과 직접 통화한 적은 한 번도 없고, 어머니가 대신 나서서 일을 진행해오고 있다.

부모님이 자녀 대신 결혼 문제에 관여하는 상황은 미국에 거주하는 한국 어머니들도 마찬가지다. 미국에 갈 때마다 강호의 고수 같은 어머니들을 많이 만난다. 대부분 7~80년대 젊은 시절에 이민을 가서 성공한 후 5~60대가 된 지금은 치열하게 인생을 살았던 그 열정을 자녀의 결혼에 쏟아 붓고 있는 분들이다. 그중 가장 많이 연락을 해서 잘 알게 된 한 여성은 금융 컨설턴트로 꽤 인정받고 있는 재원인데, 이 여성 역시도 어머니가 중간에서 게이트 역할을 하고 있다. 좋은 인연을 만날 기회가 몇 번 있었는데, 본인 사정이나 상대편 사정으로 불발로 그쳐서 아쉬운 참이었다. 그러다가 아들 중매를 의뢰한 한 어머니와 만났다. 어머니는 일주일도 안 되는 시간 동안 몇 번이나 전화를 하며 아들 결혼에 대한 초조한 마음을 드러냈다. 급하게 서둘러서 절대 되는 일이 아닌 게 중매라서 여유를 갖자고 어머니를 설득하는데, 문득 그 여성이 생각났다. 이 외에 3명, 총 4명의 여성을 추천했는데 모두 당사자가 아닌 어머니나 아버지와 연락을 했다.

미국의 경우, 한국계가 아닌 현지 외국인과도 결혼 의향이 있는 자녀 세대와는 달리 부모님 중에는 한국계를 고집하는 분들이 적지 않고, 그래서 한국보다 더 자녀 결혼에 개입하는 경향이 강한 점도 있다. 그 어머니의 아들은 4명 중에 두 번째 여성을 마음에 들어 했다. 하지만 이 여성은 그 남성을 만나지 않겠다고 했다.

"어머니 보시기에도 따님과 어울린다고 한 남성인데, 따님은 어떤 면이 마음에 안 든다고 하던가요?"

"그 청년이 문제가 아니라 다른 일이 있었는데요, 한 달 전에 딸애가 소개받은 거 아시죠? 그때 만난 사람이 매너가 안 좋았던가 봐요."

"그런 일이 있었나요?"

"딸이 화를 막 내면서 다신 그 회사 소개는 안 받겠다고…"

이런 경우도 당사자와 직접 통화했다면 자세한 사정을 파악해서 오해가 있으면 풀고, 우리 쪽 잘못이 있다면 사과를 하고, 이렇게 정리하면 되는데 여성의 말을 간접적으로 전달받다 보니 해결책을 찾기가 쉽지 않다. 결국 처음에 생각했던 금융 컨설턴트의 어머니에게 연락을 하니 딸이 지금 여행 중이라고 했다.

"언제 돌아오나요?"

"그게, 큰 프로젝트가 끝나고 보너스 겸 미뤄둔 휴가를 한꺼번에 쓰는 거라서 한 열흘 정도 걸린다네요."

"그렇게나 오래요? 남성 쪽에서 연락을 기다리는데, 남성은 지금 당장이라도 따님 있는 곳으로 갈 용의도 있거든요. 일정을 당기면 안 될까요?"

"딸아이한테 연락을 해볼게요."

그러고 나서 어머니는 딸을 설득했고, 곧 돌아오니까 사흘 후에 약속을 잡아달라고 했다. 그렇게 해서 한숨 돌리나 싶었는데, 이번에는 남성 쪽 어머니의 전화 공세다.

"어머니, 아드님은 여성분 잘 만났다던가요?"

"못 만났어요. 아가씨가 약속을 미뤘어요."

"아니, 어째서…"

"여행 간 곳이 너무 재밌어서 바로 돌아오기가 그렇더래요. 그래서 아들한테 전화를 걸어서 양해해달라고 하더라고요. 바쁘게 사는 사람이 모처럼 여행을 갔으니 그럴 수도 있는 거라고 제가 아들한테 얘기했어요. 아들도 그렇게 이해를 했고요."

"다행이네요."

한국이든 미국이든 자녀를 한두 명밖에 낳지 않다 보니 자녀의 미래에 신경을 많이 쓰는 건 당연하고, 이런 변화에 적응하는 것도 중매쟁이의 숙명이려니 한다. 자녀의 인생을 평생 A/S 하는 부모님들에게 힘이 되고 싶은 건 나도 부모이기 때문일까.

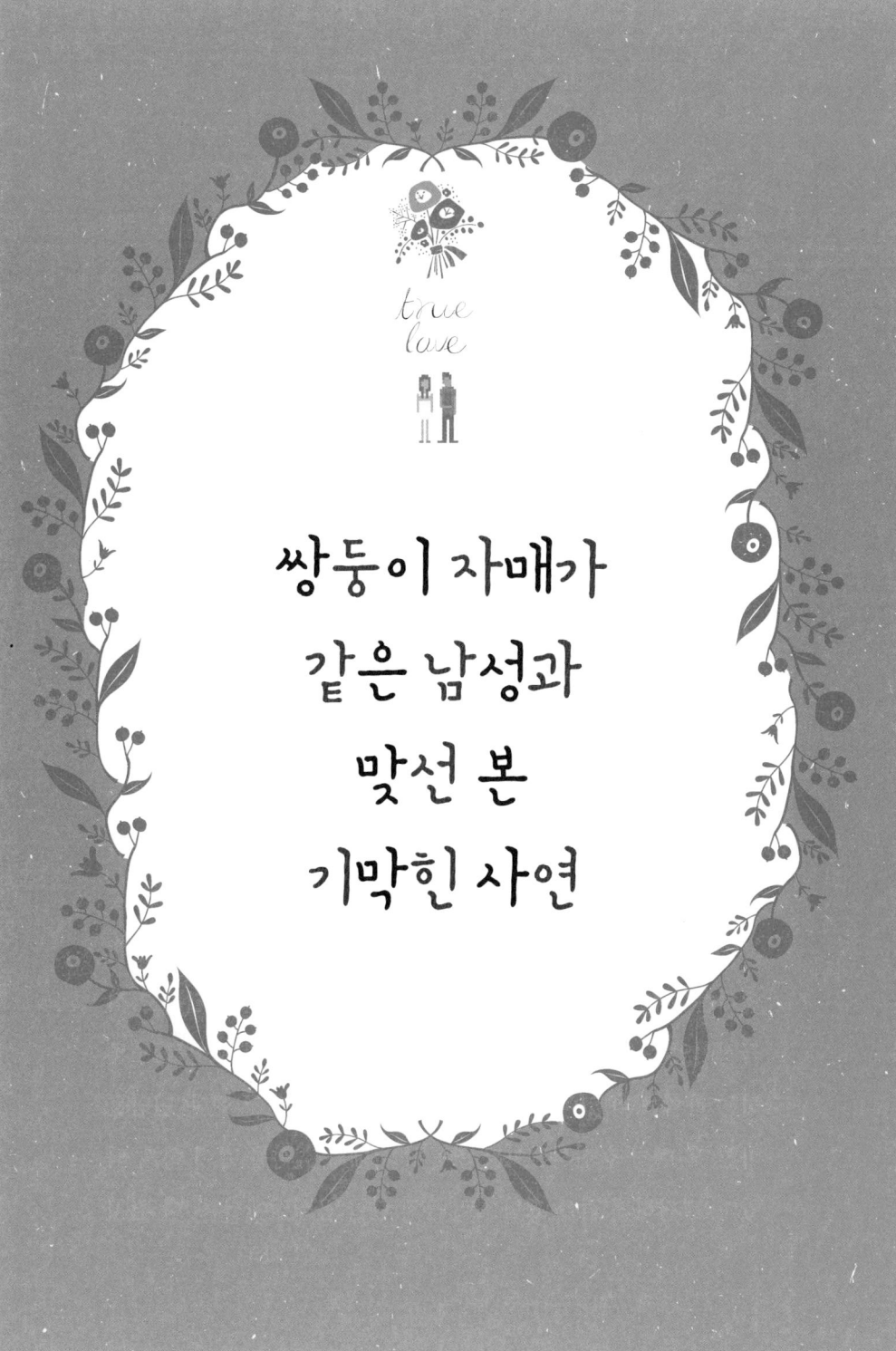

쌍둥이 자매가
같은 남성과
맞선 본
기막힌 사연

· · ·

정말 똑같았다. 함께 가입한 쌍둥이 자매 앞에서 나는 몇 번이나 언니, 동생을 헷갈리고 말았다. 초등학교부터 고등학교를 같이 다녔고, 대학은 다르지만 디자인을 전공한 후 의류사업을 같이 하고 있는 이 10분 차이로 태어난 쌍둥이 자매의 이성상은 어떨까? 그것까지 똑같을까?

"요즘 여자들은 우락부락한 스타일 별로라던데, 전 좀 남성답고 강한 사람이 좋더라고요. 제가 여리고 소극적인 면이 있어서 그런가 봐요."(언니)

"전 외형적으로 딱히 어떤 스타일 그런 거 보다는요. 제가 스포츠를 좋아하니까 같이 할 수 있는 사람, 제가 매운 거 좋아하는데 같이 즐길 수 있는 사람, 일단은 그래요. 만나보면 어떤 사람과 맞는지 더 확실해지겠죠."(동생)

언니는 이성상이 분명한 데 비해 동생은 다소 범위가 넓었다. 언니는 본인 표현 그대로 소극적인 데 비해 동생은 활달하고 적극적이었다. 본인 말로는 딸만 둘이라서 부모님에게 아들 노릇하는 자식 하나 있어야 할 것 같아 노력한 결과라고 했다. 면담을 마친 후 마침 점심시간이라 쌍둥이 자매와 식사를 같이 하게 되었다. 간단하게 먹을 요량으로 근처 단골 음식점에서 셋 다 김치

볶음밥을 주문했다. 잠시 후 음식이 나왔는데, 자매의 것에 노른자가 2개인 달걀 프라이가 올라와 있는 게 아닌가. 세 사람 다 무슨 우연인가 싶어 신기해하며 웃었는데, 알고 보니 나를 잘 아는 주방장이 쌍둥이 자매를 보고 센스 있게 달걀을 2개씩 부쳐준 것이었다.

그런 재미있는 일까지 있어서 자매와 더 가까워졌고, 서로 솔직하게 얘기해가며 맞선을 주선하기 시작했다. 우리들끼리는 쌍둥이 자매가 이성상까지 같았으면 소개가 어려웠을 텐데 다행이라는 말을 했다. 사실 쌍둥이 중매가 이번이 처음은 아니었다. 재미있는 것은 쌍둥이들이 이들 자매처럼 커서도 같은 방을 쓸 정도로 친밀한 경우도 있지만 라이벌 의식 비슷한 경쟁심이 매우 강한 경우도 있다는 것이다.

10여 년 전에 일란성 쌍둥이 자매가 비슷한 시기에 가입을 했는데, 서로에게 그 사실을 알리지 않았다. 두어 달 비밀리에 미팅을 했는데, 하필이면 단체 미팅에서 만난 것이다. 자매는 "친구 결혼식 간다", "소개팅 받는다"고 각각 핑계를 대고 참가를 했는데, 서로를 속인 것을 들켰으니 민망해서인지 괜히 시비를 걸어 말다툼을 했다고 한다. 이후로도 이 자매는 서로의 만남 상대까지 체크해가면서 담당 매니저를 힘들게 했다. "왜 우리는 똑같이 생겼는데, 쟤가 만나는 남자가 더 잘생겼냐?"는 식이었다.

참 묘하기도 하고 놀랍기도 한 것이 생긴 건 똑같아도 서로 호감을 느끼는 이성이 다르고, 이성 입장에서도 마찬가지라는 것이다. 그건 성격과 스타일 때문이다. 다른 조건이 마음에 안 들어도 성격이나 스타일이 맞으면 잘 되는 게 남녀 만남이다. 남녀관계의 이 오묘한 섭리는 자매에게도 통했다.

20대 후반의 적당한 나이, 규모는 작아도 나름대로 실속 있는 사업체를 갖고 있어서인지 자매와 어울릴 만한 남성들을 찾는 건 어렵지 않았다. 먼저 언니가 첫 만남을 가졌다. 30대 초반의 직장인이었다. 3형제의 장남인데, 훤칠하니 남자답고 책임감도 강한 남성이었다. 언니를 만난 남성은 일말의 아쉬움을 털어놓았다.

"다 괜찮은데, 너무 얌전하네요. 저희 집은 아들 형제만 있다 보니 분위기가 삭막할 정도거든요. 그래서 어머니가 내내 애교 많고 귀여운 며느리 보고 싶다고 하셨고, 저도 그렇거든요."

활달한 여성을 원한다는 것이다. 언니에게 남성을 만난 느낌을 물어보니 별 감정이 없다고 했다.

"제가 대표님께 말씀드린 남성상과 비슷한데, 만나보니 그저 그러네요. 막연하게 생각한 것과 실제 만남은 정말 다른가 봐요."

남성은 아쉬워했고, 여성은 아니라고 했다. 여지가 남아있는 남성 입장에서 고민해봤다. 다른 조건은 다 좋은데, 성격이 아쉽다? 활달하면 좋겠다? 그렇게 생각을 하다 보니 떠오르는 여성이 있었다. 바로 쌍둥이 자매의 동생이었다. 하지만 이 경우는 내가 좋다고 해서 이뤄질 만남은 아니었다. 이미 언니와 맞선을 본 남성이라 동생 만나는 것을 꺼릴 수도 있고, 언니 입장에서도 자신이 만난 남성을 동생이 만나는 것이 어떨지 모르고, 동생 역시도 언니가 맞선 본 남성을 만난다는 보장도 없었다. 언니와 동생, 남성, 세 사람 모두에게 동의를 구해야 했다. 상황을 풀어가기가 어려울 수도 있지만 이것이 최선이라고 판단했고, 세 사람과 따로 따로 만나서 솔직하게 얘기했다.

"정확하게 얘기하면 언니분과 그 남성이 사귄 것도 아니고, 한번 만난 것뿐이라 서로에 대해 아무런 감정이 없습니다."

"남성은 활달한 성격의 여성을 원하는데, 동생분이 바로 그런 성격입니다."

"두 사람 모두 원만하고 괜찮은 사람들입니다. 그렇다면 한번 만나보는 게 좋지 않을까요?"

남성은 흔쾌히 받아들였고, 동생도 언니와 상의한 끝에 만나보겠다고 했다.

"언니가 자기한테는 안 맞지만 저랑은 어울릴 것 같대요."

"두 분이 잘되면 언니가 제부 될 분을 먼저 면접본 거네요? 잘되면 언니한테 한턱 크게 쏘세요!"

많은 고민, 이해가 필요했던 만남이라서 그런지 두 사람은 지금 잘 만나고 있다. 다행히 언니도 얼마 후 본인의 말대로 '코드가 맞는' 남성을 만났.

쌍둥이를 다 이런 방식으로 매칭하는 건 아니다. 이건 특별한 경우에 해당한다.

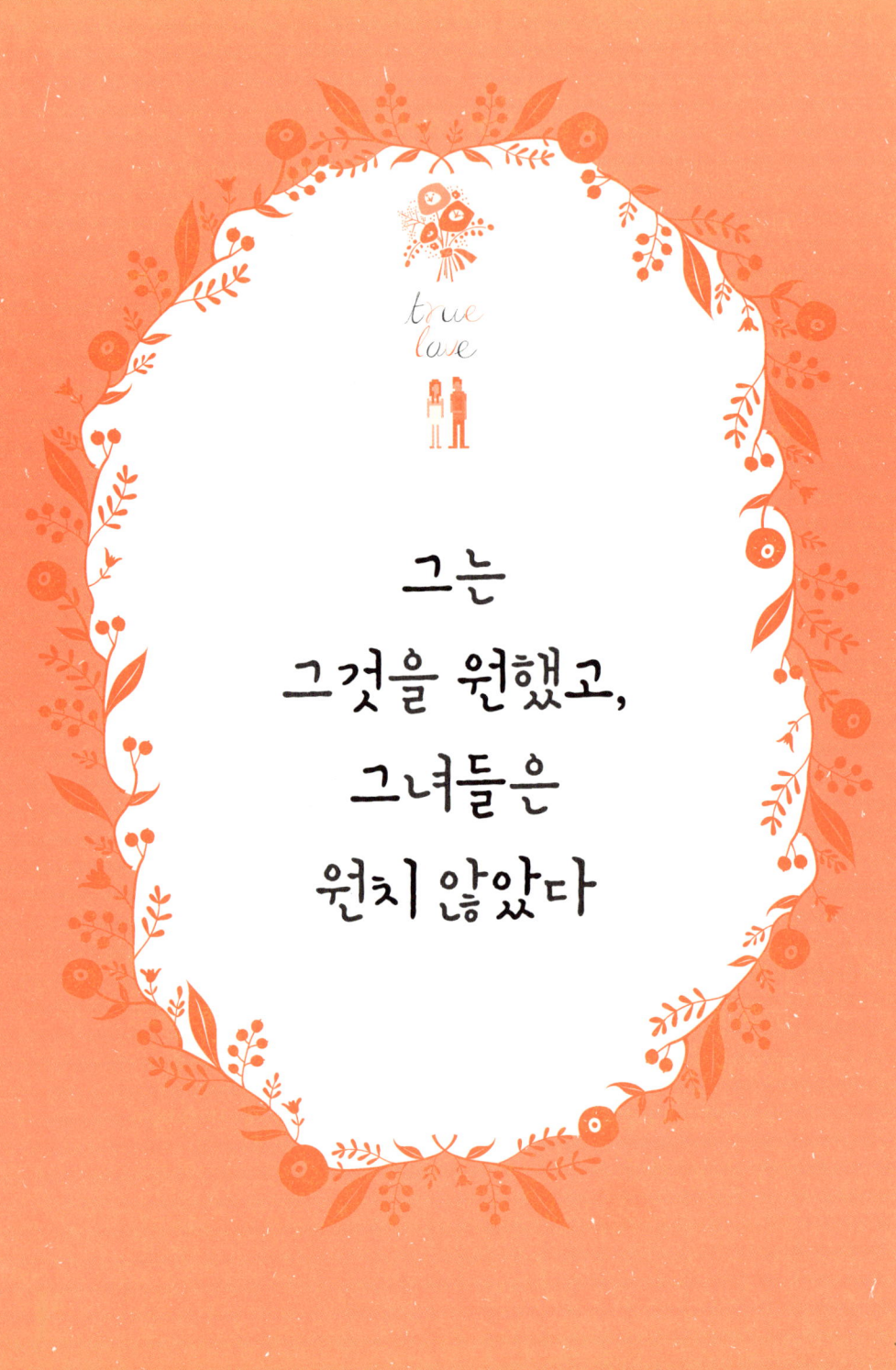

· · ·

중매를 하다 보면 남녀관계도 사람의 일이라 순리대로 풀어야만 한다는 생각이 들 때가 있다. 다 갖춘 사람인데도 결혼 문제가 안 풀릴 때에는 꼭 그럴 만한 이유가 있는 것도 그렇다.

100억대 자산가인 그 남성도 그랬다. 그는 전처와 이혼을 하고 재혼 상대를 찾고 있었다. 본인은 구체적으로 얘기를 안 하는데 나는 직감적으로 그가 바람기가 많고, 그것이 이혼 사유가 되었을 것이라고 느꼈다. 돈이 많고 외모도 나쁘지 않기 때문에 주변에 여자가 많았을 것이다. 그는 이혼 과정에서 상당한 위자료를 전처에게 지급했다.

50대 초반의 그는 건축업과 임대업을 하는데, 부모님의 재산도 물려받았지만 본인의 수완과 능력으로 부를 쌓았다. 처음 재혼 상담을 했을 때는 상대를 만나는 것이 어렵지 않을 것이라고 생각했다. 남자로서 아직 젊은 나이이고, 두 아이는 전처가 양육하고 있어 홀가분한 상황이고, 무엇보다 그의 재력은 여성의 호감을 얻기 충분했다. 그런데 처음 만났을 때는 호응을 얻다가도 진지하게 교제를 하려고 하면 잘 안 되었다. 석 달 동안 10명 정도의 여성을 만났는데, 결혼 얘기가 오고간 경우는 3번에 불과했다. 그마저도 얼마 지나지 않아 끝이 났다. 궁금해서 그를 만났다. 비슷한 연배이고, 둘 다 사업을 하는 입장이라서 잘 통했다. 솔직하게 물었다.

"문제가 있으면 저한테 털어놓으세요. 잘 될 만한 분이 왜 이러고 계십니까?"

"한 번 실패를 해서인지 걱정이 많아서겠죠. 그게 여성분들에겐 따진다는 생각이 들게 하나 봅니다."

"당연히 신중해야죠. 그런데 걸리는 게 뭔가요?"

"여자들이 돈을 보고 나를 좋아하는 게 아닌가 싶기도 해요."

"돈 싫어하는 사람 있나요? 하지만 돈만 보고 결정을 하진 않죠. 그런 편견을 갖게 되면 좋은 분 만나도 잘되기 쉽지 않습니다. 마음을 열어보세요."

그러고도 만남의 결과는 계속 좋지 않았다. 될 만한 사람이 잘 안 되고 있으니 내 속이 탔다. 그와 교제한 적이 있는 여성들에게 확인해보기로 했다.

"그분이요? 괜찮았어요. 결혼도 생각해볼 정도였으니까요."

"그런데 왜 헤어지셨어요?"

"그게, 혼전 계약서인가 그 말을 하더라고요. 돈이 많은 사람이라서 그런가, 내가 돈 보고 달려드는 걸로 아는 건가 싶기도 하고, 하여간 좀 계산적으로 느껴져서 안 만나기로 했어요."

왜 그가 만나는 여자마다 안 좋게 끝나는지 이제 알 것 같았다. 두 번째 여성도 비슷한 얘기를 했다. 그녀는 전문직 여성으로 그보다 10년 연하이고 초혼이었다.

"혼전 계약서를 쓰자고 했고, 저도 오케이했어요. 뭐 살다 보면 별의별 일이 다 생기는데, 처음부터 확실하게 하고 시작하는 것도 나쁘지 않다고 생각했고요."

"그런데 뭐가 잘못되었나요?"

"계약서 내용을 말하는데, 생각이 안 맞더라고요. 지킬 게 많은 사람이라는 느낌? 그런 사람은 선을 딱 긋고, 거기까지만 오픈하잖아요. 그래도 결혼하는 건데 온전히 내 사람이 아니면 안 되죠. 그래서 그만뒀어요."

"말이 계약서라고 해서 그렇지, 살면서 서로 지켜야 할 부분, 중요한 부분, 이런 것을 서로 약속한다고 생각하는 것일 수도 있는데요. 일종의 서약서 같은 것."

"그 사람은 주로 재산 얘기예요. 결혼 전에 취득한 재산이 어떻고 하는데, 어떤 여자가 좋아하겠어요. 나도 벌 만큼 버는데 돈이 아쉬워서 결혼하는 거 아니잖아요."

더는 할 말이 없었다. 그녀들이 화를 내거나 오해할 만하다. 한국에서는 아직 혼전 계약서가 드물기 때문이다. 우리에게 혼전 계약서는 헐리우드 스타들이 이혼 후의 피해를 최소화하기 위해 쓰는 것으로 받아들여진다. 지금은 초기 단계라서 쓰기를 원하는 쪽과 그렇지 않은 쪽의 거리감이 크지만, 나는 혼전 계약서의 취지에는 찬성한다. 결혼해서 살다 보면 거창한 것이 아니라 밥 먹는 것, 잠버릇, 주변 정리 등 순간순간의 작은 일들로 인해 문제가 생긴다. 이 과정에서 갈등이 생길 수밖에 없고, 그럴 경우

기준이나 합의가 있다면 서로 이해하겠지만, 그렇지 않으면 자기 위주로 생각하게 된다. 한국적 정서로는 사랑으로 만나는 사이에서 그런 계약을 하는 게 이상하다고 하겠지만 두루뭉술하게 넘어가는 것에 익숙한 한국 사람들이야말로 혼전 계약서와 같은 합의와 기준이 필요하다고 생각한다. 사랑하지 않아서가 아니라 사랑하기 위해서 그렇다.

세 번째 여성은 30대 후반으로 인상이 꽤 좋았다.

"저는 딱 잘라 말했어요. 결혼이 무슨 당신이 하는 사업 같은 줄 아느냐. 계약서를 쓸 바에야 아예 결혼을 안 한다. 한 번 결혼하면 최선을 다하고 끝까지 가는 것이다."

"그분을 변호하자고 그러는 게 아니라요. 혼전 계약서라는 게 이혼할 것을 염두에 두고 쓰는 게 아니라 최악의 경우 서로에게 끼치는 손해를 적게 하려고 하는 것이고, 그분도 아마 그래서였을 거예요."

"그러게요, 왜 처음부터 헤어지는 걸 예상하죠? 전 계약서를 쓸 정도로 잘난 사람이 아니라서요. 평범한 사람 만날래요."

남성과 통화를 했다.

"완전히 결혼이 결정되고, 마음이 확실하지 않는 한 미리 계약서 같은 얘기는 안 하시는 게 좋겠습니다. 결혼 후 취득한 재산은 이혼할 때 분할하는 거고, 결혼 전 재산은 본인 걸로 인정되지 않습니까? 사장님 지금 재산은 다 사장님 거예요."

"그렇지 않습니다. 나는 집을 짓고 팔고 하는 사업을 하는데,

그럴 때마다 수십억 투자를 하고, 그것이 시간이 지나야 수익이 나기 때문에 결국은 결혼 후 취득 재산이 되는 것도 많습니다."

"재혼 의사는 확고하신가요? 지금으로서는 사장님 생각에 동의하는 여성을 만나기가 힘들 것 같습니다. 계속 다 된 밥에 코 빠뜨리는 상황인데, 그래도 같은 생각이신가요?"

"제가 꼭 재산 지키려고 안달난 사람 같고, 치사한 느낌이 들 수도 있는데요. 재혼은 모든 걸 확실하게 정해서 하고 싶습니다. 그래도 저를 이해하는 분을 한 명은 만났으니 많이 만나다 보면 또 그런 분이 있겠지요."

그의 말이 맞다. 그는 여전히 선택하는 입장이고, 만남의 기회는 많을 것이다.

"말이 아 다르고, 어 다릅니다. 혼전 계약서라고 딱딱하게 말하지 말고, 다른 표현도 있잖습니까. 그리고 재산만 강조하지 말고, 결혼생활 전반에 대해 얘기를 풀어나가면서 서로 합의하는 게 어떨까요? 사장님에게는 재산이 중요하듯이 여성분들도 바라는 게 있으니까요."

그의 생각을 어떻다고 평가할 수는 없다. 하나의 흐름으로 받아들여야 한다. 결혼은 한쪽이 일방적으로 밀고 나가거나 얘기하는 것이 아니라 대화와 타협이 필요하다. 콩깍지는 언젠가는 벗겨진다. 미리 많은 부분을 고려해서 확실하게 해놓는다면 결혼생활을 더 안정적으로 할 수 있을 것이다.

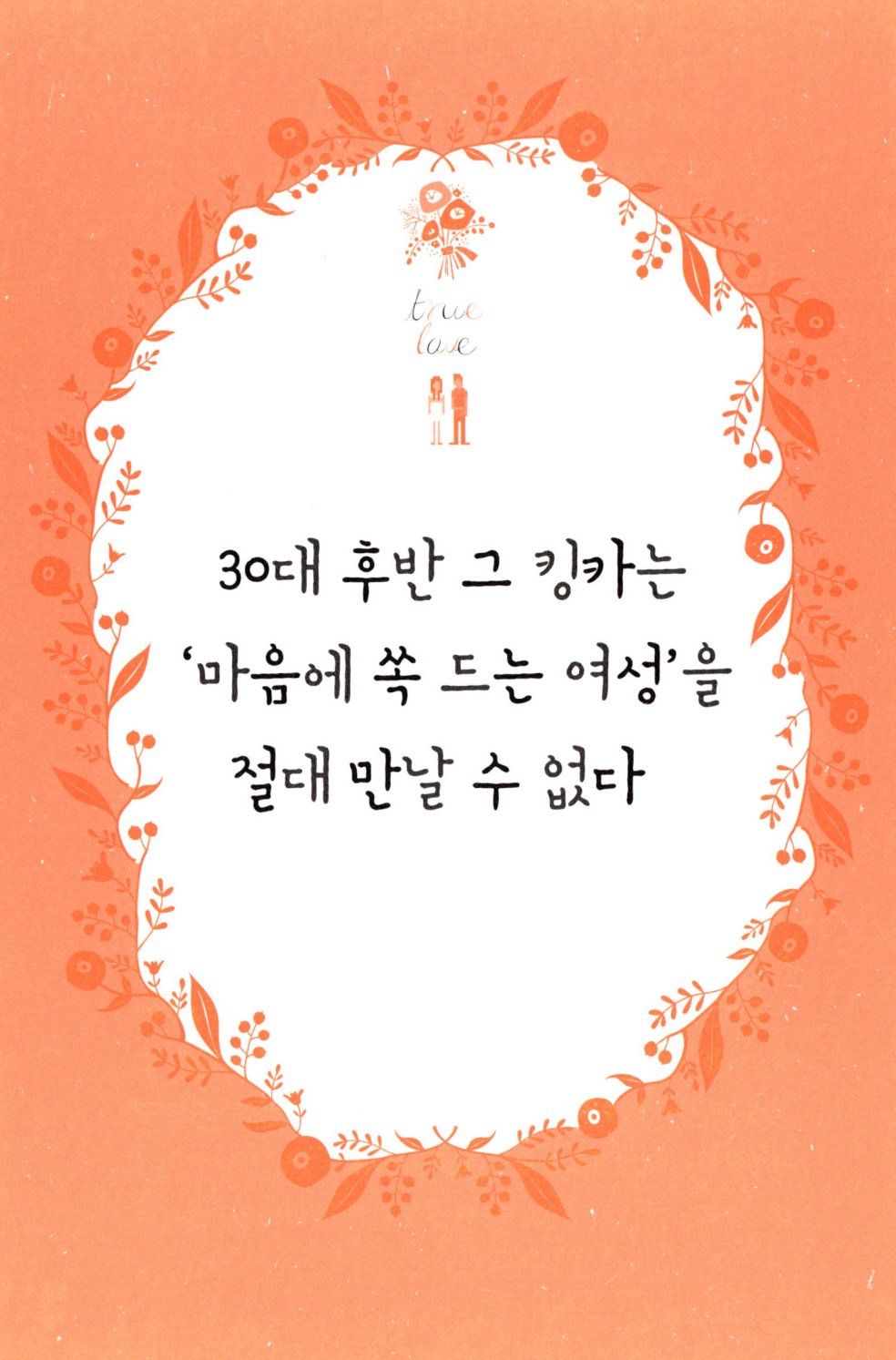

・ ・ ・

　30대 후반의 그는 연봉 2억 이상을 받는 전문직 종사자이고, 180cm가 넘는 훤칠한 키에 세련된 스타일, 인상도 준수한 편이다. 그런데 마흔을 목전에 두고도 아직 미혼이었다. 내가 그를 만났을 때는 이미 여러 결혼정보회사를 전전하며 200번 넘게 맞선을 본 후였다. 조건은 완벽했다. 그럼에도 본인 말대로 '마음에 쏙 드는 사람'을 만나지 못한 데는 물론 이유가 있었다.
　그가 원하는 여성은 20대 중반에 외모가 뛰어난 사람이었다. 이 2가지만 갖추면 나머지는 상관없다고 했다. 집안도 학벌도 안 보고, 직업은 말할 필요도 없고, 결혼할 때 혼수도 필요 없다는 것이다.
　"나이 차이가 너무 많이 나는 것도 쉽지 않은 조화거든요."
　"그러니까 대표님께 청을 넣었죠. 나이와 외모, 딱 2가지인데요."
　"워낙 뛰어난 조건을 원하시니 매칭 범위가 제한적이라 쉽지 않습니다. 여튼 한번 해보죠."
　25~28세의 외모가 뛰어난 여성들을 수십 명 찾았는데, 그중 일부는 남성의 나이가 많다고 거절했고, 또 일부는 남성이 거절했고, 서로 호감 있다고 한 몇 번의 경우는 만남이 이뤄졌다. 하

지만 남성은 대부분 자신이 생각한 외모가 아니라고 했다. 이런 상황이 서너 번 반복되었다. 실제 만남은 10여 건에 불과했지만 매칭은 수백 건이 이뤄진 것이다. 소개가 난항에 부딪히자 다시 그를 만났다.

"꼭 여성의 나이가 20대 중반이어야 합니까? 12~13살 차이가 나는 건데, ○○님의 조건이 아무리 좋아도 그 나이 때 여성이 30대 후반의 남성을 만나는 건 일단은 부담스럽거든요. 나이를 좀 올리면 어떨까요? 좀 더 현실적으로."

그러자 그는 말없이 사진 한 장을 꺼내 보여주었다. 젊은 여성의 사진이었는데, 한 번 보면 잊히지 않을 정도로 뛰어난 미인이었다.

"이런 여자 찾아주세요."

그는 20대 중반에 동갑내기 여성을 사귄 적이 있다고 한다. 그의 부모님은 자수성가한 분들이라서 부유했지만 검소했다. 여성도 유복한 가정환경에서 여유 있게 자랐다. 그녀는 상냥하고 명랑했지만 지나치게 사치스러웠고, 그래서 부모님은 그녀를 달가워하지 않았다. 그녀와 결혼하면 밑 빠진 독에 물 붓는 것처럼 아들이 뒷감당하느라 평생 고생할 거라는 것이었다. 부모님 반대가 너무 완강했고, 그는 그녀와 헤어질 수밖에 없었다. 이후 많은 여성들을 만났지만 그녀만큼 예쁘고 자신을 매료시킨 여성은 만날 수가 없었다고 한다.

"이뤄지지 않은 사랑이라서 더 애달픈 거예요. 현실을 생각해보세요. 그분 비슷한 사람을 만난다고 해도 그분은 아니잖아요. 껍데기뿐인 거죠. 그런 만남이 얼마나 가겠어요?"

"그렇더라도 노력은 해보려고요. 어딘가에 있을 것 같아요. 제가 포기가 안 되는 걸요. 아직은요."

그녀와 헤어진 지 10년이 넘었지만, 아직 그의 기억은 한 여성의 가장 아름답고 빛나는 순간에서 벗어나지 못하고 있었다. 그의 생각이 비현실적인 것은 맞다. 하지만 사랑에 빠져본 사람들이라면 누구나 감동받은 순간이 있고, 그것이 인생을 지배하기도 한다는 것을 난 이해한다. 그녀와 비슷한 여성이 결코 그녀가 될 수 없다는 것을 그가 깨닫는 순간이 언젠가는 올 것이다. 지금 내가 그를 위해 할 일은 그 순간을 앞당기는 것이 아니라 당분간은 그의 감동을 찾아주는 것이다. 그리고 그다음에 그의 진짜 사랑을 찾아줄 것이다.

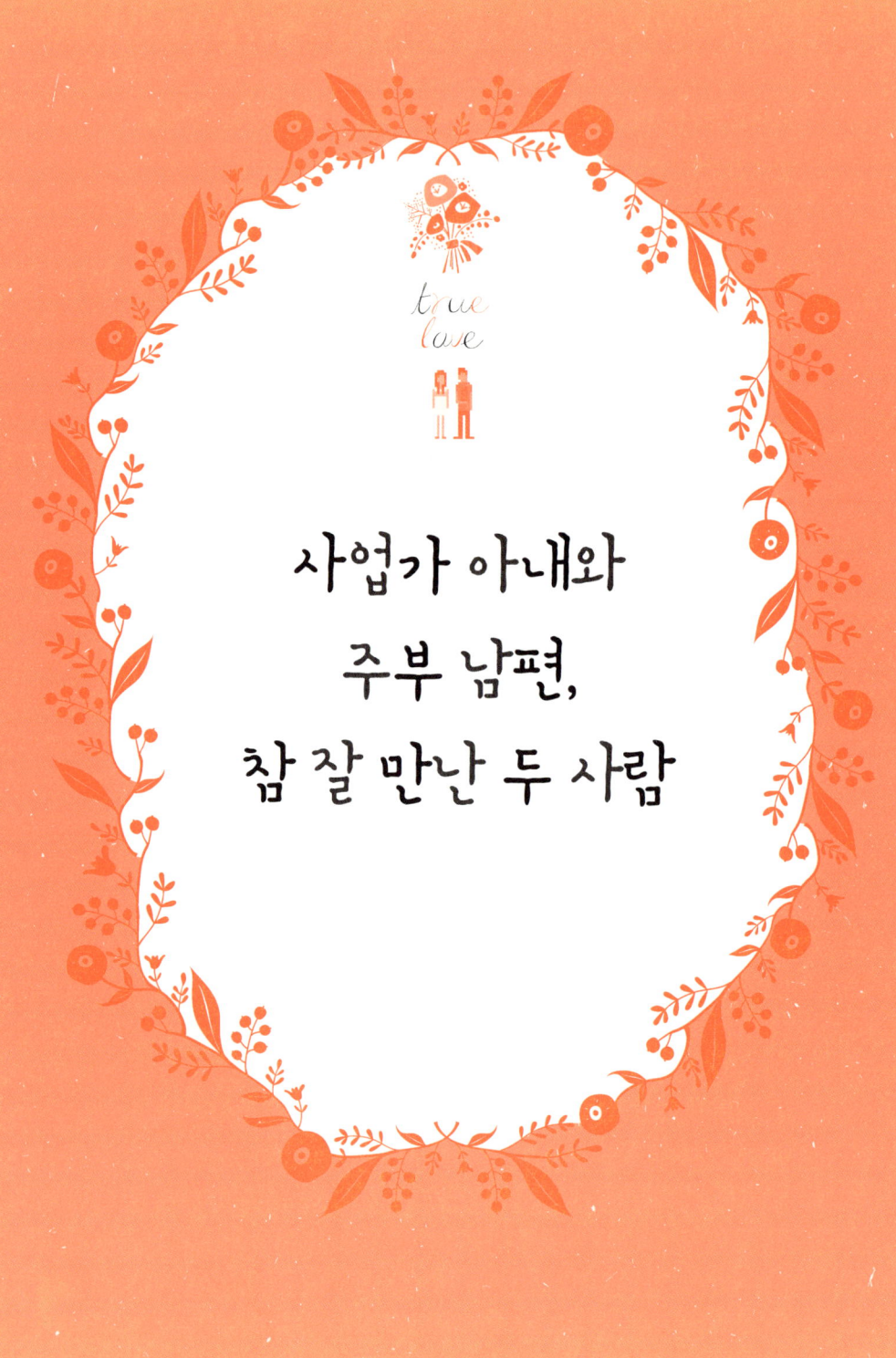

사업가 아내와
주부 남편,
참 잘 만난 두 사람

・・・

 지금은 다소 생소할 수 있지만 앞으로 익숙해질 유형의 커플을 소개하려고 한다. 여성이 사회 활동을 하고, 남성이 살림을 하는 커플이다. 79년생 여성 A, 잘나가는 패션 사업가다. 월 소득이 5천만 원이 넘는다. 거기에 서울에 있는 대학을 나왔고 인상은 평범하다. 지인이 그 어머니와 친분이 있는데 딸이 결혼 생각은 전혀 안 한다면서 애를 태우기에 '뭐가 아쉬워서? 내가 그렇게 잘났으면 혼자 산다'고 했다는 것이다.

 나도 그 생각에 공감했다. 갖출 거 갖춘 사람이면 주변에 잘난 사람이 많다. 외로울 것도, 아쉬울 것도 없다. 게다가 우리 사회에서는 여전히 결혼해서 손해 보는 쪽은 여자다. 인생의 전성기에 있는 여성이 결혼 결정을 하기가 썩 내키지 않을 수도 있다. 그런 그녀가 어머니에게 등 떠밀려 내 고객이 되었다. 이 정도 여성이면 대개는 같은 수준의 남성을 소개한다. 말하자면 SKY대 졸업, 전문직이나 사무관급 이상, 부유한 집안 출신의 A급 남성이다. 첫 번째로 소개한 남성은 2살 연상의 의사였다. 집안도 좋고, 성격과 인상도 무난했다. 그런데 결과는 별로였다. 남자가 뭘 바라는 눈치였다는 것이다.

 "능력도 있고, 돈도 있는 남자가 여자 덕 보려고 하는 건 너무 욕심이 지나친 거 아닌가요? 인생 너무 지름길로만 가려는 것 같아서요."

동대문 시장부터 시작해서 현장을 훑으며 경험을 쌓아 정상에 오른 그녀로서 당연히 할 만한 소리였다. 두 번째 소개남은 3년 연상의 사무관급 공무원이었다. 그 남자를 만나고 온 그녀의 표정은 싸늘했다. 활달함을 가장해서 몸을 밀착시키는 등 너무 여자를 쉽게 보는 것 같다고 했다. 이번엔 Y대 출신 변호사를 소개했는데 첫 만남부터 양해도 없이 약속에 늦게 나오고, 자리를 뜰 때 먼저 일어나서 나가버리는 등 매너가 안 좋았다는 것이다.

남자들도 처음에는 호감이 간다고 하다가 여자 반응이 시큰둥하니 이내 돌아섰다. 남녀 만남이라는 게 서로 불이 붙거나 어느 한쪽이라도 굽히거나 적극적이어야 하는데 두 사람 다 "나 잘났소~"하니 잘될 리가 없었다. 겨우 마음에 좀 드는 사람을 만났는가 싶다가도 마음에 안 들면 미련 없이 헤어졌다. 잘해봐야겠다는 의지나 집요함이 없었다. 이런 식의 만남이 반복되다가 1년이 흘렀다. 어느 날 여성과 진솔한 얘기를 나눌 기회가 생겼다. 그 사이 우리 둘 사이에 친근감과 신뢰감이 생긴 것 같았다. 나도 그녀가 잘되었으면 하는 마음에서 좀 더 솔직해지고 싶었고, 그녀 역시 그동안 만남의 결과가 안 좋았음에도 여전히 나를 믿는 눈치였다. 나는 내내 마음에 두었던 말을 꺼냈다.

"지금까지 A씨는 일등 신랑감들만 만났어요. 그런데 안 되었죠. 앞으로 이렇게 만나면 결과는 마찬가지일 거예요. 내가 보기에 A씨는 사업을 해서인지 성격이 강해요. 남자가 맞춰주길 바라는데, A씨 레벨의 남자들은 그런 사람 없어요."

"그렇죠? 제가 좀 그래요. 그럼 결혼하기가 어렵겠죠?"

"역발상을 하면 길은 있어요. A씨는 사업을 하니까 케어해줄 수 있는 남자를 만나는 게 좋을 거 같아요. 착하고 수더분한 그런 사람."

내 말을 듣던 그녀가 눈을 크게 뜨고 놀란 표정을 지었다. 자기보다 못한 남자를 만나라는 뜻으로 받아들인 것 같았다.

"결혼해도 사업을 할 건데 그러면 가정에 시간을 많이 할애할 수 없을 거 아녜요? 성공한 남자들 만나면 분명히 내조를 해야 할 텐데, 그거 잘할 수 있어요? 차라리 A씨를 서포트해줄 사람이 낫다는 거죠. 꼭 남자가 여자보다 많이 벌고 성공하고 잘나야 해요? 서로 맞는 사람이 최고죠."

처음에는 머뭇거리던 그녀가 생각을 해보더니 한번 만나보겠다고 했다. 아무나 소개하는 건 절대 아니었다. 건강하고 인상도 괜찮고, 직업이나 수입은 평범한 사람 그리고 여자의 활동을 지원해줄 수 있는 남자를 찾았다. 거기에 딱 맞는 남성들이 몇 있었다. 먼저 소개한 사람은 수도권에 있는 대학을 나온 두 살 연상의 웹디자이너였는데, 연봉은 4천만 원 정도를 받는다고 했다. 수적인 계산으로 치면 그녀의 한 달 월급이 남성의 연봉보다 더 많았다. 하지만 그녀에게 그 부분은 아무 문제가 되지 않았다. 그 외에 중소기업에 다니는 직장인 둘을 더 소개했다.

혹 남자들이 잘난 여자를 만나면 자존심 상해하지 않을까 생각하지만 천만의 말씀이다. 돈 잘 버는 여성은 남성의 로망이다. 똑똑한 여성들이 많은 시대에 남성들의 생각은 '이왕이면 잘난 여자'로 바뀌는 것이다. 이런 만남에서 남성 쪽이 적극적이면 여성 쪽에서도 결국 반응이 나타난다. 그녀는 결혼 결심을 굳혔는데, 어머니가 평범한 사윗감에 대해 서운해했다.

"어머니, 따님이 결혼해서 사업 접을 것도 아닌데 더 잘난 사위 만나 안팎으로 뛰면서 힘들게 사는 거 원하세요? 의사, 판사 사위 보면 뭐가 좋은데요? 잘난 남자들, 와이프 타이틀 내세우기만 했지 자기 일도 바쁜데 어떻게 이해하고 도와주겠어요. 따님이 자기 뜻 훨훨 펼치면서 살게 허락해주세요."

그렇게 두 사람은 결혼했다. 여성이 집을 마련했다. 남성이 결혼 자금이라고 모아둔 약간의 돈은 양가 어머니께 감사의 뜻으로 드렸다고 한다. 남성은 다니던 직장을 그만두고 프리랜서 웹디자이너로 재택근무를 선택했다. 아내가 임신으로 거동이 불편해지자 남편은 아내 회사를 드나들면서 업무 보조를 하기도 했다. 그러다가 아이가 태어난 후에는 아예 일을 쉬면서 육아를 맡았다. 사업이 번창하자 그녀는 남편의 승용차를 바꿔주고 좁은 아파트에서 생활하던 시부모님을 마당이 있는 전원주택으로 모셨다. 참 잘 만난 두 사람이다.

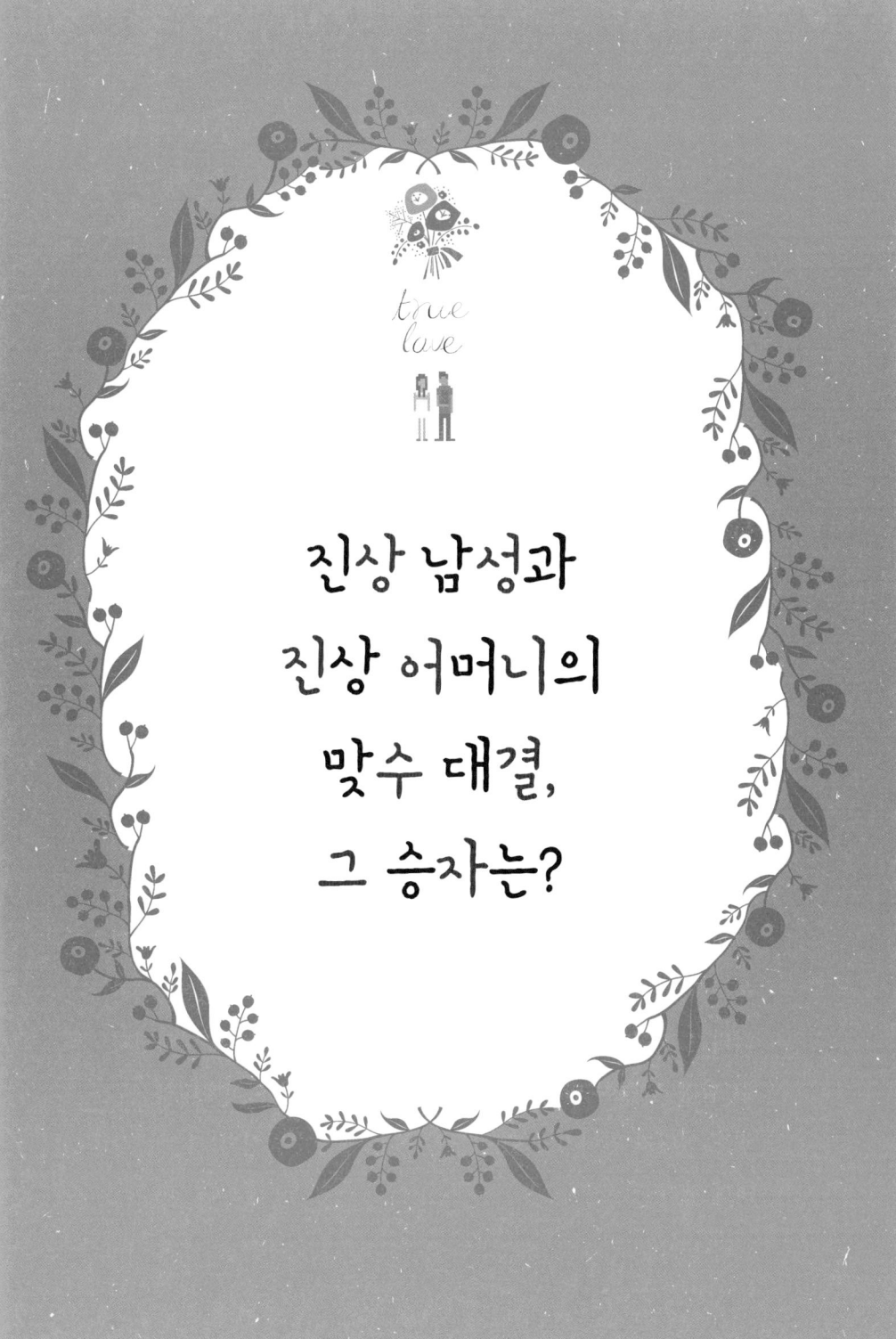

전화벨이 울렸다.

"안녕하세요. 잘 지내시죠?"

친절하고 다정한 중년 여성의 목소리가 들렸다. 워낙 많은 전화를 받다 보니 처음 몇 마디는 누가 누구인지 모르고 얘기를 하는 경우가 많다. 그렇게 인사를 나누다가 상대가 누구인지 생각난 순간 긴장감이 확 밀려왔다.

한 여성 회원의 어머니이다. 지난 몇 달간 그분과 많은 일이 있었는데, 이번에는 얼마 전 딸이 소개를 받은 남성과 안 좋은 일이 있었다면서 차분한 어조로 얘기를 시작했다.

"여기 와서 별의별 일을 다 겪네요."

"이번에는 무슨 일로?"

예전에는 중매할 때 장소와 시간까지 다 정해주는데, 요즘에는 서로 연락처만 알려주면 본인들이 알아서 다 한다. 이 여성의 경우도 만나기로 한 남성과 전화번호를 교환했는데, 결국은 못 만났다는 것이다. 약속을 정하는 과정에서 서로 감정이 나빠졌다고 한다. 남성이 만나자고 했는데, 여성이 당장은 바쁘니까 3주 정도 있다가 만나자고 했던 모양이다. 그것이 남성의 기분을 상하게 했다.

"이게 무슨 매너냐? 3주 후에 만날 거면서 왜 지금 승낙을 한 거냐?"

"그럼 안 만나면 될 것 아니냐?"

"말 참 싹수없이 한다."

"…"

"이런 식으로 소개받는 남자들에게 피해를 주나?"

이 정도로 서로 주고받고 끝냈으면 되는데, 남성이 게시판에 여성에 대해 안 좋은 얘기를 올렸다. 그리고 여성이 그 사실을 알게 되면서 일이 커진 것이다. 어머니의 항의를 받고 상대 남성이 누구인지 확인해봤다. 블랙리스트에 올라 있는 남성이었다. 우리는 대외적으로는 표시가 안 나지만 내부적으로 정보를 공유하는데, 회원들을 소개한 후 상대평가를 분석해서 매너가 안 좋은 사람들을 별도로 관리한다. 비신사적으로 분류되는 행동은 사전 양해 없이 약속을 깨거나 스킨십 등 지저분한 행동을 하는 경우, 만남이 잘 안 되면 상대에게 책임을 전가하거나 만남에서 자기 얘기만 하는 일방적인 태도를 보여 상대에게 피해를 주거나 불쾌하게 하는 경우들이다. 이 남성은 외모를 많이 보는데, 미팅 당일에 미리 약속 장소에 가 있다가 전화를 걸어 여성의 외모를 확인하고 나서 마음에 들지 않으면 그냥 가버리고는 매니저에게 교통사고가 났다거나 하는 핑계를 대는 일이 몇 번 있었다. 심지어 상대가 마음에 안 들면 막무가내로 행동하거나 "돈 받고 이런 사람 소개하느냐?"며 매니저에게 화를 내기도 했다. 미팅 태도도 안 좋아서 그를 만난 여성들은 대부분 너무 비관적이라거나 자기중심적이라는 말들을 하곤 했다. 이미 본인에게 몇 차례 경고했고 또 문제가 생기면 이용 정지를 시키려고 했는데 이런 일이 터진 것이다. 하지만 그 여성의 어머니도 그렇게 큰소리칠 입장은 못 되었다. 사실 여성의 어머니도 블랙리스트에 올라 있었다. 내가 이 어머니의 전화를 껄끄러워했던 것도 그런 이유에서였다. 딸은 자기 의사 없이 어머니가 하라는 대로 움직였다. 남성의 프로필도 어머니가 보고 결정할 정도였다. 관심 있는 남성이 있으면 수십 번 전화해서 확인했고, 문제가 있으면 역시 수십 번 전화해서 항의했다. 그렇다고 노골적으로 대놓고 따지는 스타일은 아니라 차분한 어조를 유지하면서 지치지 않고 자기 말을 했다. 그것이 상대를 더 질리게 했다.

"어머니, 이렇게 나서시면 안 됩니다. 따님 결혼이 더 어려워집니다. 어떤 남자가 장모에게 시달리고 싶겠습니까? 어머님이 좀 물러서시면 따님이 자기 뜻대로 할 것 같은데요."

이렇게 얘기하면 조금은 수긍해야 하는데, 또 여러 번 전화를 해서 따진다.

"그 말뜻이 뭐예요? 내가 지금 우리 딸 망치고 있다는 거예요? 아니, 엄마가 딸한테 관심 있는 게 뭐가 잘못이라고 도대체 그런 말 하는 남자들을 왜 소개한 거예요?"

이런 분을 다루는 방법은 더 차분하고, 더 끈질기게 대하는 것이다. 일종의 기 싸움이다. 진상이라고 해도 전혀 손색이 없는 두 사람이 맞붙었다. 어머니는 딸의 얘기를 듣고 휴대폰 통화 내용을 뒤져서 남성의 연락처를 찾아 전화했다고 한다. 남성은 여성의 어머니까지 전화를 하니까 처음에는 화가 나서 강하게 나간 모양이다. 하지만 어머니가 계속 전화를 하자 짜증이 공포심으로 바뀌었고, 급기야 나에게 도움을 청하기에 이르렀다.

"제발 이 분 전화 좀 그만하게 해주세요. 업무를 못하고 있습니다."

남성은 회사에 매인 입장이고, 어머니는 누구 눈치 안 봐도 되고 시간도 많으니 이런 상황은 어머니에게 유리할 수밖에 없다. 남성의 전화를 받고 나는 내심 '제대로 걸렸다. 당신도 한번 당해봐야 안다'고 생각했다. 세상 무서운 줄 몰랐던 남성은 결국 꼬리를 내리고 나에게 통사정을 하는 입장이 되었다. 내가 중재에 나섰다.

"어머니, 이제 그만하시죠!"

내 목소리에 점점 힘이 실렸고, 드디어 어머니가 알아들었다. 산 넘어 산이라고, 시한폭탄 같은 회원을 만나면 그다음엔 원자폭탄급 회원을 만난다. 그런 사람들조차 이해하고 받아들여서 상대를 찾아줘야 하는 나도 힘든 길을 가지만, 당사자들도 태도를 바꾸지 않는 이상 가시밭길을 가야 한다. 매너 없는 이 남성도, 집착이 심한 어머니를 둔 여성도 아마 결혼을 하기까지 험난한 과정을 겪어야 할 것이다. 강산이 두 번 변하고도 남는 시간 동안 중매를 해왔지만 변하지 않는 게 있다. 잘났건 못났건 상대를 배려하는 사람이 결혼을 잘한다는 것이다. 결혼하기를 원하면서도 결혼하지 못하는 사람들은 자신을 돌아봐야 한다. 자기 입장에서만 생각하고 행동하지 않는가 하고 말이다.

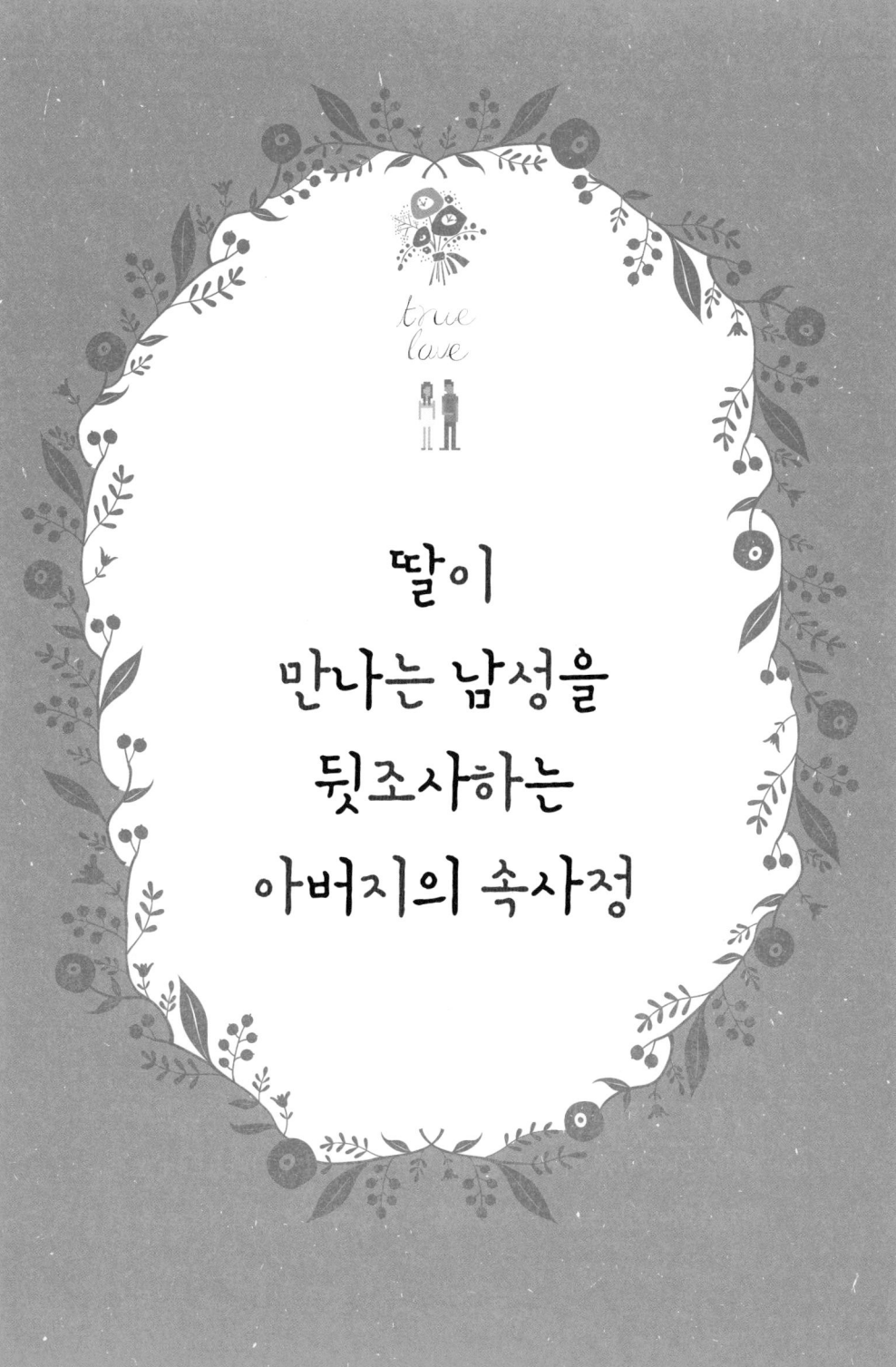

⋯

조용하던 사무실에 유난히 톤이 높은 목소리가 퍼졌다.

"아버님. 이러시면 안 되죠. 정도가 너무 지나치신 거 같아요. 이제 그만하실 때도 되지 않았나요?"

들어보니 나와 같이 20년을 일한 매니저의 말이었다. 알아서 하겠거니 싶었지만 이렇게 목소리를 높여 흥분한 걸 본 적이 없는지라 신경이 쓰였다. 알고 보니 몇 달 전에 나한테도 야단(?)을 맞았던 분이었다. 딸의 맞선 상대에 대한 뒷조사를 지나치게 하다 보니 상대가 눈치를 채고 항의를 한 일이 몇 차례 있었던 터였다.

"아버님, 따님도 그랬지만 여기 가입할 때 기본 신상정보는 다 확인합니다. 구체적인 부분은 그렇게 뒷조사를 하는 게 아니라 교제하면서 서로 알아가는 것이 정상입니다. 그런데 수소문을 하고 다니시다니요. 이건 완전히 사생활 침해로 고소감입니다. 그쪽 집안에서 자식 있는 입장에서 이해하겠다고 넘어가주신 게 다행이지요."

"감출 게 없으면 겁날 것도 없잖아요. 혹시 있을지도 모르는 불미스러운 일을 미연에 방지하자는 건데 뭐가 나빠요? 버선 속 뒤집듯이 사람 속을 다 알 수 있는 것도 아니고 의도적으로 숨기려면 얼마든지 숨길 수 있는 거죠."

"그렇게 못 미더우신데 여기는 어떻게 가입하셨어요? 저희를 믿어주시지 않으면 소개해드리기 어렵습니다."

그 후 내가 아닌 다른 매니저에게 소개를 받고 싶다고 해서 그렇게 조치를 했는데, 거기서도 비슷한 일이 있었던 모양이다.

그 여성은 누가 봐도 매력적이었다. 딸의 미모가 탁월하고 남성들이 많이 따르다 보니 자연히 부모의 기대치가 높아졌고, 그래서 딸의 결혼에 집안이 다 나선 상황이었다. 게다가 아버지가 정보를 쉽게 접할 수 있는 위치에 있어서 뒷조사가 쉬웠다고 한다. 이를테면 만남 상대가 정해지면 남성 본인은 물론 집안까지 샅샅이 조사한다. 남성이 사는 집까지 가서 확인할 정도다. 어느 날인가, 여성의 아버지가 사무실에 방문했다. 두툼한 봉투를 들고 왔기에 직원들 격려차 사온 간식거리인가 싶었다. 물론 그건 나의 착각이었다. 아버지가 봉투에서 꺼낸 것은 서류뭉치였다. 그 여성에게 소개하기로 한 남성의 출신 학교, 직장 등 세세한 정보가 빼곡히 적혀 있었다.

"아버님, 이런 걸 다 어떻게 모으셨어요?"

"마음만 먹으면 다 아는 수가 있지요. 근데, 이 친구는 연봉이 ○○라던데, 그 회사 5년차 직원 연봉이 그 수준은 아니라고 하더군요. 도대체 결혼 준비는 어느 정도 되어 있다는 겁니까?"

"아버님. 아직 만나지도 않은 상태에서 결혼 준비까지 얘기하시는 겁니까? 그 부분은 교제하고, 얘기가 오가다 보면 확인할 수 있는 거고요."

"기껏 결혼 약속까지 했는데 얘기가 달라지면요. 여자 쪽이 상처를 더 받기 마련인데 그러면 안 되죠."

"저도 딸이 둘이라서 딸 가진 부모 마음 충분히 이해는 합니다. 하지만 요즘 개인정보로 인한 문제가 심각하지 않습니까? 아버님 하시는 일이 도가 지나치면 큰일 납니다."

아버지의 뒷조사는 맞선을 보기 전에만 하는 것이 아니었다. 그 딸이 준재벌급 남성과 만난 적이 있었다. 부잣집 도련님 같은 그 남성은 착하고 순수한 편이어서 노련한 여성이 다루기 좋은 스타일이었다. 그는 만난 지 얼마 안 되어 여성에게 빠졌고, 만남 100일 기념으로 여성에게 2천만 원대 다이아몬드 반지를 선물했다.

상황이 이쯤 되면 남성이 부자이고, 여성을 좋아하는 것이 확실하고, 사실 프러포즈한 것이나 마찬가지인데 아버지는 그 시점에서도 뒷조사를 하고 있었다. 남성 본인은 물론 형제들, 주변 대인관계까지 알아보고 다녔다.

"아버님, 확인해보시는 건 좋은데 상대 입장 생각해서 일반적으로 하는 정도로만 하셨으면 합니다. 상대방이 따님 직장 주변을 수소문하고 다닌다고 생각해보세요. 잘 되려던 만남도 끝나죠."

"나도 양식이 있는 사람인데요. 요즘 이 정도는 몇 사람만 건너면 알게 됩니다."

사실이 그랬다. 예전보다 요즘은 정보를 습득하는 통로가 매우 다양해졌다. 신상정보를 10단계로 나누면 2~3단계 까지는 쉽게 확인이 가능하다. 그래서 결혼 후 속는 경우가 예전보다 상대적으로 많이 줄어들었다.

아버지의 뒷조사가 과하지만 않으면 어느 정도는 이해가 간다. 딸이 만나는 사람은 모두 다 그렇게 조사를 하고 확인을 하는 것을 보고 한편으로는 딸의 결혼을 위해 정말 그분들이 최선을 다 한다는 생각이 들기도 했다. 이 분들의 행동을 어떤 잣대로 평가할 수는 없을 것 같다. 이들 가족은 정보를 쉽게 알 수 있고, 그런 만큼 상대를 철저하게 파악하는 시대를 잘 보여주는 사례가 아닌가 싶다. 참고로 아버지의 딸은 그 준재벌급 남성과 결국 결혼했다. 남성은 아버지의 뒷조사를 무사히(?) 통과한 셈이다.

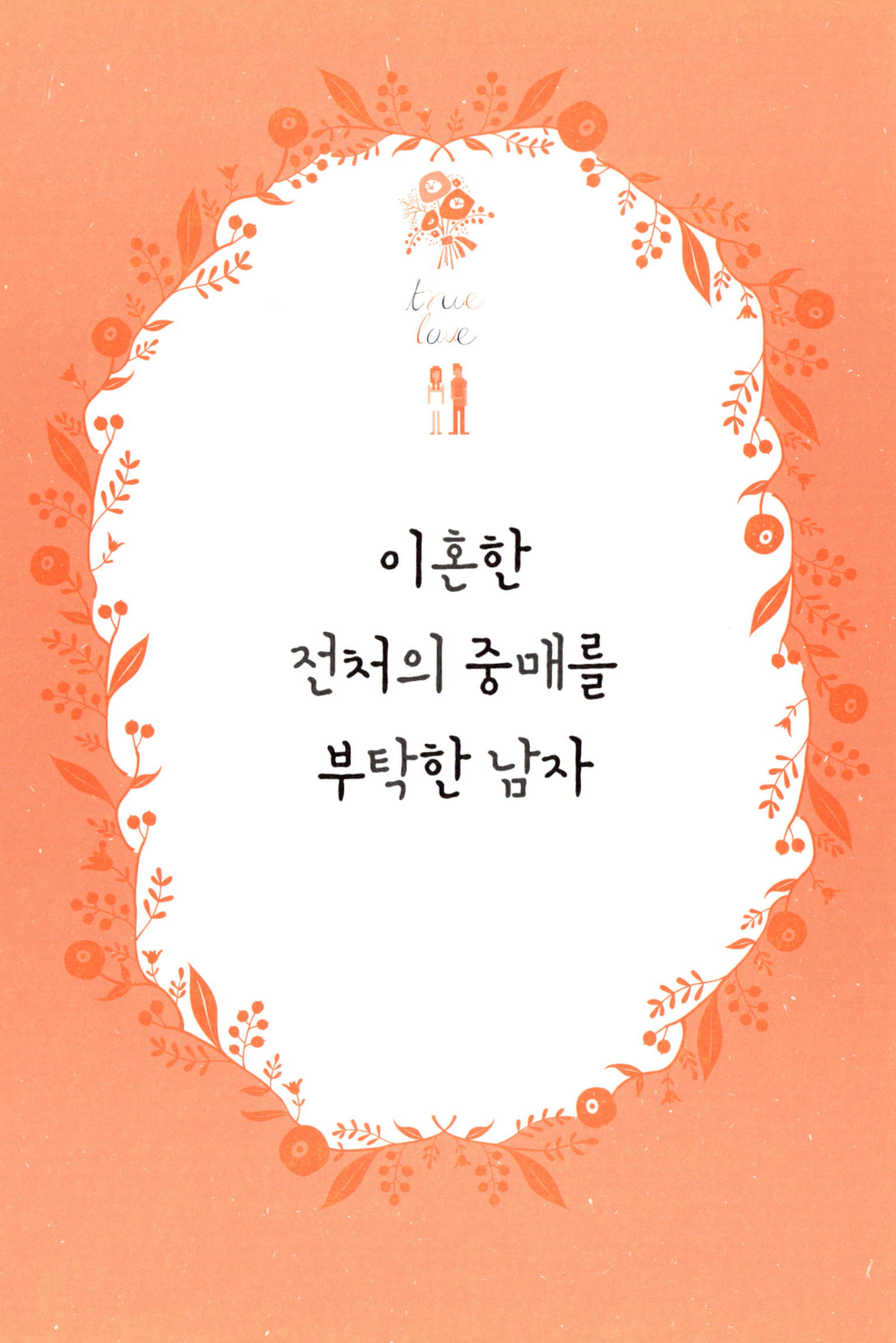

true love

이혼한 전처의 중매를 부탁한 남자

· · ·

'제 아내에게 새 배우자를 소개해주실 수 있으신지요?' 수많은 메일 중에 유독 내 눈길을 끄는 제목이 있었다.

"안녕하세요? 저는 ○○라는 사람입니다. 미국에서 결혼생활을 하다가 몇 달 전 이혼하고 한국에 들어왔습니다. 대표님에게 연락을 드린 것은 이혼해서 혼자가 된 제 아내에게 좋은 남자를 소개해주고 싶어서입니다. 몇 년간 저랑 같이 있다가 이제 미국에 혼자 남은 그녀가 걱정됩니다."

이혼을 했는데도 전 부인에 대한 애틋함을 갖고 있는 그의 메일을 읽으면서 '이렇게 걱정하면서 왜 이혼을 했지?'라는 생각도 들고, 도대체 전 부인의 재혼까지 챙기는 '이상한' 남자가 누구일지 궁금도 해서 나는 어느새 그가 남긴 연락처로 전화를 걸고 있었다.

"저흰 어쩔 수 없이 이혼했다고 할 수 있습니다. 아직도 와이프… 입에 익어서 자꾸 와이프라고 하네요. 그 사람 생각하면 마음이 짠합니다."

두 사람은 유학생 커플이었다. 8년 전 미국의 같은 대학으로 유학 가 유학생들 모임에서 서로 친해졌고, 사랑에 빠졌다고 한다. 만난 지 1년 만에 결혼을 약속하고 함께 살게 되었고, 둘이

나란히 학위를 따던 해 결혼식을 올렸다. 그리고 1년 만에 이혼했다는 것이다.

"서로에게 확신이 있어서 오랜 동거 끝에 결혼을 하셨을 텐데, 왜 그렇게 빨리 이혼을…."

"제가 무능해서죠. 그 사람 잘못은 없습니다. 그 사람은 다행히 졸업 후 자리를 잡았는데, 제가 전공한 분야에서는 동양인들이 힘을 못 쓰는 상황입니다. 1년 넘게 시도를 하다가 결국은 귀국을 결심했습니다. 다행히 한국에서는 제 전공이 전망이 있어서 좋은 조건으로 스카우트 제의를 받았거든요."

"그럼, 전 부인은요? ○○님이 한국행을 결심하셨다면 그분도 선택해야 하는 입장이었을 텐데요?"

"처음에는 일을 포기하고 같이 들어가겠다고 하더라고요. 하지만 그 사람이 얼마나 열심히 공부했고, 그 직장에 다니게 되었을 때 얼마나 기뻐했는지를 제가 잘 아는데, 다 포기하고 같이 가자는 말을 도저히 못 하겠더라고요. 한국 와서도 상황이 좋으리라는 보장도 없는데…."

"잔인한 상황이었네요."

"제가 그 사람한테 미국에 남아라, 한국에는 나 혼자 들어가겠다고 했더니 그 사람은 그럼 서로 떨어져 살고, 휴가 때 번갈아 미국과 한국을 오가면서 같이 지내자고 하더라고요. 하지만 같은 미국도 아니고, 미국과 한국에서 언제까지가 될지도 모르는데, 떨어져서 결혼생활을 한다는 게 거의 불가능한 거 아닙니까?"

"그렇죠. 결혼은 떨어져 있기 싫어서, 함께 살고 싶어서 하는 건데…."

"같이 있는 것도 아니고 헤어진 것도 아니고, 그렇게 애매하게 살면 서로에게 전혀 좋을 게 없다는 생각이 들었어요. 그래서 제가 먼저 이혼하자고 했어요. 이혼한다고 원수 되는 것도 아니고, 친구처럼 지낼 수도 있으니까요. 그 사람 없는 내 삶은 생각해본 적 없지만, 서로 힘들어져서 지긋지긋해지는 것보단 차라리 좋을 때 헤어져서 인연의 끈을 이어가는 게 더 낫지 않을까…."

"저는 그건 아니라고 봅니다. 한때 부부였던 남녀가 서로 좋게 지낸다? 그건 영화 속 얘기죠. 정말 상대를 위한다면 그 사람 인생에서 아웃해주는 게 최선입니다. ○○님이 그분 배우자를 찾아주겠다는 생각은 참 어려운 선택이었을 텐데, 그런 만큼 멀리서 행복을 빌어줄지언정 더 이상 서로 엮여서는 안 됩니다. 그래야 그분도 완전히 과거를 정리하고, 새 출발을 할 수 있어요."

전 배우자의 재혼까지 챙겨주는 경우는 드물지만, 요즘은 서로 원만하게 합의하고 헤어지는 경우가 늘고 있다. 표면적으로는 서로의 행복을 위해서지만 따지고 보면 중요한 건 자신의 행복이다. 과거에는 참고 살았지만, 이제는 어차피 안 될 사이라면 빨리 헤어지고 새 출발을 한다는 주의다. 그는 전 부인의 성격은 어떻고, 어떤 스타일을 좋아하고, 그래서 이러이러한 남성이 어울릴 것 같다는 설명까지 자세히 해줬다. 그리고 그녀의 소개비용까지 결제했다.

"○○님은 어떻게 하실 생각입니까? 재혼할 의향은 있나요?"

"언젠가는 하겠죠. 하지만 당분간은 일에 전념하면서 빨리 자리 잡는데 몰두할 겁니다. 이혼까지 하면서 선택한 직장인데, 섣불리 할 수는 없잖습니까?"

그의 전 부인에게 연락을 했다.

"○○님이 맞선을 부탁하셨어요."

"그 사람이 그랬다고요?"

"다른 분 만나실 수 있겠어요?"

"생각할 시간이 필요한데요. 하지만 그 사람이 원한다면 노력을 해볼게요. 제가 잘 살아줘야 그 사람 마음이 편할 테니까요."

이혼을 결정한다면 잘 헤어지는 것이 최선이다. 말이 쉽지, 어떻게 잘 헤어질 수 있을까? 우선 자신을 생각하자. 가능하면 감정 소모를 줄이고, 최대한 이성적이고 합리적인 판단을 해보도록 하는 것이 최선이다. 그런데 참 이상한 것이 원수처럼 헤어졌으면서도 그 '원수'가 잘 못살고, 힘들어한다는 소식을 들으면 마음이 불편해진다. 행여 불행하기라도 하면 못되게 굴었던 것이 생각나서 찜찜하다고들 한다. 그러니 내가 잘사는 것이 우선은 나를 위해 좋고, 한때 사랑했던 그 '원수'도 잘 살게 하는 방법이다. 우선 의뢰받은 대로 전 부인의 중매를 해주고, 나중에 그가 자리를 잡고 마음에 여유가 생기면 좋은 짝을 찾아주고 싶은 생각이 든다. 제대로 사랑할 줄 아는 사람이니까.

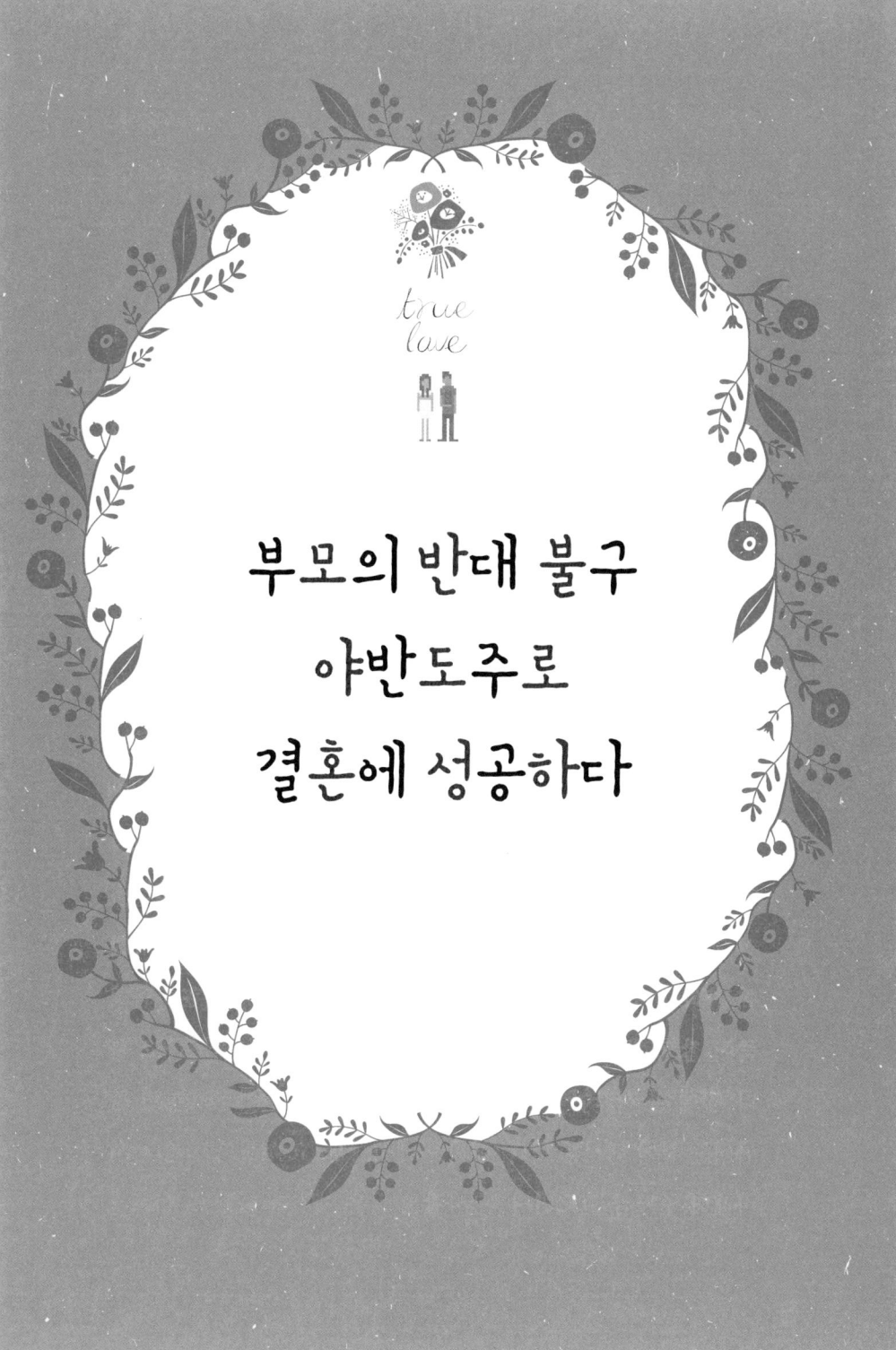

· · ·

오류역 인근의 ○○씨가 운영하는 와인바에서 그의 부인과 만났다.

"결혼 전까지 합치면 여기서 30년을 살았네요. 이사 안 간 이유가 있어요?"

"안 간 게 아니라 못 간 거죠. 애들이 여섯이나 되니 이사 한번 가려면 처리해야 할 게 너무 많거든요. 엄두를 못 내요."

그들의 사랑은 영화에나 나올 법한 드라마틱한 격정멜로다. 나는 상념에 젖었다. 내 기억은 유씨 부부를 처음 만났던 19년 전 그날로 돌아가고 있었다. 1995년 가을. '사랑의 유람선'이라는 선상 만남을 진행한 적이 있었다. 단체 미팅 방식으로 남녀 몇 쌍씩 팀을 이뤄서 만남을 갖는 것인데, 당시만 해도 보수적인 분위기라서 남녀가 한꺼번에 모여서 미팅을 하는 것은 다소 파격적인 일이었다. 그날은 남녀 100명씩 200명이 모였는데, 친구와 같이 참석한 ○○씨와 한 여성이 같은 팀이 되었다. 그 팀은 유난히 죽이 잘 맞아서 10명 모두 2차까지 가서 신나게들 놀았다고 한다. 집에 갈 시간이 되었는데, 공교롭게도 집 방향이 비슷했던 두 남녀는 같이 택시를 탔다. 택시 안에서, 그리고 여성의 집 앞까지 바래다 주느라 걸으면서 두 사람은 많은 얘기를 나눴고, 서로가 잘 통한다는 것을 알게 되었다.

집이 가까워지자 남자는 대뜸 "당신이 마음에 듭니다. 우리 사 귑시다"라며 애프터를 신청했다. 그리고 쑥스러운 마음에 황급 히 돌아서는데, 큰 바위 같은 것이 앞을 가로막았다. 180cm가 넘 는 거구의 중년 남성이었는데, 알고 보니 여성의 아버지였다. 귀 가가 늦는 딸을 마중 나왔다가 두 사람을 발견한 것이다. 완고한 아버지는 딸과 같이 있는 낯선 남자에게 호통을 쳤고, 남자는 멱 살잡이를 겨우 면한 채 자리를 떠야만 했다.

여자는 서울에 있는 모 군 정보사령부의 군무원으로 근무하고 있었고, 남자는 특급 호텔의 소믈리에였다. 강렬하고 인상적이었 던 첫 만남 이후 두 사람은 급속하게 가까워졌다. 하지만 여자 쪽 부모님의 반대가 거세었다. 남자의 직업을 잘 이해하지 못한 부 모님은 남자를 소위 '호텔 보이' 정도로 생각했기 때문이다. 이후 부모님의 눈을 속인 두 사람의 밀회가 시작되었다. 서초동 여자 의 직장에서 오류동 집을 오가는 지하철 안에서 매일 데이트를 했다. 결국 부모님께 들통이 났다. 안정된 직업을 가진데다가 상 당한 미인이었던 여자에게는 맞선 제의가 많았다. 대덕단지 연 구원, 대기업 직원, 전문직 종사자 등 꽤 좋은 조건의 남성들이 줄을 이었다. 그러니 '호텔 보이'인 남자가 마음에 들 리 없던 아 버지는 서슴없이 그의 자존심을 긁었다.

"너는 내 딸의 상대가 못 된다."

"조건 좋은 분도 많았는데, 그분의 어디가 그렇게 마음에 들었나요?"

"나만 바라보고, 나만 사랑해주는 사람이라는 확신이 들었어요."

"집안의 반대가 심하면 자존심 상할 수도 있었는데, 그래도 포기하지 않은 이유는요?"

"그냥 그런 느낌이 들었어요. 올인하고 싶은 사람이라는…."

그녀의 부모님이 점찍어둔 사윗감은 대덕단지 연구원이었다. 딸이 말을 듣지 않자, 아버지는 급기야 주먹다짐까지 서슴지 않았다. 어머니는 뭐에 홀려서 그렇다면서 딸을 귀신 쫓는다는 물나무로 때리기도 하고 감금하기도 했다.

그러다가 연구원과 결혼 날짜를 잡는다는 말이 나오자 위기의식을 느낀 남자는 결국 여자를 데리고 야반도주를 감행했다. 도피 장소는 남자의 군대 시절 중대장이었던 분의 집이었다. 물론 여자 집에서는 난리가 났고, 형사인 여자의 외삼촌이 두 사람의 행방을 수소문하기에 이르렀다. 외삼촌이 듣기로는 보잘 것 없는 호텔 보이가 겁도 없이 조카를 납치했다는데, 직장에 알아보니 평판이 좋은 모범사원이었고 와인 전문가로서 인정도 받고 있었다. 결국 두 사람을 찾아낸 외삼촌은 남자에게 말했다.

"일단 ○○는 돌려보내고, 몇 월 며칠에 집에 와서 정식으로 허락을 받아라. 내가 도와주마."

두 사람은 일단 헤어진 후 기회를 만들기로 했다. 그리고 얼마 후 남자가 호랑이굴로 갔다. 170cm 정도의 왜소한 그 앞에 거구의 여자 아버지가 버티고 섰다.

"마지막으로 말하는데, 우리 애 만나지 마라. 내 말 안 들으면 큰일난다."

최후통첩을 하고 돌아서는 아버지의 겨드랑이 밑으로 파고든 남자는 대문 안으로 들어서는 데 성공했다. 남자를 발견한 아버지는 여자의 두 남동생을 시켜 남자를 쫓아내라고 했다. 두 동생이 남자의 양쪽 팔을 잡고 끌어냈는데, 남자는 마당에 있던 수도꼭지를 잡고 매달렸다. 세 남자의 힘겨루기가 계속되었고, 그 힘에 못 이겨 수도꼭지가 휘어졌다. 결국 쫓겨나고 말았다. 그 후에도 남자는 계속 밀어붙였고, 여자는 온갖 수모를 당하면서도 일편단심으로 자기 하나 바라보는 남자가 그저 좋았다. 두 사람의 마음이 그만큼 단단했고, 남자를 눈여겨보던 외삼촌의 지원사격 덕분에 결국 여자의 아버지는 남자를 받아들였다. 정식으로 인사를 가던 날, 남자는 수없이 쫓겨나면서 드나들었던 여자의 집 앞에 서서 속으로 이렇게 외쳤다고 한다.

"왔노라. 보았노라. 이겼노라."

'하숙생'으로 유명한 가수 최희준 씨의 주례로 두 사람은 부부가 되었다. 그리고 사랑의 결실로 여섯 아이가 태어났다. 자녀 많기로 대한민국 30위권에 들었다. 부모가 되어야 부모 마음을 안다고 했나. 넷째가 태어날 무렵 아버지(장인)가 돌아가셨는데, 남자는 미안함과 고마움에 사무쳐서 목놓아 울었다고 한다.

"반대하신 건 당연하죠. 내 딸이 나 같은 남자랑 결혼한다고 하면 아마 장인어른보다 더 반대할 것 같아요."

불같이 사랑했고, 여섯 아이를 낳으며 18년을 산 부부에게 결혼은 어떤 의미일까?

"요즘 성격 차이다 뭐다 해서 이혼을 쉽게 하는데, 10년은 살아봐야 알게 됩니다. 내가 왜 이 사람을 만났고 사랑했는지, 그 의미를 이해할 때가 오거든요."(남)

"한마디로 도를 닦는 거라고 할까요?"(여)

세 살부터 열여덟 살까지 여섯 아이를 키우느라 남자는 치열하게 살고 있다. 본업은 와인유통업이지만, 밤에는 창고를 활용해서 와인바를 운영하고 있다.

"막내를 늦게 낳아서 환갑 때도 이렇게 살아야 할 걸요. 남자의 숙명이려니 하고 받아들여야죠."

나란히 걸어가는 부부의 뒷모습이 아름답다.

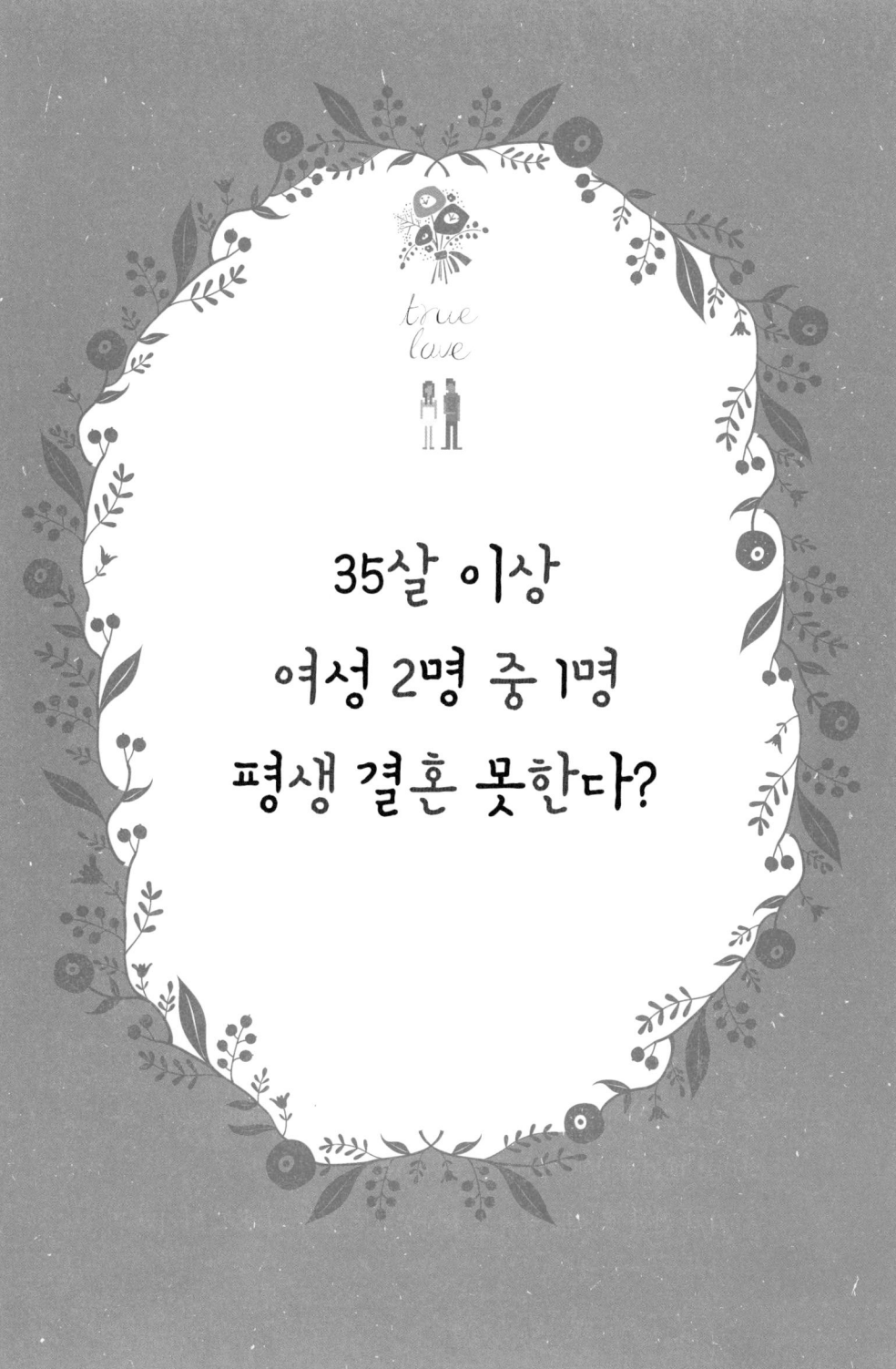

· · ·

지금 슬픈 보고서 하나를 준비하고 있다. 현재 35살 이상 되는 여성 2명 중 1명, 남성 4명 중 1명 이상은 결국 결혼을 못한다는 내용이다. 현장에서 보고 느끼면서 국가적 재앙, 개인적 불행의 상황이 본격화되고 있음을 가슴 아프게 받아들이고 있다. 우리는 지금 이런 소용돌이 속에 있는 것이다.

15년 정도 인연을 이어온 남성이 있다. 지인의 후배인데, 10여 년 이상 맞선을 봤지만 수많은 만남에도 불구하고 45살인 지금까지도 미혼이다. 한동안 연락이 없던 그가 얼마 전 전화를 걸어왔다.

"저한테 2년 전 소개해주시려고 했던 그 여성을 만날 수 있을까요?"

"그분도 아직 미혼이니까 가능할 것도 같네요. 한번 알아보겠습니다."

처음 만났을 때 그는 서른이었다. 최고 학벌에, 높은 연봉에, 나이가 젊으니 미래가 창창했다. 그는 외모가 좋은 전문직 여성을 만나고 싶어 했고, 많은 만남이 이뤄졌다. 그런데 당시 그는 상대를 배려하기에 자존심이 너무 셌다.

"자기 편한 곳으로 약속을 잡아놓고도 늦게 나와요. 자기만 바쁜가?"

"얼음공주가 따로 없어요. 무슨 여자가 말이 그렇게 없는지, 나 혼자 떠들다 들어오고…."

서로에 대해 이해하고 맞춰가는 과정이 필요한데, 상대에 대한 불만만 많았다. 외모의 경우에도 객관화된 기준이 있는 게 아니다 보니 서로 생각이 다를 수 있는데, 우리 쪽에서 외모가 좋다고 평가되는 여성을 소개해도 남성의 안목을 만족시킬 수가 없었다. 그렇게 몇 년이 흘렀다. 30대 중반을 넘어선 그는 원래의 조건에 덧붙여서 나이까지 어린 여성을 원했다. 처음 소개를 받을 때는 2~3살 차이를 원했는데 이제는 7살 이상이어야 한다는 것이다. 출산을 고려해야 한다는 이유였다. 문제는 그의 상황이 처음과는 달리 많이 나빠졌다는 것이다. 당시 그는 연봉 9천만 원 정도를 받고 있었는데, 사업하는 친구의 보증을 섰다가 모아놓은 결혼자금을 다 날리고 빚까지 진 상황이었다. 집이 하나 있는 것도 빚을 청산하면 남는 게 아무것도 없었다. 그런데도 여전히 갖출 것 다 갖춘 여성을 원했다. 그런 여성들이야 많다. 하지만 아무리 그런 여성을 소개하려고 해도 현실적으로 그가 빈털터리라는 것이 걸림돌이었다. 그런데 그는 자신의 현실은 생각하지 않고, 여전히 자신감에 차 있었다.

"제가 나이가 젊으면 2~3살 차이가 나도 상대도 젊지만, 이제 제 나이가 꽤 되지 않았습니까? 2~3살 차이라면 여자 나이도 서른이 훨씬 넘는데…."

"그러니까요. 본인 나이가 들면 그에 비례해서 상대의 나이를 고려해야죠. 게다가 지금 상황이 많이 나빠졌는데요."

"그래도 제가 많이 벌지 않습니까? 좀 있으면 연봉이 1억이 넘어가는데…."

"○○님 나이 또래이고, 여건이 훨씬 좋은 남성들도 많습니다. 물론 만나서 잘하면 잘될 수도 있지만, 만남 자체가 성사되기 어렵다는 게 현실입니다."

사실이 그랬다. 나이 어리고, 능력과 외모를 갖춘 여성들이 없어서 문제가 아니다. 그런 여성들이라면 얼마나 프러포즈를 많이 받고 만남의 기회가 많겠는가. 남성 본인은 연봉이 많다고 하지만 그렇다고 10억, 100억이 되는 것도 아니다. 게다가 모아둔 돈은 없고 빚은 많다. 객관적으로 만남 확률이 얼마나 되겠는가. 평범한 여성이라도 고개를 저을 것이다. 그런 상황을 본인만 외면하고 있었다. 어찌어찌 만남이 이뤄져도 끝까지 가지 못했다. 여성의 외모나 나이를 양보했으면 결혼이 가능했다. 그런데도 자신만은 예외일 것이라고 생각하고 고집을 버리지 않는 것, 이것이 그를 비롯한 한국 노총각들의 대표적인 문제 중 하나이다. 그렇게 세월이 흘렀고 어느덧 그는 40대가 되었다. 30대에서 40대가 된다는 것은 1살 더 먹는 단순한 상황이 아니다. 나이의 앞자리 숫자가 바뀐다는 것이고, 그렇게 되면 만남의 기회가 훨씬 줄어들게 된다. 그를 위해서 결단을 내려야 할 시점이었다. 그보다 4살 연하인 74년생 여성을 소개받으라고 권유했지만 그는 내 예상보다 더 완강했다. 자신이 막다른 골목에 들어섰다는 것을 인정하려고 하지 않았다. 그와의 마지막 대화가 기억난다. 그때 난 최후통첩을 한다는 심정으로 단호하게 말했다.

"전부 다 가지려고 하면 결혼하기 어려워요. 지금까지 해봐서 아실 거 아닙니까? 하나를 포기하면 가능성은 그만큼 커집니다. 여성의 나이, 외모, 결혼자금, 이 셋 중 양보할 수 있는 게 뭔지 한번 생각해보는 게 좋겠습니다."

그리고 그에게서 연락이 끊겼다.

이제 그에게 소개하려고 했던 74년생 여성의 이야기를 할 차례다. 아는 분의 소개로 8~9년 전부터 만남을 주선했다. 처음 만났을 당시 그녀는 32~33살이었다. 서울 소재 대학을 졸업한 그녀의 외모는 평범했고 연봉 2천~3천만 원을 받는 프리랜서였다. 부모의 경제력이 있는 편이어서 결혼하면 중형 평수의 아파트를 마련해줄 것이라고 했다. 그녀가 남성에게 원하는 부분은 능력이었다. 하지만 소개는 생각보다 힘들었다. 그녀와 나이가 맞는 30대 중후반, 그것도 능력이 좀 있는 남성들은 대부분 나이 차이가 많이 나는 여성을 원했다. 그런 중에도 계속해서 만남이 성사되었다. 30대 중반의 감정평가사를 만났는데 남성 쪽에서 여성의 인상이 평범하다면서 싫다고 했다. 모 기업에 근무하는 남성은 그녀에게 호감이 있었는데, 키가 작다고 여성이 거절했다.

"프로필에는 170cm으로 적어놨는데, 만나보니 162cm인 저보다 조금 크더라고요. 그럼 165cm밖에 안 된다는 거잖아요."

"많은 부분을 갖춘 분인데, 키 정도는 양보할 수 있는 거 아닌가요?"

"그래도 남자가 여자보다 한 뼘 이상은 커야지요."

그녀가 남자의 능력을 본다고 한 것은 능력을 가장 많이 본다는 것이지, 다른 것은 안 본다는 말이 아니었다. 다음에는 공무원을 소개했는데, 잘되는가 싶더니 결혼 자금 문제로 틀어졌다. 남성이 혼자 집을 마련하는 것이 부담스럽다면서 여성에게 좀 보태라고 했다는 것이다.

"부모님이 아파트 마련해주신다고 했는데, 그 얘기를 하지 그랬어요? 그럼 남성분 마음이 좀 편했을텐데요."

"처음부터 그런 얘기 하기가 싫어서요. 나를 좋아하는 건지 돈을 본 건지 알아야죠."

"어떤 남자가 아파트 사준다고 마음에 안 드는 여자랑 결혼해요? 그 정도가 결혼 결정을 좌지우지할 조건은 아니죠."

여성은 30대 중반인 자신에게 아직 시간이 많은 줄 알고 있었다. 머지않아 30대 후반, 40대가 되는데도 말이다. 실제로 30대 후반이 되자 소개 횟수가 확 줄어들었다. 결혼정보회사에서 30대 중후반 여성들에게는 병목현상이 벌어진다. 비슷한 또래의 여성은 많은데, 소개받을 남성은 상대적으로 적기 때문이다. 결국 나는 결단을 내려서 그녀에게 자녀 없는 재혼자를 만나보라고 했다. 그 말을 처음 했을 때의 그녀의 반응이 아직도 기억난다. 전화가 끊긴 것으로 착각할 정도로 그녀는 1~2분간 아무 말이 없었다. 어떻게 미혼인 자신에게 재혼자를 소개하느냐는 것이었다. 그러던 중 그 70년생 남성을 소개하게 되었다. 빚이 좀 있지만, 능력을 인정받는 직장인이라고 그의 상황을 솔직하게 설명했다. 그녀는 며칠 생각하더니 소개를 받겠다고 했다.

"본인 명의의 집을 팔아서 빚을 청산하고, 우리 부모님이 사주시는 아파트에서 살면 본인 연봉이 높으니 빨리 자리 잡을 수 있겠네요."

나는 그녀가 현실적인 판단을 한 것을 격려하면서 남성에게 여성의 생각을 전달했다.

"여성분이 양해를 해주셨어요. 그래도 나이가 좀 있으니까 상황을 넓게 볼 줄 아시네요. 빚 문제만 해결되면 아무 걱정이 없잖아요. 두 사람이 노력하면 잘될 겁니다."

"전 별로…. 서른아홉이면 아이 낳기가 어렵잖아요. 우리가 애 딸린 재혼자들도 아니고 아이는 낳아야죠."

"요즘 40대 여성들의 출산도 얼마나 많은데요. 의학의 도움을 받을 수도 있고요."

"그래도 내일모레 마흔이면 완전 아줌마인데…."

그때 내 솔직한 심정으로는 "그러는 당신도 완전 아저씨야"라고 말해주고 싶었다. 결국 그는 그녀를 안 만나겠다고 했다. 그것이 2년 전이었고, 남성은 나이 많다고 거절했던 여성을 만나보겠다고 다시 연락을 해온 것이다.

"이제는 대표님 말대로 해보려고요. 2살 더 먹어서 늦은 노총각이 되었지만, 그동안 빚도 거의 다 갚았고, 제 상황이 최소한 마이너스는 벗어난 것 같습니다."

"애 많이 썼네요. 한번 더 노력해봅시다."

난 여성의 부모님에게 전화해서 남성에 대해 얘기를 했다. 어머니는 딸과 얘기를 해보겠다고 했지만, 목소리가 무겁고 예전처럼 절실한 느낌이 없었다.

"어쩌죠. 딸애가 안 만나겠다고 하네요."

"혹시 사귀는 분이라도?"

그녀는 그동안 반복되는 남성들의 거절에 자신감을 상실한 것 같았다. 더는 상처받고 싶지 않다고 했고, 그래서 혼자 살기로 마음을 굳힌 것 같다고 어머니는 전했다. 양쪽 얘기를 들어보면 상황이 이해가 가고, 그래서 더 안타깝다. 현장에서 보면 이런 경우가 너무 많다 보니 자연스럽게 받아들이지만, 사실은 정말 심각한 일이다. 이 70년생 남성과 74년생 여성은 어떻게 될까? 아마 결혼을 못하고 홀로 늙어갈 확률이 높다. 이들뿐만 아니라 35살 이상의 미혼자 중 여성은 2명 중 1명 이상, 남성은 4명 중 1명 이상은 결혼하기가 어려울 것이다. 그저 한명 한명으로 보면 노총각, 노처녀의 일에 지나지 않을 수도 있다. 개별의 문제이므로 집단의 힘이 발휘되지 못하다 보니 국가적으로 심각한 상황임에도 문제의식을 못 느끼는 것이다. 그저 개인의 차원에서 끝나고, 그렇게 곪아서 썩어가다가 한순간에 빵 터질 지도 모른다.

나이가 들수록 결혼이 어려워지는 이유에는 몇 가지가 있다.

첫째는 이상형의 문제이다. 아무것도 몰랐을 때는 다 좋아 보이지만 나이가 들수록 안목이 생겨 빈틈이 더 잘 보이고, 그래서 만남이 더 힘들어진다. 둘째는 남녀가 서로를 바라보는 시각이 완전히 다르고, 자기중심적으로 판단한다는 것이다. 나이가 들면 자신이 만날 수 있는 상대도 나이가 드는 것이 당연하다. 남성의 경우, 45살이면 그 배우자는 대부분 40살 정도이다. 그럼 그런 나이 차이의 사람을 만나는 것이 정상적인데, 현실적으로 미혼이다 보니 20대 때의 시선에 머물러 있다. 그래서 나이 어린 여성만 찾는 것이다. 자신이 나이가 들었다는 것을 본인만 모른다는 것이 문제다. 셋째는 출산에 대한 남녀의 견해차다. 남성들은 본인의 나이가 아무리 많아도 출산 연령대의 여성을 고집한다. 40~50대가 되어도 마찬가지다. 반대로 나이가 있는 여성들의 경우에는 나이 든 남성이 출산을 고려해서 나이 어린 여성을 찾기 때문에 만남이 어렵고, 본인은 출산을 포기할 의향이 있어도 정작 남성들은 그렇지 않기 때문에도 만남이 어렵다. 넷째로 한국적인 배우자 선택문화 때문이다. 남자가 여자보다 나이가 더 많고, 학벌, 직업, 경제력 등이 더 좋아야 한다는 이른바 남고여저의 기준이다. 이런 보편적인 시각에서 어울리는 상대와 자신이 원하는 상대 사이에는 괴리감이 있는 것이다. 한 가지만 더. 왜 35세 이상의 미혼 중에 결혼 못하는 경우가 여성은 2명 중 1명 이상인데, 남성은 4명 중 1명 이상으로 차이가 날까? 남성 중 1명은 국제결혼으로 해결하기 때문이다. 이런 남녀들이 내 주위에 너무 많다. 그들에게 어떻게든 만남의 기회를 만들어줘야 하는데, 그들의 완고한 생각이 바뀌지 않는 한, 그마저도 어려울 것 같다. 이래저래 내 고민은 깊어만 간다.

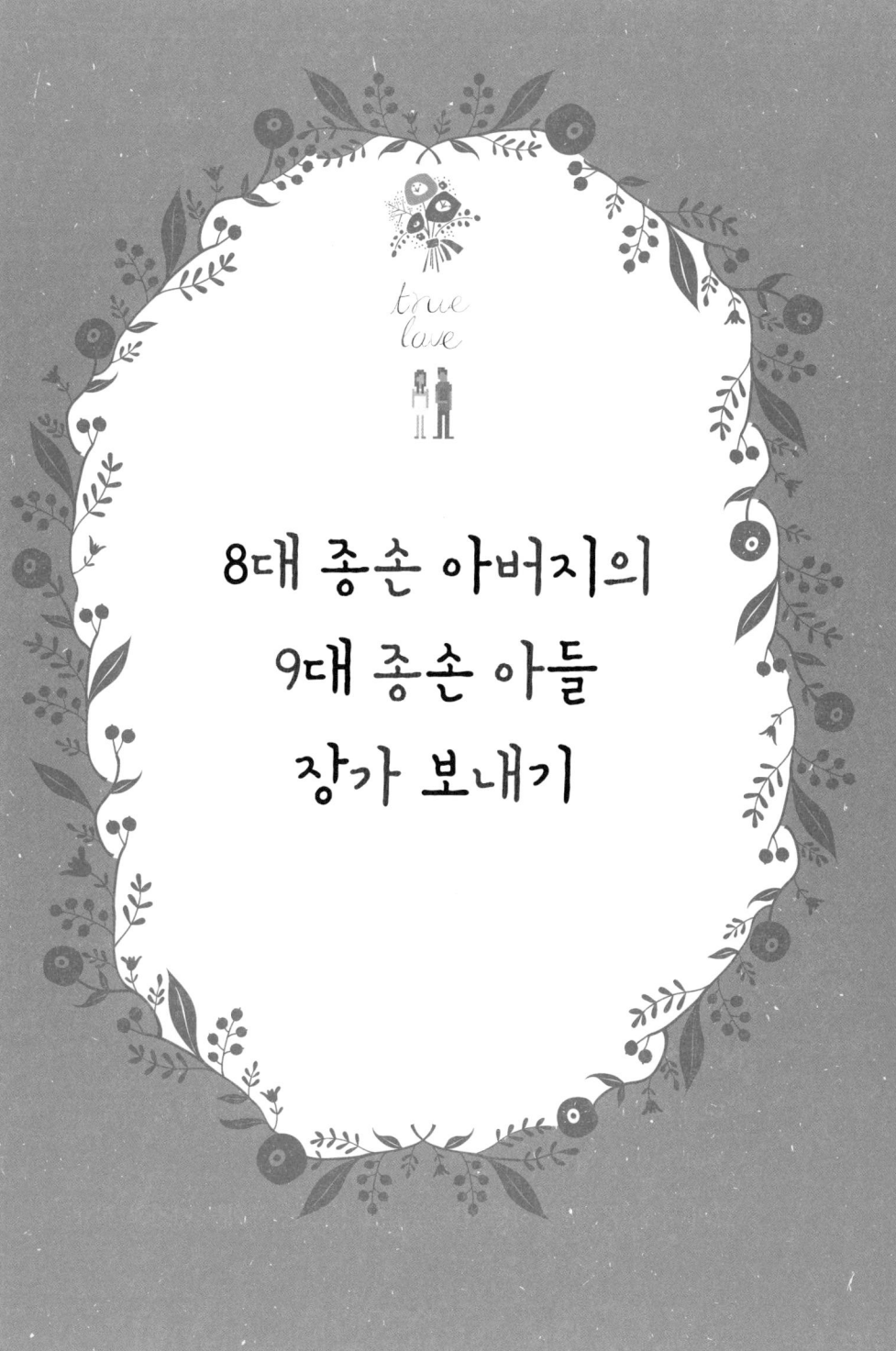

8대 종손 아버지의 9대 종손 아들 장가 보내기

· · ·

"○○○ 산모님 가족분이시죠? 아들입니다."

분만실 문이 열리면서 간호사의 말이 이어지자 기다리던 가족들은 감격에 휩싸였다. 임신 중에 아들이란 것을 알고는 있었지만 10대 종손이 태어난 일은 가족들, 특히 대를 이을 종손만 기다리던 할아버지에게 엄청난 감동이었다. 얼마 후 신생아실로 옮겨가기 위해 분만실 밖으로 아기가 나오자 가족들이 아기 주변으로 모여들었다.

"고놈 참 또렷또렷하게 잘 생겼네."

"갓난아기가 정말 의젓하네."

가족들의 한 마디 한 마디가 벅차고 감격스러웠다. 할아버지와 손자의 첫 대면. 그의 표정은 이제야 비로소 자신이 해야 할 일을 모두 마쳤다는 감회에 젖어 있었다. 창녕 조씨 44대손이며 8대 종손으로서 9대 독자 종손인 외아들에게서 34년 만에 10대 종손을 본 순간이었다. 조강환 방송통신연구원장이 외아들의 결혼을 의뢰한 것은 2년여 전이다.

"내가 8대 종손, 내 아들이 9대 종손인데 아들에게 좋은 규수를 찾아주실 수 있겠습니까?"

그의 목소리는 단호하면서도 간절했다. 그는 사회부 기자로 시작해서 논설위원 등 언론인으로 30여 년, 방송위원과 대학교수로 10여 년, 평생을 올곧게 살아온 우리 사회의 원로답게 차분하면서도 설득력 있게 내게 당부했다. 그 말을 듣고 나는 '이 인연을 꼭 성사시켜야 하겠다'는 생각이 들었다. 사실 이 혼사는 쉽지 않았다. 조 원장은 창녕 조씨 시조(曺繼龍)의 44대손으로 해마다 시조 묘제를 관장하고, 그의 집안이 한양과 인천에서 전북 고창으로 이주한 뒤 22대 조상부터 조부모에 이르기까지 시제와 제사를 모두 모신다고 한다. 조상에 대한 숭조 정신이 대단한 집안이고, 21세기에도 그런 가풍을 이어가는 조 원장이 대단한 분이라고 느끼면서도 결혼의 인연을 맺어주는 입장에서는 유서 깊은 가문의 종부가 될 여성을 찾는 일이 난제로 느껴졌다. 하지만 조 원장은 1년에 3~4일만 고향에 다녀오면 된다면서 가능하면 며느리에게 부담을 주지 않겠다고 했다. 그에게는 어렵게 본 아들에게 배필을 찾아주는 일, 그것만으로도 중요한 의미가 있기 때문이었다. 조 원장은 딸 셋을 내리 낳았다. 후사(後嗣)를 이어야 할 그로서는 걱정이 클 수밖에 없었다. 아들을 낳는다는 보장도 없이 아내에게 계속 출산을 바라기에는 한계가 있었다. 그래서 일단 출산을 정지하고 아들을 낳을 수 있는 방법을 연구했다. 의학적인 지식은 물론, 민간요법도 써보고 주변에 아들을 많이 낳은 집이 있으면 조언을 듣기도 하고 아들을 낳게 해준다는 한약방을 수백 킬로나 찾아가 보약을 지어먹기도 했다. 리더스 다이제스트의 아들 낳는 방법도 참조했다. 그렇게 10년의 세월이 흐르는 동안 집안 어른들은 새 장가를 들어서라도 종손을 낳으라고 했다. 그래도 그는 한결같은 마음으로 아내와 함께 노력했다. 체질이 산성이어서 식단과 생활습관을 고쳐 알칼리성 체질로 바꾸고, 부부관계를 하는 날에는 증류수로 목욕까지 했다고 한다. 부부 사이에 사랑과 신뢰, 그리고 사명감이 없었다면 견디기 어려운 일이었다. 이 부부의 간절한 뜻이 통했는지 조상이 도왔는지 그의 나이 마흔한 살에 드디어 아들이 태어났다. 어찌 보면 딸 아들 구별 없는 요즘 세대에는 와 닿지 않는 얘기일 수도 있다. 하지만 조상을 기리고, 아들을 낳아 대를 잇는 것은 얼마 전까지도 우리 사회가 추구하던 아름답고 의미 있는 전통이다. 9대 종손이 태어나면서 조 회장은 무거운 짐을 벗었다. 하지만 아들이 다른 것은 물론 종손으로서도 제 역할을 잘하도록 훈련시키는 일 또한 중요했다. 시제를 지낼 때마다 아들을 데리고 다녔다. 미국 유학 중 귀국했을 때는 더욱 제사 참석을 권유했다. 이 세상에 자신을 낳아주고 키워주고 가르쳐주고 사랑해준 조상보다 더 소중한 분이 또 어디에 있겠는가. 그는 아들에게 숭조정신을 갖춘 사람은 나쁜 일을 하지 않는다고 강조했다. 아들도 정성과 성의를 보였다. 그리고 책임의식도 강해졌다. 하지만 아들이 장성하면서 아들의 결혼에 대한 걱정이 커져갔다. 조 원장 자신이 80을 바라보는 나이가 된 것도 그렇지만, 외국에서 오래 생활한 아들이 집안 전통과 결혼에 대해 무뎌질까 봐서였다. 이따금 결혼의 중요성을 강조했고 학업을 마치는 대로 한국에 들어오도록 권유했다. 아들이 귀국 후 무역회사에 취직하자 이제는 결혼하는 것이 당면목표였다. 그러나 아들은 아버지만큼 결혼에 큰 관심이 없었다. 여러 번 미팅이 있었지만 허사였다. 그런 상황에서 조 원장이 수소문 끝에 나를 찾아오게 된 것이다. 32세의 아들은 반듯하고 예의 바른 청년이어서 호감이 갔다. 소개하는 입장에서 자신감이 생기는 신랑감이었다. 하지만 알다시피 그의 상황은 여성 입장에서 환영하는 조건이 아니었다. 아버지와 아들에게 내가 생각하는 원칙을 설명했다.

"대개 남성들은 나이 차이가 나는 여성을 선호하는데, 아드님의 경우에는 나이 차이가 많이 나면 좋지 않을 것 같습니다. 세상 물정을 알고 이해심이 있는 여성이어야 하니까요. 그리고 출산을 고려해서 건강해야 하고요. 가장 중요한 점은 가정환경인데요. 화목하고 가풍이 있는 가정에서 성장한 교양을 갖춘 규수라야 집안의 뿌리와 문화를 쉽게 이해하지 않을까 싶습니다."

이 세 가지 요건을 전제로 나는 회원과 내 주변을 수소문해서 2~4살 터울의 여성 1천여 명을 물색했다. 그런 다음 집안, 거주지, 취미와 특히 종교 등을 고려해서 10여 명으로 범위를 좁혔다. 이후 시제와 제사를 모시는 집안환경을 이해하고 받아들이는 포용력과 성숙함을 갖췄으리라고 판단되는 여성으로 5명을 선택했고, 그중 최종 3명으로 결정했다. 3명 모두 지인의 딸들이었다. 아들의 여성상 역시 중요하다. 아들은 표정이 밝고, 대화가 잘 통하고, 음식에 관한 공감대가 맞는 여성이면 좋겠다고 했다.

"생각이 표정으로 나타나더라고요. 제 경험으로 보면 생각이 건강하고 긍정적인 사람은 대개 표정이 밝았어요. 또 식성(食性) 등 일상적인 부분이 잘 맞아야 원만하게 살 수 있을 것 같아요."

아들은 자신의 결혼에 대한 아버지의 고민과 장손으로서의 책임감을 잘 알고 있었다. 그 아버지에 그 아들다웠다. 아들은 첫 번째로 만난 여성에게서 좋은 느낌을 받았다고 했다. 그 여성의 밝고 온화한 성품이 마음에 들었고 대화가 잘 통해서 좋다고 했다. 그러더니 얼마 후 결혼소식이 들려왔다. 조 원장은 호탕한 웃음으로 내게 감사의 마음을 전했다. 이렇게 해서 창녕 조씨 9대 독자 종손의 결혼 이야기가 마무리되나 싶었는데, 백전노장의 게임이 다시 시작되었다. 아들의 혼사를 치른 안도감이 가시기도 전에 아버지는 요즘 젊은 부부들이 아이를 늦게 낳는 경향을 염려스러워했다. 신혼을 즐기고 싶어 하는 마음도 이해되지만 그러다가 출산이 늦어지면 나중에 더 힘들어질 수도 있다. 아버지는 자신이 겪었던 고난의 10년을 아들도 겪게 하고 싶지가 않았다. 게다가 아들 부부가 신혼을 즐기다가 1~2년 후쯤에나 아이 낳을 생각을 한다는 말을 우연히 들으면서 아버지는 걱정이 태산 같았다. 아버지는 아들 부부와의 식사자리를 1주일에 한 번씩은 꼭 마련했다. 식사 자리에서 다양한 얘기가 오갔는데, 아버지는 인생의 선배, 결혼의 선배로서 아들 부부에게 많은 얘기를 들려주었다. 마음에 와 닿을 수 있게 건강한 출산에 대한 당부를 하는 것도 잊지 않았다. 어머니는 아들을 낳기 위해 시도했던 많은 방법을 빼놓지 않고 며느리에게 알려주었다. 그러면서 아들 부부가 편하게 병원진료를 받을 수 있게 조치해주는 등 세심하게 배려했다. 이 모든 상황이 자연스럽고 부담 없이 이어졌다. 그리고 1년이 안 되어 10대 종손이 태어나는 감격스러운 순간을 맞게 됐다.

  조 원장은 항상 우리나라의 출산율 저하를 걱정했다. 아들 부부에게 이대로 가면 4백 년 후엔 인구가 30만으로 줄어 나라, 역사는 물론 언어까지 소멸한다는 걱정, 자식을 낳는다는 것은 효도일 뿐만 아니라 조국과 인류에 대한 책임감, 인간으로서의 도리를 이행하는 거라는 얘기도 자주 했다. 아버지의 확신에 찬 조언은 성공률 100%였다. 아버지의 생각대로 아들 부부는 2명 이상, 생기는 대로 아이를 낳아보겠다고 했다. 부모에게 이보다 더 큰 효도가 어디 있을까?

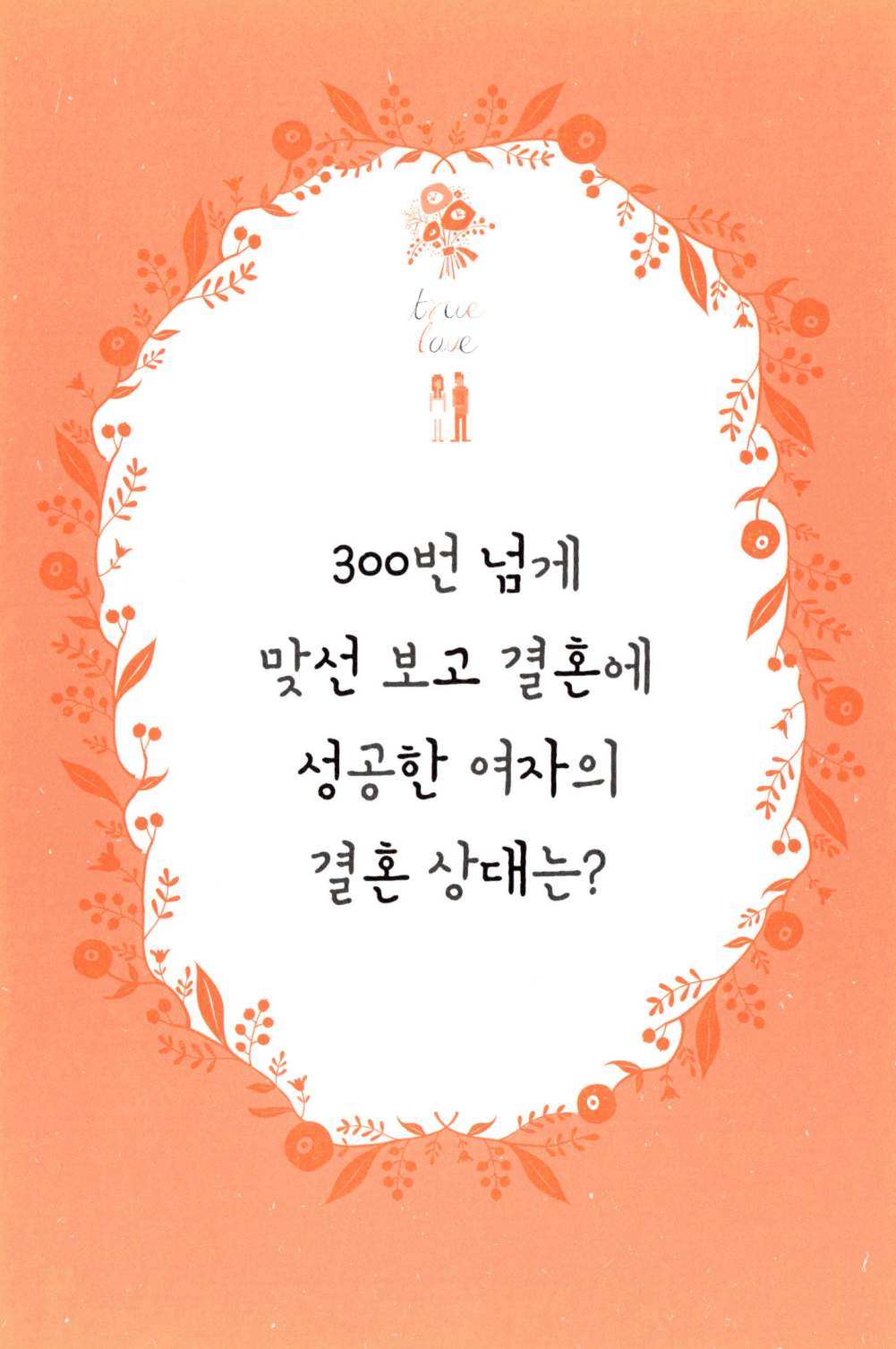

· · ·

 시계를 보니 약속한 6시 반이 다 되어간다. 약속 장소인 광화문의 한 베이커리 카페에서 그녀를 기다리고 있다. 카페 앞 횡단보도를 건너는 낯익은 모습이 창문으로 보인다. 1년 만에 만나는 것인데도 귀여운 인상이 여전했다. 30대 중반의 그녀는 내가 관리했던 회원 중 한 명이었다. 2년 동안 100번이 넘는 만남을 주선했는데 잘 안 되었고, 그러다가 연락이 끊긴 것이 1년 전이었다. 나에게 한번 고객은 영원한 고객이다. 만남이 잘 되지 않은 회원들은 더욱 신경을 쓰게 되고, 맞는 이성이 있으면 다시 연락을 하곤 한다. 그녀는 유별나게 많은 만남을 가진 회원으로 내 기억에 강하게 남아있는 사람이었고, 마침 어울린다고 생각되는 남성이 있어서 1년여 만에 연락을 한 것이다.
 "대표님, 저 결혼했어요!!"
 "네? 언제요?"
 "한 달 있으면 1주년이네요."
 "그렇게 안 되더니 인연이 있었네요."
 내 원래 용건은 이제 필요가 없어졌지만, 그래도 연락이 된 김에 만나기로 했다. 내심 그녀의 갑작스런 결혼이 궁금해져서 얘기를 들어보고 싶기도 했다. 그녀는 서울에 있는 대학을 나와 대기업에 다니는데 당차고 자기 관리 잘하는 똑 부러진, 말하자면 30대 중반 골드미스를 대표할 수 있는 여성이었다. 인상도 무난하고 착하고 성격이 좋아서 비교적 수월하게 남성을 만날 줄 알았는데, 그렇지 못했다. 그녀가 반가운 얼굴로 자리에 앉았다.

"대표님, 더 젊어지셨어요."

"요즘 요가를 열심히 해서 그런가? 그나저나 결혼소식 듣고 놀랐어요. 왜 연락 안 했어요? 누구보다 ○○씨가 결혼하기를 바랐던 사람이 난데…."

"그러게요. 고민은 많이 해도 선택은 순간적이더라고요."

그간의 친분으로 그녀는 나를 격 없이 대했고, 나도 솔직하게 이런 저런 얘기를 꺼냈다.

"그래… 지금 행복하죠?"

"피 튀기고 있어요."

잠시 뜸을 들인 그녀의 대답은 의외였다. 그런 나의 표정을 읽었는지, 그녀가 말을 이어갔다.

"신혼이라 서로에게 적응이 안 돼서 그런지 자주 싸우고 서로 양보를 하지 않아요. 아시겠지만, 늦게 결혼하다 보니 고집이 세서 지지 않으려고 하는 거 있잖아요. 꿀릴 것도 없고, 또 많이 알다 보니…."

"뭘 갖고 그렇게 싸워요?"

"예를 들자면 이런 거죠. 청소기를 어디 놓느냐를 두고 저는 눈에 띄지 않게 놓자고 하고, 남편은 찾기 쉬운 데 두자고 하는 것 같은… 결론이 안 나서 청소기를 분리해서 몸통은 여기 두고 손잡이는 저기 두고 그런 적도 있었어요. 얘기하고 보니 참 치사하다는 생각이 드네요."

"그래도 얼굴에 화색이 도는데요. 행복해 보여요."

"행복하다기보다는 행복해지려고 노력한다는 게 더 맞을 거예요. 하지만 후회는 없어요. 제가 많은 사람 만나봤잖아요. 그래선지 다른 사람하고 결혼했으면 어땠을까, 이런 미련은 없는 것 같아요."

"그러게요, ○○씨는 참 여러 사람들을 많이 만났죠?"

"그렇죠. 대표님 회사를 통해서만도 100명이 넘고, 다른 회사 두어 군데 합해서 300명 넘게 남자를 만났네요. 그런데요. 이제 와서 보니 많이 만난 것보다는 교제한 사람이 몇 명이냐가 중요하더라고요. 제 경우에 결혼을 전제로 만난 사람은 4~5명 정도 되나?"

그런데 재미있는 것은 결혼정보회사를 통해 그렇게 많은 사람을 만났는데도, 정작 그녀는 주변 소개를 통해 만난 남성과 결혼을 했다는 것이다. 그녀는 이공계열을 전공했는데, 선배가 자신이 다니는 전자회사 후배를 소개했다고 한다. 나이는 한 살 연상이라고 했다.

"지금 결혼생활은 100점 만점에 몇 점 정도예요?"

"50점, 60점? 제가 너무 오래 혼자 살았나 봐요. 아직도 누가 같이 있다는 게 적응이 잘 안 되는 게, 가끔 시커먼 것이 왔다 갔다 해서 깜짝 놀란다니까요."

"그전에 만났던 사람들과 비교하면 남편분은 어때요?"

"얼굴은 노안이고, 키도 작고, 흰머리도 많고, 완전 할배 스타일이죠."

"그런데 왜 남편을 선택했어요?"

"그게 그렇더라고요. 사람을 많이 만나면서 지쳐갔는데, 그런 생각이 들었어요. 내가 정말 결혼하고 싶은 것일까 아닐까 하는 진지한 고민 같은 거요. 그전까지는 직장 들어가고, 나이가 들어가니까 그냥 사람들을 만났던 것 같아요. 내가 과연 혼자 살 수 있을까를 생각하니까 자신이 없더라고요. 그렇다면 현실적으로 노력해야 하지 않을까, 나는 그동안 이상만 추구한 것이 아닌가 싶었어요. 그럴 때 만난 사람이 남편이에요."

"퍼펙트 타이밍이네요. 그런 걸 두고 인연이라고 하는 거죠."

"결혼을 꼭 해야 한다는 생각이 없으면 아무리 많이 만나도 되지 않는 거더라고요. 그걸 빨리 깨달았으면 300명이나 만나 얼굴 안 팔리고, 돈도 많이 안 썼겠죠?"

그렇게도 만남 결과가 안 좋던 그녀가 결혼을 쉽게(?) 할 수 있었던 것은 스스로 결혼에 대해 확고한 결심을 했기 때문이었던 것이다. 사실 이 부분은 중요하다. 남자건 여자건 나이가 들수록 느낌이나 감동 있는 만남은 힘들다. 사회경험은 많을지언정 결혼은 처음이기 때문에 나이가 많아도 연애가 서툴고, 그래서 기존에 가졌던 연애의 틀을 벗어나지 못한다. 현실과 이상의 괴리이다. 그래서 그 나이에 맞는 연애의 개념과 방식을 찾고, 현실인식을 얼마나 빨리 하느냐가 결혼에 큰 영향을 미치는 것이다.

"결혼식 준비는 어떻게 했어요?"

"비용을 말씀하시는 거예요? 우리 둘이 모든 걸 반반으로 했어요. 신혼집 마련도 그렇고, 결혼식, 신혼여행 다요. 늦게 하는 만큼 당당하게 하고 싶더라고요. 그리고 남편도 비슷한 분야에서 일하기 때문에 제가 얼마 버는지 다 아는데, 나름대로 바라는 게 있었겠죠. 그런 눈치가 보이는데, 모른 척하기도 그렇고요."

"남자들 나이 어린 여자들 찾는데, 전 남편분이 참 현명한 결정을 한 것 같은데요."

"결혼비용이 많이 드니까 돈에 민감해지죠. 제가 연하도 많이 만나봤는데요. 남자 입장에서 연상녀 만나는 이유는 감정적인 것보다는 경제적인 부분이 더 큰 것 같아요. 30대 초반에 2살 연하 만났는데, 대놓고 그러더라고요. 입사한 지 2년밖에 안 돼서 모아놓은 돈 없다. 결혼하게 되면 집은 당신이 해 와라. 난 혼수로 3천만 원만 준비하겠다. 그래놓고 농담이라면서 여자들도 이런 거 당당하게 요구하지 않느냐, 이런 말 하고 나니 속이 다 시원하다 그러는 거 있죠?"

"외부의 기대치는 높은데, 정작 본인들은 기존처럼 남자가 다 해오는 걸 원하고, 그러면서도 요즘 추세라면서 나이 차이는 안 나야 하고. 그러니 결혼이 힘들 수밖에 없죠. ○○씨도 한때 그런 생각 했었죠?"

"안 그랬다고는 할 수 없죠. '내가 어느 정도 사회에서 자리를 잡았으니 결혼에서 어느 정도 자유로워지자' 이런 생각도 하다가 '이왕이면 결혼도 잘해야지' 하는 생각도 하다가, 그게 골드미스들의 딜레마인 것 같아요."

"남편분을 만난 것이 타이밍 덕분이라고만은 할 수 없죠. 그래도 결혼을 해야겠다, 결심한 이유가 있지 않나요?"

"카톡 같은 데 가끔 제가 만났던 남자들의 결혼사진이 올라오더라고요. 친구들 만나면 그 남자와 결혼한 여자가 낫느냐, 내가 낫느냐 농담 삼아 얘기도 하곤 했는데 그러면서 느낀 것이 한국 남자들은 키가 160cm이고 대머리라도 결국 결혼을 한다는 거였어요. 30대 여성들이 결혼하는 데 유달리 가혹한 것이 우리 사회인 것 같아요. 그런 심리적인 압박이 많이 힘들었고, 결혼에 대한 강박관념을 느껴서 심리치료도 받았어요."

"본인 결정에 확신이 없었던 거예요?"

"행복한 그림이 안 그려지더라고요. 오랫동안 이상만 좇다가 막상 이게 내 현실이다 맞닥뜨리니까 겁도 나고, 허탈하기도 하고, 그랬던 것 같아요. 대표님에게만 말씀드리는 건데, 저희 아직 혼인신고 안 했어요."

"왜요?"

"바쁘기도 했고요. 굳이 서둘러 하고 싶지 않았다고나 할까요…."

"앞으로도 안 하고 살 거예요?"

"두고 봐서 결정하려고요."

참 지혜롭고 소신도 있는 여성인데, 결혼만큼은 이제 경험을 쌓아가는 상황이다 보니 신중할 수밖에 없는 것 같았다. 가벼운 저녁식사를 한 후 그녀와 헤어졌다. 본인은 고민이 많다고 얘기했지만, 그래도 결혼 전보다 행복해 보여서 마음이 놓였다. 괜찮은데도 연애가 잘 안 풀리는 여성들이 있다. 그녀의 경우는 본인이 결심하고 주도해야 하는 성격이라서 상대방이 밀어붙이면 오히려 잘 안 되었다. 그 나이 때는 어느 쪽이건 적극적이어야 하는데, 남성들 입장에서는 확 안 끌리면 어정쩡하게 굴고 그러면 여성이라도 적극적이어야 하는데 자존심이 강해서 그렇게 하지 못하고, 그러다가 흐지부지되는 것이다. 사실 이것은 그녀만의 상황이 아니라 많은 30대 독신녀들의 경우가 그렇다. 어렵게 결혼을 한 그녀의 행복을 빌었고, 그 또래 여성들의 만남에 대해 많은 생각을 했던 하루였다.

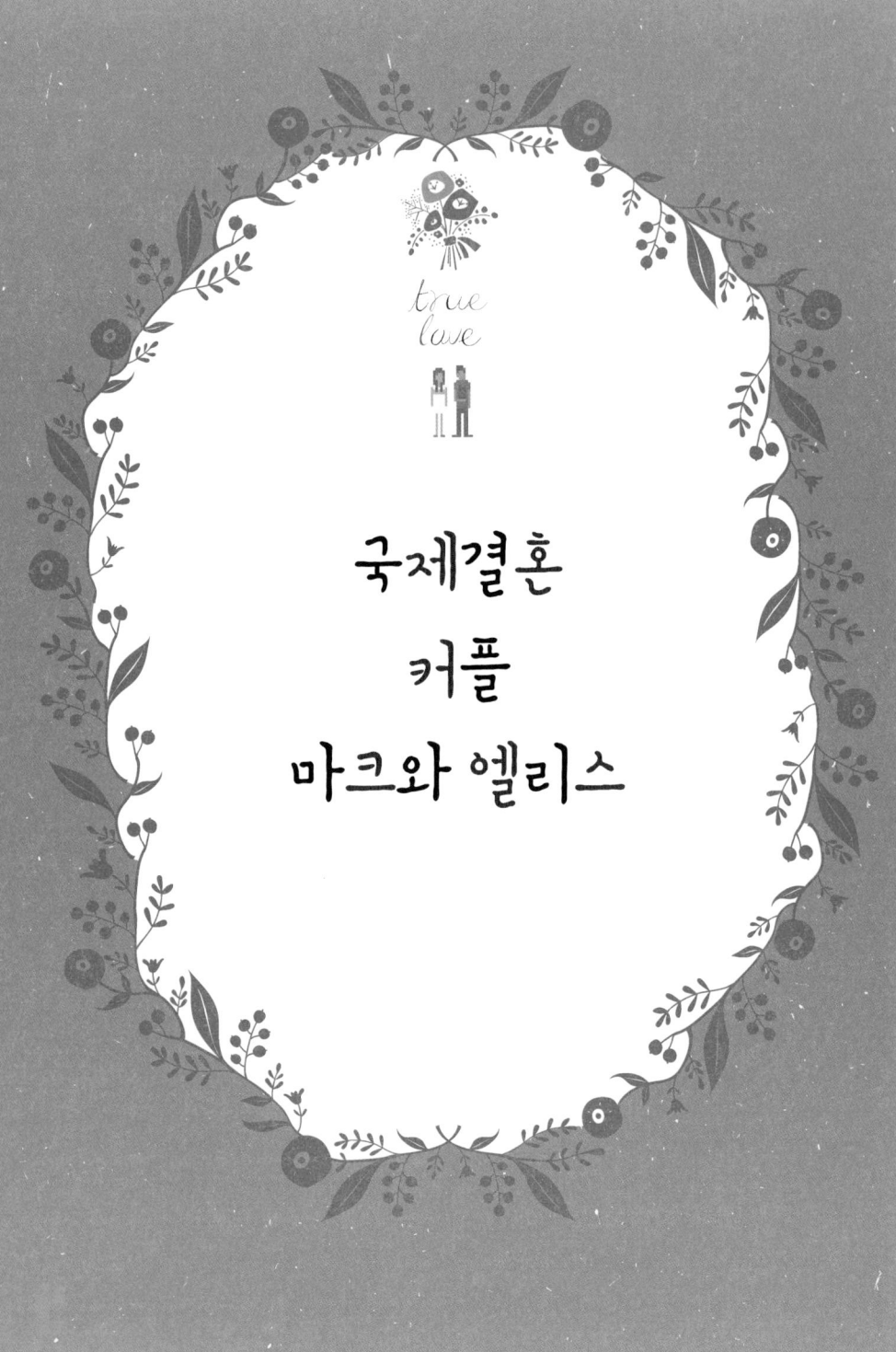

국제결혼 커플
마크와 엘리스

· · ·

　미국에 지사가 몇 군데 있다 보니 1년에 한두 번은 현지에 가서 상황도 파악하고 홍보도 하는데 그때마다 어떻게든 몇 커플이라도 중매를 해주려고 애를 쓰곤 했다. 2009년으로 기억한다. 지사를 돌면서 주변의 교포나 유학생들을 초청해서 얘기를 나누는 자리를 마련한 적이 있다. 내 딴에는 캐주얼 미팅 식으로 서로 마음에 들어 하는 남녀가 있으면 부담 없이 연결도 해주려는 다분히 사심 있는 행사였다. 한인들이 다수 참석한 그 자리에 미국인 청년이 한 사람 눈에 띄었다. 자신을 마크 테일러라고 소개한 이 청년은 평소 한국문화에 관심이 많았는데, 그런 사실을 아는 한 지인이 모임 사실을 알려주었다는 것이다. 마크는 활달하고 유머러스한 남성이었다. 20대 중반이면 진로에 대한 고민이 클 텐데 비즈니스와 심리학을 전공한 후 자신의 미래도 개척하면서 관심 있는 분야에 대한 활동도 하는 모습이 보기 좋았다. 마크는 그날 한 여대생과 유난히 가까워 보였다. 두 사람이 초면이 아닌가 해서 물어보니 여대생은 한국에서 교환학생으로 온 엘리스인데, 얼마 전에 마크가 한국문화를 소개하는 NGO를 만들어 그녀가 다니는 학교에 한인 학생들을 모집하러 갔다가 만난 적이 있다고 했다. 20대 초반의 엘리스는 눈이 맑고 총명해 보였고 자그

마한 체구에 야무지고 믿음직스러운 여성이었다. 마크에게 넌지시 그녀를 어떻게 생각하는지 물어보았다. 처음 만났을 때부터 좋은 느낌이었다고 했다. 엘리스는 말을 아꼈지만, 그녀 역시도 내심 호감이 있는 것 같았다. 하지만 한 달 뒤 한국으로 돌아가는 그녀로서는 특별한 인연을 만드는 것이 부담스러울 수도 있을 것 같았다.

"한두 번 만남으로 좋은 감정을 느낄 수 있는 사람 만나기 어려워요. 내가 보기에 마크가 그런 사람인 것 같은데…. 포기하지도 말고, 뒤로 물러서지도 말고, 그냥 있어보세요."

마크가 좀 더 용기를 내기를 바라는 나로서는 그녀에게 이렇게 말하는 게 최선이었다. 그렇게 나는 한국으로 돌아왔고, 얼마간 두 사람 일을 잊고 있다가 1년여 만에 엘리스와 연락이 되어서 안부를 물었더니 마크와 연애 중이라고 했다.

"장거리 연앤데, 힘들지 않아요?"

"보고 싶을 때 못 보고 서로 안 풀릴 때 답답하죠. 근데 마크가 매일 이메일로 성경구절을 적어 보내고 전화도 자주 해요. 제 시간에 맞춘다고 새벽에 일어나서 통화하니까 그 사람이 더 힘들겠죠."

"성실하고 한결같은 사람이네요, 마크는…."

"네…. 그래서 서로 멀리 있지만, 마음이 처음과 똑같은 거 같아요."

"결혼 생각 안 해요?"

"고민 중이에요. 풀어야 할 것들이 많아요."

그럴 것이다. 국제결혼 아닌가. 게다가 두 사람의 기반이 미국과 한국에 각각 있으니 거기에 대한 결정도 필요할 것이다.

"힘들겠지만, 다 지나고 보면 아무 일도 아니더라고요. 서로 믿음만 확실하면 이겨낼 수 있어요. 힘들어서 이 사람과 헤어져야겠다는 생각이 들면 그 사람 없이 살 수 있나 생각해보세요. 함께 힘든 게 나을지, 헤어져서 혼자 힘든 게 나을지…."

장거리 연애는 길어질수록 힘들어진다. 이제 두 사람이 어떤 식으로건 정리해야 할 시기였다. 다시 시간이 흘렀고, 기쁘게도 두 사람의 결혼소식을 들었다. 이후에는 전화로 가끔 서로의 안부를 전하다가 몇 달 전 오랜만에 마크와 엘리스를 만났다. 두 사람이 부부가 된 모습을 처음 보았다. 결혼한 지 3년 되었고, 두 아이가 있다고 했다.

"한국에서 아예 살게 된 건가요?"

"마크가 미국생활 정리하고 한국에 왔어요."

"본인으로서는 큰 결심을 한 거네요. 사업적인 부분도 그렇고, 언어도 그렇고 새로 시작해야 하는데…."

"마크, 한국에 와서 살기로 결심한 이유가 뭐예요?"

"더는 멀리 떨어져 있기 싫었어요. 그전에 정부기관에 근무하면서 한국에 자주 왔었고, 한국에 사는 것도 괜찮겠다고 생각했어요. 그래서 엘리스가 한국에 들어가고 나서 1년 후에 한국에 들어왔어요. 한국에 온 첫날에 그녀에게 바로 프러포즈했어요."

"한국에서 생활하기는 어때요?"

"힘…들어요…."

마크를 보았다. 우리 나이로 33살인데, 두 아이의 아빠이다. NGO를 만들 정도로 리더십과 추진력이 있고, 사무능력과 비즈니스 감각도 탁월하다. 미국에 있었으면 엘리트로서 능력을 맘껏 펼치면서 살 수 있는데, 말도 잘 안 통하는 한국에서 새롭게 인생을 개척하고 있다. 같은 남자로서 힘든 선택을 한 그가 대단하게 느껴졌다. 어눌한 한국어로 말하는 "힘들어요"라는 한마디에서 그의 고민이 느껴졌다. 그와 헤어지고 나서도 그의 말이 귓전을 맴돌았다.

"부모님 반대는 없었어요? 국제결혼이라서…."

"있었죠. 그때 제 나이가 23~24살밖에 안 돼서 어리니까 시간을 갖고 천천히 생각하라고 하셨어요. 막 반대를 하시는 건 아니었고요."

"그때 마크가 점수를 따려고 부모님께 잘했나요?"

"아무래도 부모님 마음을 얻어야 하니까 본인도 신경을 썼겠죠. 그런데 어른들은 겉으로 잘한다고 좋아하시고 그러진 않았어요. 몇 번 만나면서 이 사람 마음을 보신 것 같아요. 그리고 신앙심이 깊으니까 그 부분도 점수를 많이 주셨고요."

한국과 미국의 결혼문화는 참 많이 다르다. 한국에서는 결혼 후에 사위로서, 며느리로서 해야 할 역할이 많다. 그런 부분에 대해 부부의 생각이 궁금했다.

"어려워해요. 친척 모임 있으면 안 가려고 하고요. 한국에서는 친정 엄마가 딸, 사위를 많이 챙기잖아요. 그런 게 좀 어색한 것 같아요. 친정 부모님이 예고 없이 오시는 걸 불편해 하더라고요."

"중간에서 애를 써야겠네요. 그래도 결혼 잘했죠?"

"성격이 수더분해서 웬만한 건 그냥 넘어가는 편이에요. 미국 문화가 토론이나 대화를 많이 하는 것이다 보니 서로 의견이 안 맞으면 꽁해 있는 게 아니라 먼저 얘기를 걸어서 풀어요. 쌓이는 게 없다고 할까요? 그리고 마크는 굉장히 가정적이에요. 요즘 이 또래 한국 남자들은 일에 치여서 살잖아요. 이 사람은 어떤 상황에서건 가정이 우선이에요."

"마크, 한국 여성들 어떤 점이 좋아요?"

"학력 수준이 높아서 능력이 많아요. 엘리스도 아이들 기르면서 제 일 많이 서포트해줘요. 그리고 솔직하고 개방적이면서도 참을성이 있어요."

"결국 부인 자랑이네요~ 그래도 살면서 서로 안 맞는 부분도 있잖아요?"

"마크는 사소한 것까지 신경을 쓰고 보호하려고 하는 게 있어요. 처음에는 간섭하는 것 같아 힘들었는데, 살다 보니 그만큼 사랑하는 것이라고 느껴지더라고요. 둘이 안 맞는 부분이라는 게 문화적 차이보다는 개인의 성향 때문인 것 같아요. 이런 거죠. 놀이동산에 가면 저는 본전을 뽑아야 한다는 생각에 놀이기구를 많이 타자고 하는데, 마크는 주변 분위기를 즐기면서 걸어 다니는 걸 좋아하는 거예요. 이런 차이는 우리가 국제결혼을 해서가 아니라 보통의 부부들도 겪는 거잖아요. 그래서 서로 많이 다르다, 차이가 난다 그런 생각 안 해요. 누구와 결혼해도 서로 차이는 있는 거니까….”

마크는 지금 한국과 미국을 연결하는 마케팅 비즈니스를 하고 있다. 외국인과 한국인 사업장을 연결해주는 일이다. 그리고 커뮤니티 활동에 관심이 많아서 외국인과 한국인이 함께 어울릴 수 있는 활동을 주선한다. 예를 들어 강남이나 홍대같이 사람이 많은 우범지역에서 외국인과 한국인이 함께 치안활동을 하거나 아이들에게 원어민들이 멘토링을 하는 것이다. 한국에서 사업을 하다 보니 엘리스의 내조가 많이 필요한데, 영어 통역이나 서류 번역 같은 일을 주로 돕는다고 한다.

“엘리스…, 만일 형제, 자매나 친구가 국제결혼 한다고 하면 어떤 말을 해줄 건가요?”

“물 반 컵을 보고 ‘반밖에 남지 않았네’ 하거나 ‘반이나 남았네’ 하는 비유가 맞는 것 같아요. 결혼생활 자체도 어려운데 뭐하러 타 문화 사람을 만나는가 할 수도 있지만 같은 한국 사람끼리 결혼했어도 결혼생활에는 차이가 있을 거라고 생각하는 관점의 차이 같은 거죠. 문화 차이가 어려운 부분일 수도 있지만, 당사자들은 그것을 극복하면서 그만큼 성장하는 것 같아요. 한국에서야 아직 국제결혼이 이슈가 되지만, 외국에서는 흔하거든요. 우리도 많이 바뀔 거고요. 저는 본인이 지금 행복하고 계속 행복

할 수 있는 상대라면 겁먹지 말라고 얘기하고 싶어요."

　결혼생활이 행복하다는 말로 들렸다. 내 앞에는 세상에서 가장 행복한 부부가 앉아있었다. 마크와 엘리스를 보면서 글로벌 시대에서 달라지는 결혼관을 느꼈고, 20대의 가장 순수한 시기에 만났기에 용기 있는 선택을 할 수 있었다는 생각도 들었고, 시야를 조금만 넓게 하면 좋은 인연을 만날 가능성도 많아진다는 것이 실감났다.

　나에게 많은 생각을 하게 해준 두 사람과의 만남이었다. 얼마 전 전화를 했다가 새로운 소식을 들었다.

　"대표님, 내년 2월에 셋째가 태어나요."

　여전히 사랑이 뜨거운 두 사람이다.

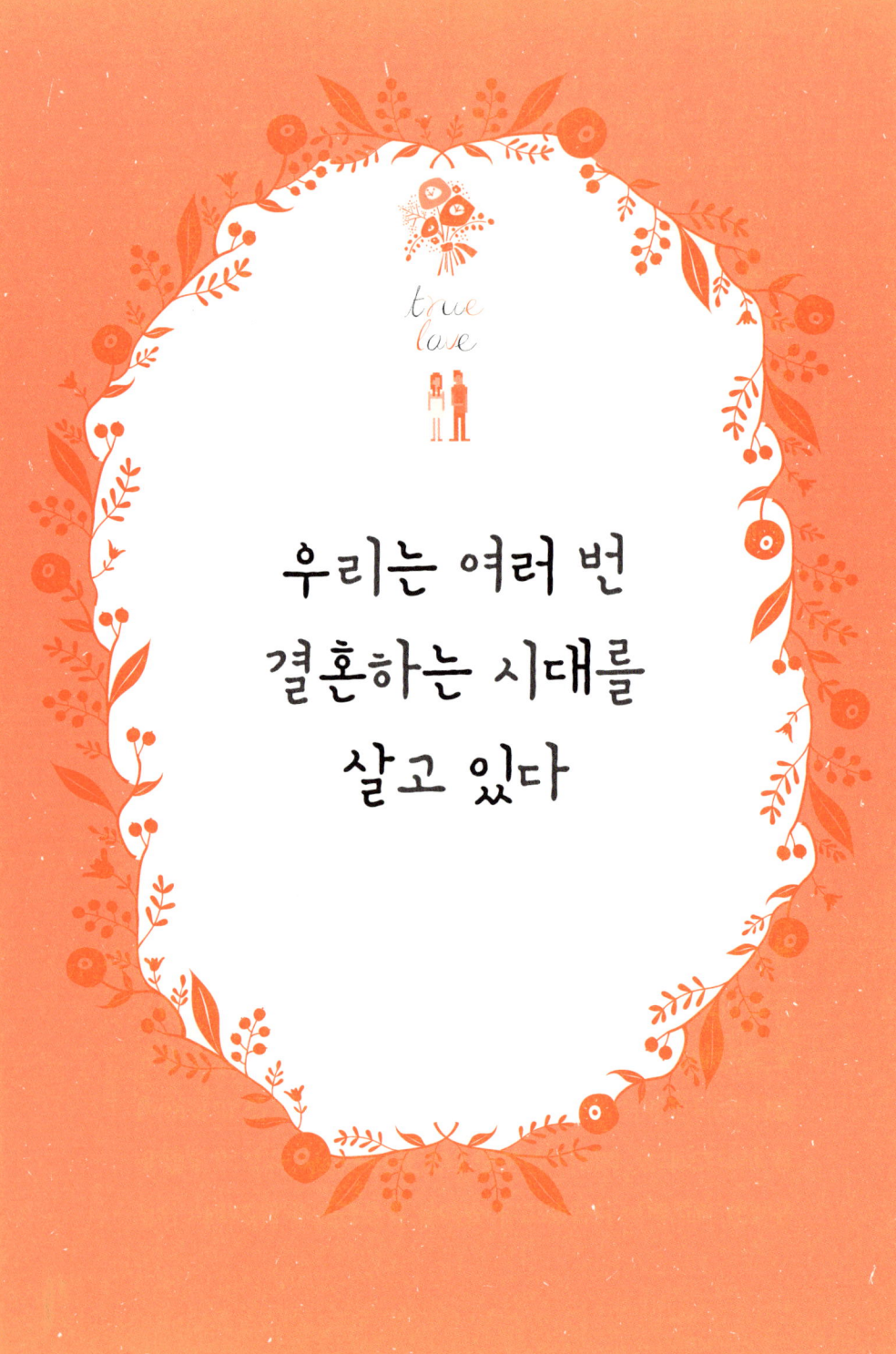

· · ·

 다혼 시대이다. 90년대만 해도 이혼을 쉬쉬했지만, 이제는 삼혼, 사혼이나 되어야 쑥스러워할 정도가 되었다. 한국식 결혼문화의 고정관념에서 탈피해야 할 때가 왔다. A씨는 30대에 결혼해서 이혼했다가 30대 후반에 재혼하고 이혼했다. 그리고 40대 중반에 삼혼 후 이혼, 50대 중반에 사혼을 했다. 호적상 4번 결혼하고 3번 이혼한 것이다. B씨의 경우, 20대 후반에 결혼해서 경제적 문제로 30대 중반에 이혼했고, 40대 초반에 재혼했다가 몇 년 후 이혼, 50대 중반에 3번째 결혼을 했다. B씨 역시도 매번 혼인신고를 했다. 60대 초반의 C씨는 3번의 결혼과 이혼을 반복하고 나서 4번째 결혼생활을 하고 있는데, 첫 결혼과 이혼 외에는 호적에 올리지 않은 덕분에(?) 법적으로 그는 1번 결혼했다가 이혼한 것으로 되어 있다. 그래서인지 C씨는 앞의 두 사람보다 심적으로 한층 여유 있어 보이기도 한다. 지극히 보수적인 성향을 가진 나는 중매사업을 25년 하면서 우리의 결혼제도와 법체계가 인간으로서 추구하는 행복을 다 반영할 수 없다는 결론에 도달했다. 처음에 나는 프랑스의 동거문화를 이해하지 못했다. 솔직히 쉽게 만나고 헤어지는 무책임한 연애 방식이라고 생각했다. 하지만 제도를 넘어선 그들은 놀라운 결과를 만들어냈다.

유럽 국가 중 프랑스의 출산율이 가장 높다는 것이다. 이건 아이러니가 아니라 우리 인간의 새로운 가능성이다. 결혼이라는 제도 없이도 우리는 스스로 판단하고 행동할 수 있다. 우리는 동성애를 받아들이고, 간통죄가 폐지된 시대를 살고 있다. 그럼에도 결혼을 옛날 시각으로 인식하는 것이 많은 문제의 원인일 수 있다. 남녀가 만나는 것을 행복의 관점에서 봐야 하는데, 기존의 결혼이라는 틀을 기준으로 보니까 관념과 현실이 어긋날 수밖에 없다. 자유분방한 세대와 유교문화의 관습이 충돌한 것이다. 모든 기득권을 그렇게 결혼했던 기성세대가 갖고 있기 때문이다. 결혼권력은 이미 구질서에 속해 있는데, 신질서로 대변되는 젊은 세대는 결혼경험이 없고, 결혼비용의 30~40%를 부모에게 의지하는 것이 현실이다. 그렇다 보니 결혼에 있어서 주체적, 독립적이기 힘들다. 다양한 이성을 자유롭게 만나고 그중 맞는 상대를 선택하는 것이 바람직함에도 남녀의 만남을 무조건 '만남=결혼'이라는 시각으로 보는 경우가 많아 문제가 있다. 현실적으로 이혼은 거의 보편화되었고, 재혼, 삼혼도 일반화되고 있고, 사혼, 오혼도 늘고 있다. 나는 25년 동안 전 세계의 결혼문화가 변화하는 과정을 직접 목격했다. 1970년대만 해도 결혼은 '때가 되면 해야 하는' 일종의 의무였다. 그러다가 1990년대 들어와서는 '누군가를 만나 아이를 낳는 것은 자연의 섭리이고, 노후에는 옆에 누군가가 있어야 한다'는 쪽으로 결혼을 받아들이게 되었고, 오늘날에는 결혼을 '가치관이 통하는 상대를 만나 서로 믿고 의지하는 것'

이라고 생각한다. 이런 시각에서 결혼을 재해석해야 많은 문제가 풀린다. 통계청이 2014년도에 발표한 2013년 생명표를 보면, 우리나라 남녀의 기대수명은 OECD 평균보다 높은 것으로 나타났는데, 남성은 평균보다 1년이 높은 78.6세, 여성은 2.2년이 높은 84세이다. 말로만 듣던 '100세 시대'가 코앞으로 다가왔다. 20~30대에 대부분 결혼을 하는 것을 감안하면 부부는 60~70년을 함께 산다. 하지만 통계적으로 자신이 원하는 이상형을 처음부터 만날 확률은 10~15%에 불과하다. 나머지 85~90%는 배우자 선택에서 실수를 겪고, 그런 실수는 빈번하다. 그러므로 사회적인 통념을 기준으로 배우자를 선택한다면 실패할 것이 뻔하다. 여러 이성을 만나보면서 자신에게 맞는 상대를 찾아가야 한다.

이런 말을 하는 나를 두고 누구는 남녀의 만남을 가볍게 생각한다고 말할지도 모른다. 하지만 남녀의 만남의 과정은 시행착오의 연속인데, 그런 과정에서 실패해서 아픔을 겪는다고 해도 선택을 잘못해서 결혼한 상대와 그 오랜 세월을 같이 사는 것보다 더한 불행이겠는가. 남녀의 만남에는 확률이 중요하다. 많은 사람이 모인 가운데 다양한 이성을 만나면서 자신의 이성상을 구체화하고, 여기에 맞는 상대를 찾아가야 하는 것이다.

얼마 전 나는 세 번째 결혼을 하는 지인의 연락을 받았다.

"상대도 재혼이라 청첩장은 안 만들고, 가까운 분들께 이렇게 소식만 전합니다."

50대 중반의 사업가인 그는 지방 명문집안의 장손인데, 첫 결혼은 집안끼리 언약한 상대와 했다고 한다. 성격이 맞지 않았지만 부모와 조부모까지 계신 상황에서 이혼을 거론하는 것조차 힘들었고, 그렇게 10년을 살다가 결국 큰 상처를 주고받으면서 이혼했다. 그는 첫 결혼의 기억에서 벗어나고 싶었고, 자기 마음대로 배우자를 선택해서 부모님에게서도 벗어나고 싶었다고 한다. 그래서 한 여자에게 빠지게 되었던 건지 얼마 안 되어서 재혼을 했다. 재혼 역시 실패했다.

"집안을 보고 고른 여자와도 실패하고, 내가 좋아서 선택한 여자와도 실패하고 나니 저는 결혼이란 것과는 인연이 없나 보다 싶더라고요. 그래서 여자와는 담을 쌓고 일에 몰두했습니다."

세 번째 상대는 사귄다는 생각 없이 몇 년을 자연스럽게 알고 지내던 여자인데, 어느 날 문득 '이렇게 살다가 혼자 죽는 건가?' 하는 생각이 들던 순간 그 여자의 얼굴이 떠올랐단다. 그래서 용기를 내서 프러포즈했고, 1년 교제하고 1년 같이 살다가 결혼하기로 했다는 것이다. 자신의 천생연분을 첫 결혼에서 만난다면 평생 해로할 수 있겠지만, 두 번째, 세 번째 결혼에서 만난다면 이혼의 과정을 겪을 수밖에 없다. 남녀가 만나 함께 사는 것을 자꾸 결혼이라는 제도에 묶어두려고 하다 보니 삼혼, 사혼도 늘어난다. 우리는 가족 간 결속력이나 부부관계의 안정성이 약화되고 있는 시대를 살고 있다. 현실이 이렇다면 결혼 외에 동거나 사실혼 같은 다양한 방식으로 남녀가 함께 사는 것에 대해서도 열린 마음을 가질 필요가 있다. 기존의 질서, 특히 유교적 가치관에

바탕을 둔 우리의 결혼문화에 시대적 변화가 반영되어 새로운 질서가 성립될 때 우리가 안고 있는 결혼의 많은 문제점도 해결될 수 있다.

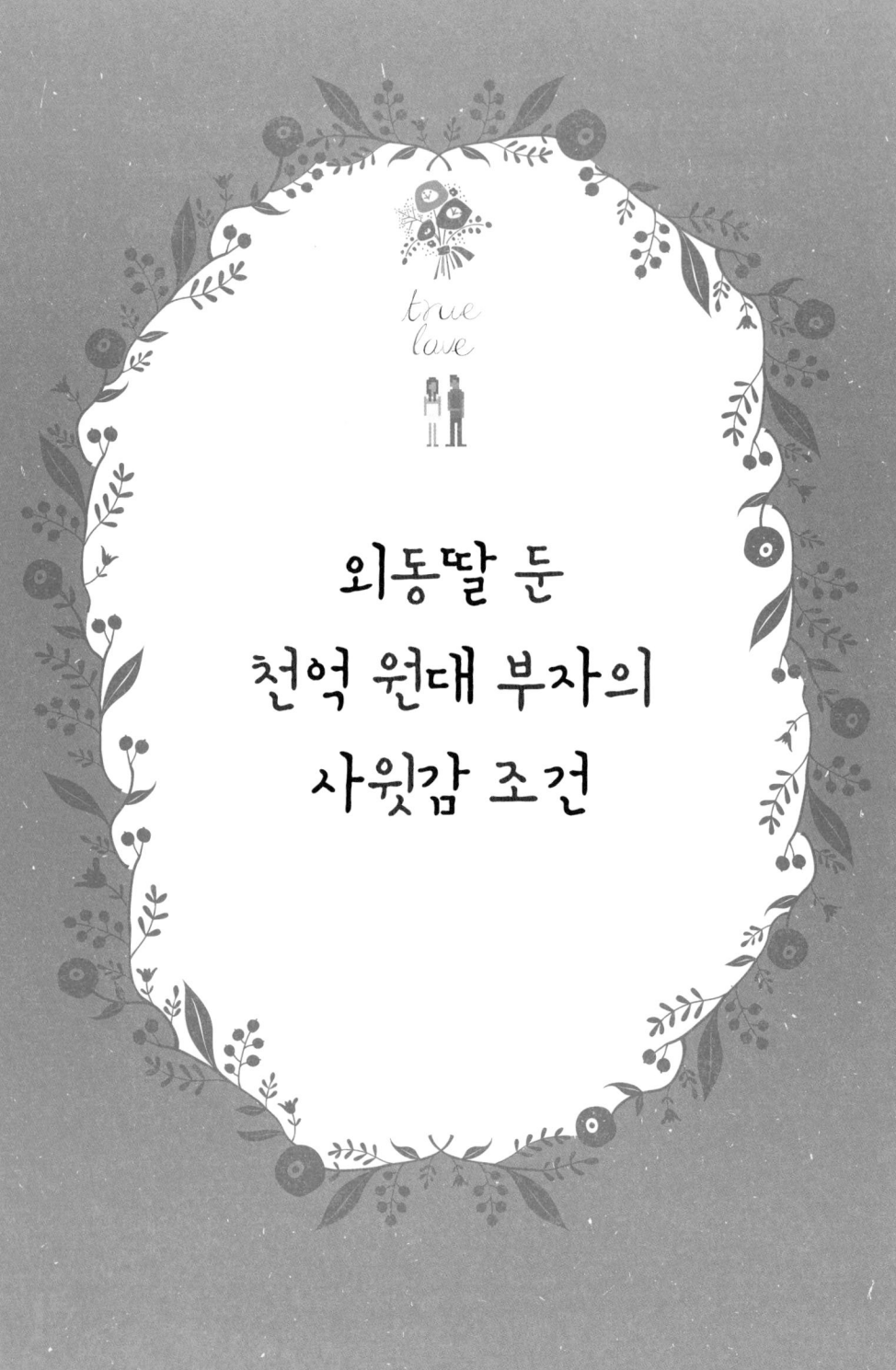

외동딸 둔
천억 원대 부자의
사윗감 조건

∴

　25년간 중매사업을 하면서 이 세상에는 우리가 상상하는 것 이상으로 다양한 사람들이 존재한다는 것을 경험했다. 자기 분야에서 성공한 분들, 실패한 분들, 행복하게 사는 분들, 좌절한 분들이 다 존재했고, 10만 명 이상을 만나면서 이 세상에 사는 한국계의 최대공약수를 다 만나볼 기회가 운 좋게 주어졌다. 나와 동떨어진 세상에 사는 것 같아도 그분들 역시 인생을 사는 데 고민이 있었고 선택의 순간을 겪었다. 세상에는 이해하지 못할 삶은 없는 것 같다.

　서론이 다소 장황했던 것은 오늘 소개할 분들을 이해하는 데 필요할 듯싶어서다. 우리와는 동떨어진 돈 많은 사람들 얘기인 것 같지만, 이분들에게도 역시 사회적 성공이나 명예로 해결할 수 없는 고민이 있고, 세상 부모들이라면 겪는 어려운 과정이 있다. 인생은 어느 면에서 우리 모두에게 공평한 것 같다. 이분들은 지역사회에서 널리 알려져 있고, 부부 모두 전문직 종사자로 자기 분야에서 명성을 쌓았고, 그 결과 엄청난 재력도 갖게 되었다. 부부는 현재 40에이커(약 5만 평)의 대지에 있는 저택에 살고 있는데, 정원사만도 여러 명이라고 한다. 부부에게는 43세의 외동딸이 있는데, 미국의 명문대를 졸업하고 금융계에서 일하고 있다. 부부의 유일한 걱정이 바로 이 딸의 결혼이다. 전화로 들려오는 어머니의 목소리는 활기차고 유쾌하다. 자신의 삶에 대한 당당함이 느껴진다. 딸은 물론 부부에 대해서도 얘기를 나눴다. 많은 것을 묻다 보면 혹 사생활을 오픈하는 게 아니냐고들 한다. 절대 아니다. 구체적인 상황을 파악하지 못하면 그 사람을 소개할 수 없기 때문에 소개하는 사람은 가능하면 많은 것을 알아야 하기 때문이다.

"두 분이 이미 인생에서 성공하셨지만, 자녀의 결혼이 마지막 성공의 열쇠가 아닐까 싶습니다."

"그러게 말이어요. 시간이 너무 빨리 갔어요. 미국에서 열심히 살았는데, 하다 보니 어느새 지금 여기에 와있네요. 은퇴를 하고 비로소 인생을 즐기려고 하는데, 딸아이가 보이는 거예요. 저는 행복하다고 하는데, 혼자서 아등바등 사는 게 안쓰럽기도 하고…."

"부모 마음이 다 그렇죠. 결혼해서 짝을 지워야 마음이 놓이시죠. 부모님이 인맥이 넓으셔서 좋은 혼처가 많았을 것 같은데요?"

"없진 않았어요. 혼담이 오고 간 청년이 있었는데, 한두 가지가 마음에 안 들어서 그만뒀어요…. 그렇잖아도 요즘 들어서 그 사람이 어떻게 지내나 확인해볼까 하다가 먼저 사장님을 만난 거예요. 이번에 잘 안 되면 연락을 해봐야죠."

이 대목에서 사실 긴장했다. 이 부부는 그야말로 부와 명예를 거머쥔 분들이다. 딸도 나이가 많은 것을 빼면 아주 괜찮은 여성이다. 이런 분들은 어떤 사윗감을 원할까 궁금하고, 한편으로는 긴장이 안 될 수가 없다.

"특별히 원하시는 조건이 있을까요?"

"글쎄요."

어머니가 선뜻 대답을 안 하고 말을 아끼자 '도대체 얼마나 대단한 사위를 찾기에…' 하는 생각이 들었다.

"성격은요?"

"뭐 특별한 성격이 있나요. 살면서 서로 맞는 성격이면 되죠. 굳이 얘길 한다면 거칠지 않고 온건하고 차분하면 좋지 않을까 싶어요."

"그래도 외동딸 사윗감인데…. 너무 안 따지시는 거 아닌가요? 다 좋다, 다 괜찮다, 이런 분들이 더 무섭습니다."

"저도 그런 게 있긴 있죠. 딸아이가 나이가 많긴 하지만, 초혼이니까…. 물론 초혼이어야 하고요. 학벌은 좀 중요해요. 석사 이상으로 찾아주세요."

역시 딸을 행복하게 해주는 것이 무엇인지 어머니는 잘 알고 있었다. 학벌이라는 말로 다소 두루뭉술하게 설명했지만, 어머니는 딸과 대화가 통하는 남성을 원했던 것이다. 여기에 대해서는 나도 열렬히 공감한다.

"직업은요?"

"특정 직업이 그 사람을 설명해주는 것도 아닌데, 큰 의미가 있을까요? 자기 분야에서 열심히 일하는 성실한 사람이면 되죠."

나이도 상관없다, 경제력도 안 본다, 남성에게 가능성이 있다면 공부건 사업이건 밀어줄 의향이 있다, 계속되는 어머니의 말에 사실 난 많이 놀라고 있었다. 이들 부부 정도라면 따질 거 다 따져서 최고의 사윗감을 고를 수 있는데, 사윗감의 조건이 너무 평범하니까 말이다.

"솔직하신 분이니 어머니 말씀을 있는 그대로 믿겠습니다. 말씀을 종합해보자면 지성과 교양을 갖춘 사윗감을 찾고 계시지 않나 싶은데, 제 생각이 맞는지요?"

"그렇게 특정하지는 않았는데, 듣고 보니 그런 것 같네요. 사실 저희가 보통 이상으로 많이 배웠잖아요. 그렇다 보니 주변에서 지레 부담을 갖는 것 같아요. 아무리 우리는 평범하다고 말해도 겸손한 척 한다는 말이나 듣더라고요. 그래서 차라리 많이 배운 사람이면 어떨까 한 거예요."

"저는 어머니께서 하도 조건을 안 따지셔서 '혹시 따님에게 어떤 결함이 있나' 생각마저 했습니다. 제가 한 가지 덧붙여서요, 준수하고 건강한 남성을 찾아보겠습니다. 두 분의 사회적 성취에 비하면 너무 아쉬워서 그렇습니다."

어머니는 잘생긴 사윗감 얻겠다며 기뻐했다. 이로써 한국과 미국에 걸쳐서 사윗감을 찾는 작업이 시작되었다. 이분들을 보면서 우리가 아는 부자 중에 이렇게 담백하고 소박한 분들이 있나 싶었다. 한국이라면 좀 있다 싶으면 '사'자를 찾고, 아파트 평수가 어떻고 예물이 어떻고 하니까 말이다. 가난한 사람이건 백만장자이건 자식 사랑에 무슨 차이가 있을까. 자식의 행복을 위해서라면 내가 가진 것을 다 버려도 아깝지 않은 게 부모 마음이다. 자식 일에 있어서 부모는 약자일 수밖에 없다.

주위의 부러움을 사며 성공 가도를 달려온 부부가 이제는 자식들이 짝을 만나 결혼하는 소소한 행복을 부러워하는 모습을 보면서 '이런 게 인생이구나'라는 생각을 했다. 누구보다 열심히 살아본 분들이 인생에서 가장 중요하고 가장 어려울 수도 있는 과제를 앞두고 있다. 두 분과 딸까지 이 가족들의 노력이 소중한 결실을 볼 수 있기를 빌어본다.

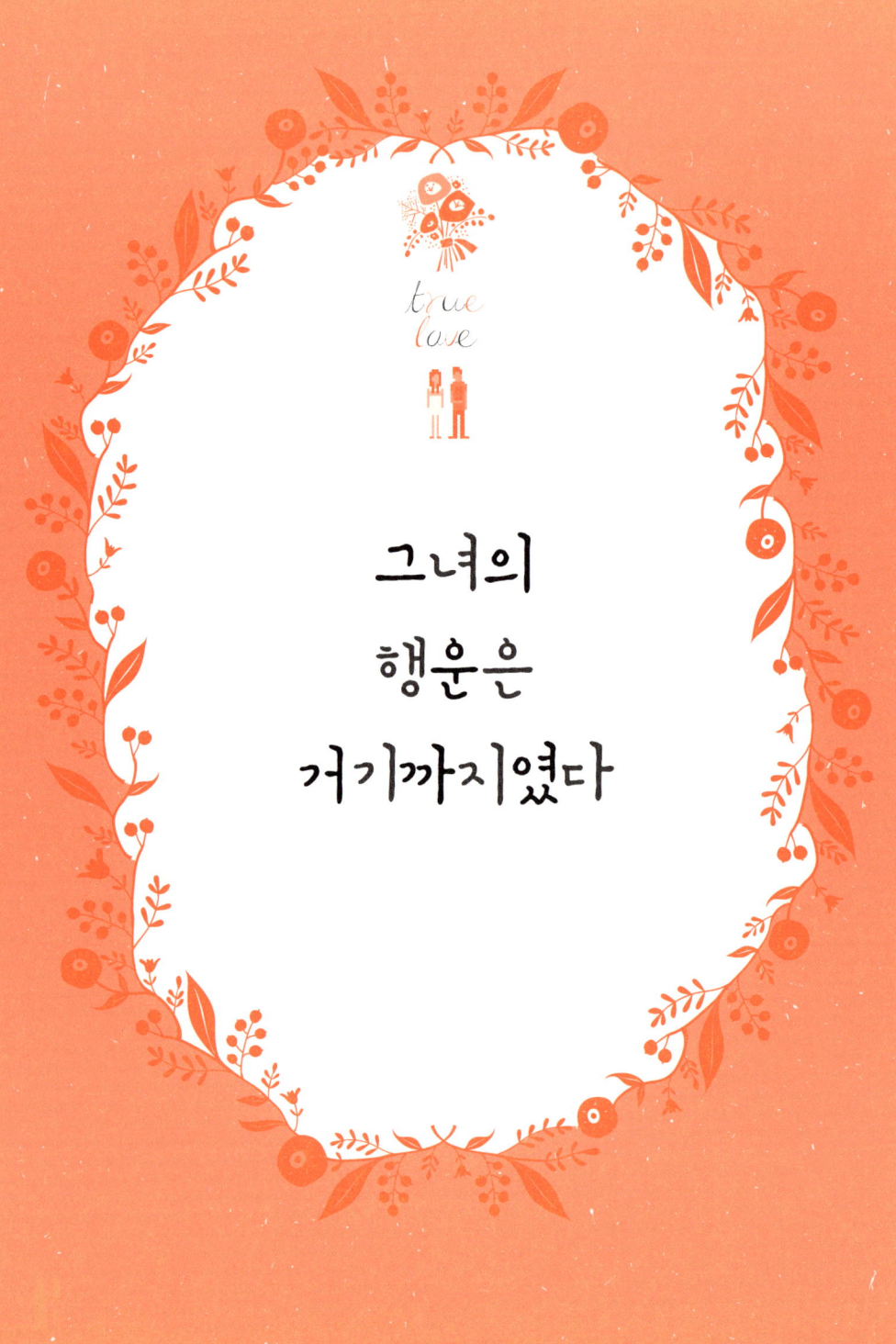

· · ·

　A양은 20대 후반의 평범한 직장여성이다. 결혼정보회사에 회원으로 가입할 때만 해도 그녀는 '잘난 데가 없는데, 과연 결혼이나 할 수 있을까' 생각할 정도로 위축되어 있었다. 하지만 운 좋게도 유능한 커플 매니저를 만났고, 능력 있는 킹카 남성들을 소개받게 되었다. 스펙 좋은 남성들을 계속 만나다 보니 눈이 높아졌다. 처음에는 운이 좋다고 여겼지만, 점점 자연스럽고 당연하게 받아들였다. 더 좋은 남성을 만나고 싶은 욕심도 생겼다. 하지만 거기까지였다, 그녀의 행운은…. 그들로부터 프러포즈를 받았지만 확실한 답을 주지 않자 남성들은 하나둘씩 마음을 접어버렸다. 그렇게 1년이 지났다. 눈은 높아질 대로 높아져 예전에 만났던 남성들보다 스펙이 안 좋으면 쳐다보지도 않는다. 만남은 많다. 하지만 그녀는 아직도 미팅현장에 있다.
　30대 후반의 전문직 남성인 B씨의 경우에도 누가 봐도 호감을 가질 만한 조건을 가졌고, 그래서 괜찮은 여성들과 수차례 만났음에도 아직 인연을 만나지 못하고 있다. 왜? 처음에는 상대 여성이 자신과 같은 전문직이었으면 좋겠다고 했다. 그런데 만남이 진행되면서 느낌이 오지 않는다면서 외모도 보기 시작했고 이후 미팅 횟수가 늘어날수록 가정환경, 경제력, 종교 등의 조건이 추가되었다. 원하는 조건들을 다 갖춘 여성은 찾기 어려웠다. 만나도 교제로 이어지지는 못했다. 그래도 그는 자신의 이성상을 고집하고 있다. '많이 만나다 보면 되겠지'라는 막연한 기대감으로 그는 매주 미팅자리에 나가고 있다.

이번에는 올해 서른이 된 미모의 여성 C씨. 외모가 뛰어나다 보니 프로필 좋은 남성들과 수월하게 만나게 됐다. 게다가 거의 100% 애프터를 받으니 그녀의 눈에는 하늘도 높아 보이지 않았다. 하지만 미팅은 많이 해도 교제가 안 되는 상황이 반복되었다. 상대의 구체적인 매력을 파악하려 하지 않고 새로운 누군가를 계속 찾았기 때문이다. 아마도 그녀는 올 가을도 쓸쓸하게 보내게 될 것이다.

30대 후반의 D씨는 서울의 상위권 대학을 졸업하고 대기업에 다니는 남성이다. 집안도 좋고, 본인 명의의 집도 있는 그는 여성들에게 호감을 얻는 편이다. 외모보다는 맞벌이가 가능한 좋은 직업 종사자를 만나고 싶어 한다. 여느 남성들처럼 외모를 따지지 않기 때문에 만남의 기회는 많았다. 그 역시 그 사실을 잘 알고 있다. 문제는 그러는 사이에 세월이 유수처럼 흘러가고 있다는 사실이다. 맞선을 보기 시작한 이후 300명이 넘는 여성을 소개받았고, 지금도 여전히 만남을 갖고 있다. 결혼을 하기까지 적정한 만남 횟수는 몇 번일까? 물론 정답은 없다. 사람마다 이성상이 다르고 조건이 다르기 때문이다. 남녀 간 만남이란 게 그렇다. 너무 적게 만나면 아쉬움이 남지만, 너무 많이 만나면 판단하기가 더 어려워진다. 웬만해서는 만족을 못한다. 그러다가 결국 결혼 시기를 놓치게 되고, 나이가 들수록 결혼은 점점 더 힘들어진다. 방향을 바꿔보자. 결혼한 사람들은 몇 번 정도 미팅을 했을까? 회원 9,190명을 대상으로 결혼 전 미팅 횟수를 조사했다. 그 결과 1회 미팅을 한 회원은 남성 27.2%, 여성 26.4%, 2~3회 미팅을 한 회원은 남녀 모두 17.0%였고, 4~6회 미팅을 한 회원은 남성 19.3%, 여성 21.9%, 7~9회는 남성 12.9%, 여성 13.6%였다. 이어서 10~19회는 남성 16.3%, 여성 15.1%, 20회 이상은 남성 7.3% 여성 5.9%였다. 결혼 전 19회까지 미팅을 한 회원수는 비교적 많다. 그러나 20회 이상으로 가면 현저히 줄어드는 것을 알 수 있다.

새로운 사람을 더 만난다 해도 지금까지 만난 사람의 연장일 뿐이다. 만남 횟수가 많다고 좋은 사람을 만나는 것은 아니다. 미팅 횟수가 어느 범위를 넘어서면 몇 가지 증상이 나타난다. 다음 번 만남에는 더 좋은 사람이 나올 것 같은 생각에 '이번만, 이번만' 하면서 만남을 끊기 힘들어지거나 판단력이 흐려진다. '이런 사람 만나려고 지금까지 기다렸나' 하는 오기가 생기기도 한다. 만사가 그렇듯 남녀의 만남에도 적정선은 있다. 많은 미팅에는 중독성이 있다는 것, 그리고 새로운 사람을 더 만난다고 해도 그동안 만난 사람들과 다를 바가 없다는 점을 기억해야 한다.

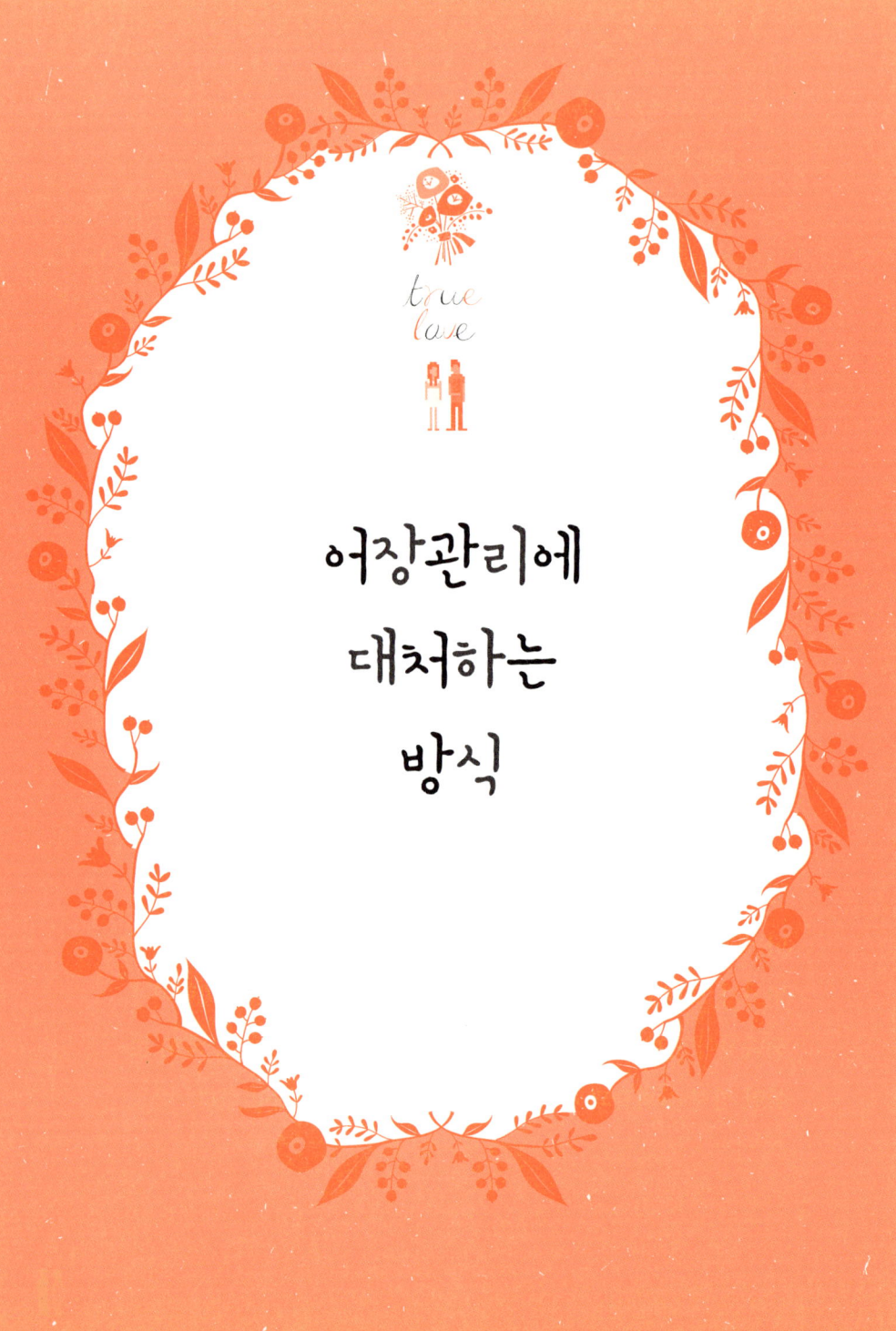

∴

　수수한 매력에 만나면 만날수록 호감이 가는 그녀. A씨는 그녀와 잘해보고 싶었다. 하지만 그녀는 만날 때마다 "아직 확신이 서지 않는다"고 했다. 그래서 몇 달을 기다리면서 애매한 만남을 계속했다. 하지만 그녀와의 거리는 좁혀지지 않았고, 결국 "여자를 친구로는 안 만난다"는 말로 관계를 끊었다. 얼마 후 우연히 만난 두 사람. 그녀는 "그동안 많이 생각났다"면서 반색을 했다. A씨는 그녀에게 또 넘어가고 말았다. 하지만 몇 주가 지나도 그녀는 변한 게 없었다. 그녀는 어장관리 중이었던 것이다.

　한 달 전, 남성을 소개받은 B씨. 그와는 만남 분위기도 좋았고, 대화도 잘 통했다. 하지만 최근 들어 그의 문자 답장이 늦어지고 전화를 안 받는 일도 생겼다. 아직 특별한 사이가 아니라고 생각한 그녀는 '내게 마음이 없나 보다' 싶어 연락을 끊었다. 그랬더니 얼마 안 있어 전화를 건 그가 출장 다녀오느라 전화를 못했다며 살갑게 군다. 만남 약속을 잡고는 아무 연락이 없어 불안하게 하다가 만나면 잘해주고, 헤어진 후에는 다시 연락이 잘 안 되고, 이런 상황이 계속되고 있다. 그는 자신을 보고 있는데, 그의 마음은 다른 데 있는 것 같다. '내가 어장에 걸려든 건가?'라는 생각도 든다.

어장관리를 하는 남녀들이 많은 모양이다. 회원게시판을 보더라도 어장관리를 하네, 당하네, 나쁘네, 좋네, 말들이 많다. 지난 세대와 비교해서 가장 두드러진 변화 중 하나가 소위 문어다리식 만남이다. 예전에는 이런 만남 방식이 도덕적으로 문제가 많다고 비난을 먼저 했다. 하지만 만남과 헤어짐이 자유로운 시대에 살면서 한 사람만 만나라고 하는 건 무리인 듯도 싶다. 쉽게 만나고 헤어지기 때문에 그만큼 더 신중하고 싶은 생각에서 여러 사람을 동시에 만날 수도 있겠다. 어장관리, 분명 만남 상대에게 떳떳한 행동은 아니다. 그런데도 왜 하는 걸까? 게시판을 통해 어장관리에 대한 회원들의 생각을 읽어보자.

1. 여러 명 관리하면 서로의 조건만 재고 비교하게 될 뿐 진정한 마음이 안 생긴다.

2. 어장관리 당하는 게 싫으면 어장에서 나오면 되고, 괜찮으면 그냥 그렇게 지내면서 기회를 찾으면 된다.

3. 이상형은 둘째 치고 얼토당토않은 사람 만나 평생을 망칠 수도 있는데 어장관리는 그 대비책이 될 수도 있다.

4. 어장관리를 하면 새로운 만남에 무덤덤해지는 것 같다.

다 옳다. 욕을 하면서도 어장관리는 필요악이라고 생각하는 사람들이 많아 보인다.

어장관리 당하는 한 남성이 있다. 아름다운 그녀…, 동료들 모두 그녀에게 마음이 있다는 걸 안다. 뭐 하나 내세울 거 없는 나로서는 기대하지 말아야 하는데, 그녀가 나에게 환한 미소를 지어줄 때면 의욕이 생긴다. 모두에게 친절한 그녀는 나한테도 잘해준다. 그녀가 어장관리하는 걸 알지만, 그녀의 어장에 남은 마지막 한 사람이 바로 내가 될 수도 있지 않을까. 그래서 난 그녀를 포기할 수가 없다.

　이번에는 어장관리를 하는 한 남성이 있다. 동료가 다시 한 번 약속 확인을 한다. 오늘이 소개팅 디데이다. 사실 나는 만나는 사람이 있다. 그녀는 조건은 좋은데, 인간적인 매력이 잘 안 느껴진다. 한 달 정도 만나면 대개 여자들은 사귀는 걸로 안다고 한다. 하지만 난 아직은 관망 상태다. 소개팅을 받는 이유도 이것이다. 한 사람만 만나면 결정하기 어렵다. 헤어진 것을 후회할 수도 있고, 만나는 것을 후회할 수도 있다. 여럿을 만나면 특히 마음 끌리는 사람이 있을 거고, 그 사람을 택하면 되지 않을까?

　어장관리가 옳다고 편들자는 게 아니다. 내가 말하고 싶은 것은 어장 안에서 관리되고 있다는 것을 알았을 때의 대처 방식이다. 너무 예민해지지 말자. 내가 누군가와 비교되는 것은 결코 기분 좋은 일이 아니다. 그래도 마음이 있으니까 완전히 끊지 않고 어장에 넣어두는 것이다. 이런 경우 선택은 두 가지다. 최고의 모습으로 상대의 마음을 움직이는 것, 아니면 "나는 네 물고기가 아니야!" 하면서 어장을 나오는 것이다.

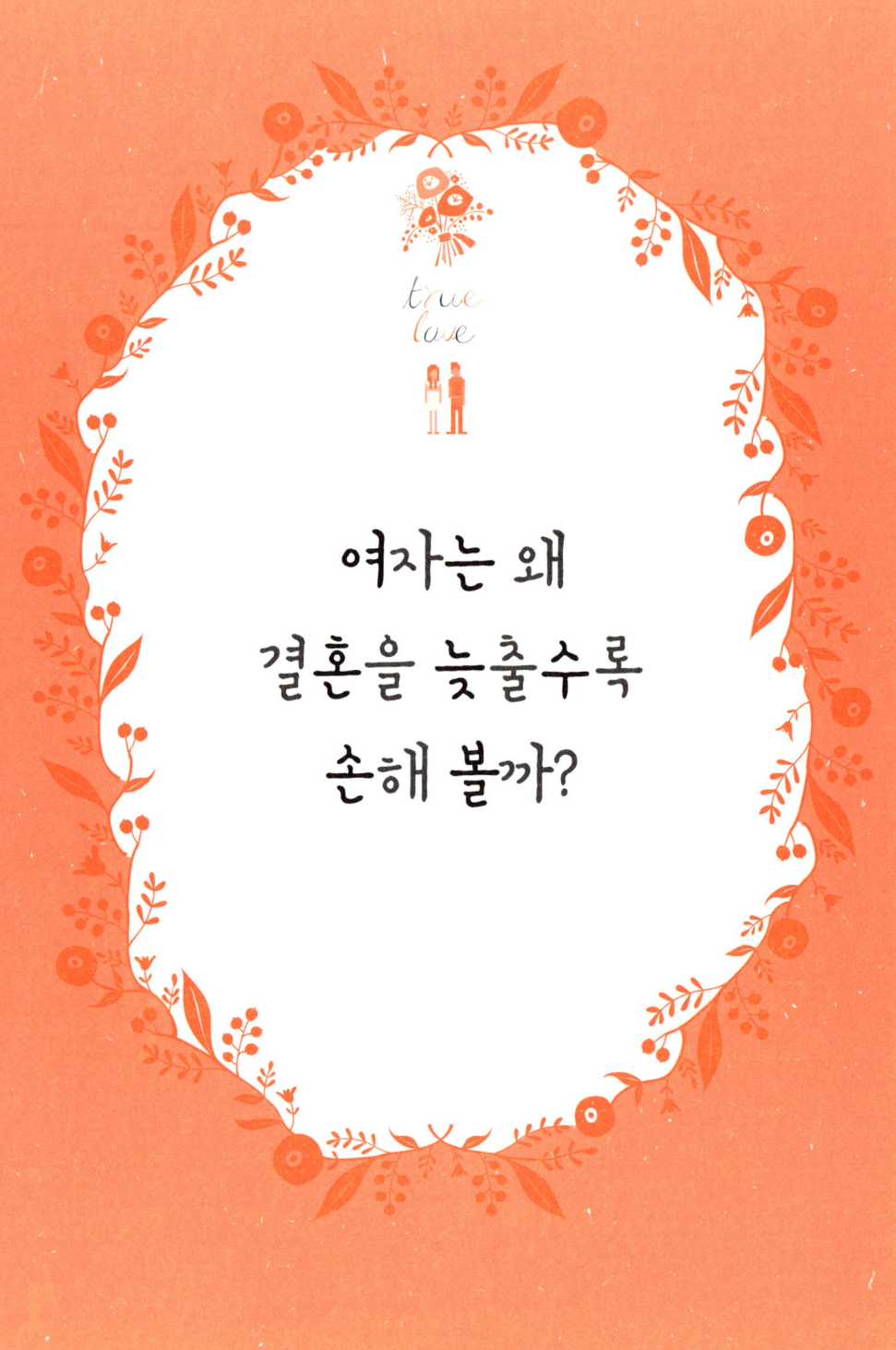

· · ·

　A양은 명문여대를 졸업한 27세 여성이다. 초등학교 교사로 165cm의 키에 눈에 확 띄는 용모다. 아버지는 3급 공무원이고 집안의 재산은 15~20억 원 정도. 이런 프로필을 가진 A양이 만날 수 있는 남성은? 모든 남성이다. 그녀는 누구든 선택할 수 있다. 나이는 연상, 연하 모두 가능하다. 학벌도 최고 수준, 전문직 종사자도 문제없다. 신장 180cm 이상으로 신체매력이 뛰어나고, 배경도 빵빵한 건 물론이다. 하지만 A양은 아직 나이가 젊고 당분간은 일에 전념하고 싶다며 접수를 3년 정도 미뤘다. A양이 다시 맞선을 보기 시작한 것은 30세 때이다. 본인의 자신감은 여전하다. 하지만 남성들의 생각도 그럴까? 그녀의 선택 폭은 아직 넓지만, 27세 때의 남성 조건에 비해 부족한 부분이 생긴다. 상대의 신장이 177~178cm 정도로 조금 줄어들고, 외모는 보통 이상이지만 뛰어난 수준은 아니다. 명문대 졸업자는 가능한데, 전문직을 만나려면 양쪽 모두 동의해야 한다. 상황이 이렇다 보니 그녀의 실망은 커지고, 결국 다시 맞선 전선에서 잠정 은퇴를 결심했다.
　시간이 흘러 어느덧 A양은 34세가 되었다. 그녀의 커리어는 쌓이고, 어느 정도 사회적인 성공도 거두었다. 이제 남은 목표는 결혼. 3~4년의 공백을 깨고 다시 가입을 했다. 하지만 만남은 훨씬 어려워졌다. 그녀는 2세 미만의 터울을 원하는데, 그 연령대인 35세 정도의 남성들은 대부분 결혼을 했거나 나이 어린 여성을 원한다. 3~8세 터울로 폭을 넓혀야 그나마 만날 수 있는 남성이 간혹 있다. 학벌의 경우 명문대는 어렵고, 서울 소재 중위권 대학으로 낮춰야 하고, 신장은 173cm 정도라야 만남이 가능하다. 전문직 종사자는 남성이 만난다고 해야 가능하다.

현재 38세가 된 A양에게 상황은 더욱 힘들어졌다. 이제 나이는 거론조차 할 수 없다. 미혼 남성이 드물다 보니 자녀 없는 재혼도 권유받는다. 학벌 수준은 34세 때를 유지하나, 키는 170cm 정도로 더 줄어든다. 외모 수준은 인상이 좋고 직업이 평범하거나 인상이 안 좋은 대신 직업이 좋은 사람 중 선택해야 한다. 그녀가 선택할 수 있는 부분은 거의 없다. 38세가 되니 미혼으로서의 프리미엄도 거의 인정받지 못한다. 한국에서 결혼을 일찍 해야 하는 이유다. 여성들은 왜 나이가 들수록 결혼하기 힘들어질까? 26, 29, 33, 38세, 4개 연령대별로 200명씩 총 800명의 여성들이 배우자 선택 시 중시하는 조건을 살펴보았다. 즉, 배우자 조건 중요도이다.

사회경제적 조건, 신체매력, 가정환경, 성격, 이 4가지 요소를 합해서 100%로 하고, 그중 직업, 학벌 등 개인의 사회적 성취를 나타내는 사회경제적 조건의 비중을 연령대별로 비교했다. 그랬더니 여성의 연령과 사회경제적 조건의 비중이 비례해서 높아지는 것으로 나타났다. 즉, 여성들은 나이가 들수록 남성의 능력을 더 따지는 것이다. 문제는 우리의 배우자 선택문화는 남성이 여성보다 나이가 많은 것을 선호한다는 것. 괜찮은 남성은 점점 줄어드는데, 여성은 오히려 나이가 들수록 괜찮은 남성을 찾으니 결혼하기가 힘들 수밖에 없다. 더구나 골드미스로 대변되는 능력 있는 30대 여성의 수가 급증하면서 경쟁률은 더욱 치열해지고 있다. 그렇다면 이 시점에서 수많은 30대 A양들은 어떻게 해야 할까? 자아발전도 좋고, 사회적 성공도 중요하다. 하지만 그런 성취와 결혼 사이에서 균형을 잘 잡아야 한다. 그리고 결혼이 조금 늦어졌다면 지금이라도 자신의 견고한 이성상을 조금 수정하자. 외모든 학벌이든 직업이든 기준을 조금만 낮춰도 길이 열린다.

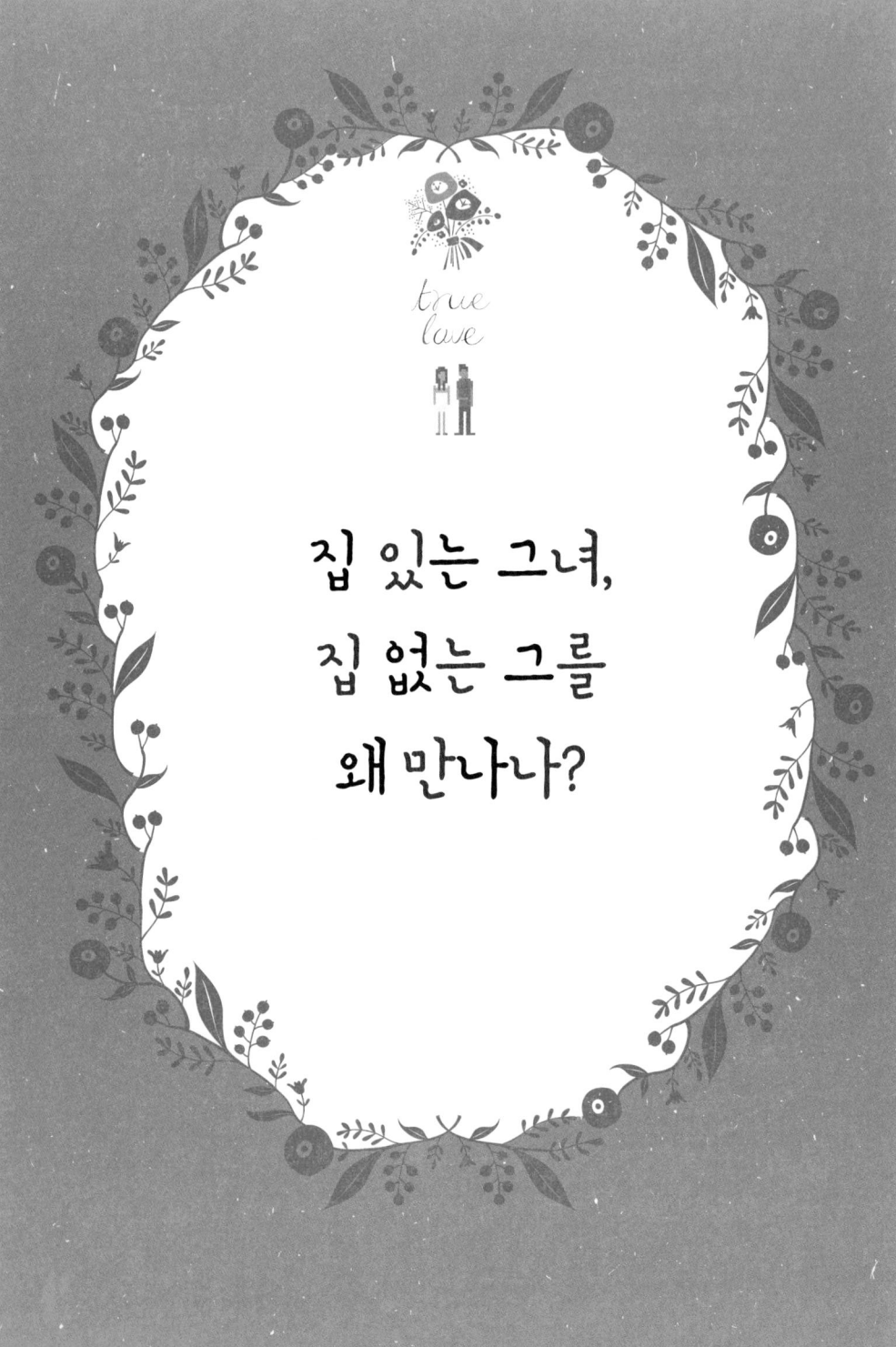

· · ·

어느 여성 회원이 게시판에 고민을 털어놓았다. 30대 초반의 그녀는 오랫동안 알고 지내던 3년 연상의 대학선배와 교제 중이다. 미국 유명대학에서 박사학위를 받은 그는 이제 막 대학강사가 되었다. 학계에서 인정을 받고 있으므로 곧 자리를 잡을 수 있을 테지만, 아직은 경제적인 기반이 없기 때문에 그녀로서는 결혼에 대한 확신이 없었다. 그가 집을 마련할 여력이 생길 때까지 기다려야 하는 건지, 어떻게 해야 할지 잘 모르겠다는 것이다. '집 장만까지는 어렵지만, 전세 정도는 얻을 능력이 되어야 하지 않을까?', '집 장만할 여력이 없으면 결혼할 준비가 안 된 건가? 사랑한다면 작게 시작해도 굿!', '그 사람의 현실보다는 미래에 희망을 걸고, 둘이 벌면 몇 년 안에는 집 사지 않을까?' 회원들은 다양한 의견을 제시했지만, 대다수는 남자가 집 장만을 해야 한다는 고정관념으로 이 문제에 접근하고 있었다.

발상을 조금 달리해보자. 만일 이 여성이 집을 갖고 있다면? 그렇더라도 남성이 집을 장만할 때까지 기다려야 할까? 공기업에 근무하는 30대 후반의 한 여성은 집을 2채 소유하고 있다. 많은 것을 가진 그녀는 100번 넘게 선을 봤지만 결혼으로 이어지지 못했다. 그러던 그녀가 얼마 전 내가 소개한 남성과 결혼했다.

대기업에 근무하는 생활력 있는 남성인데, 집은 없었다. 그녀는 많은 사람이 그러하듯 막연하게 '남자가 집도 있고, 사회적 지위도 있고, 여자보다 나아야지'라는 생각으로 사람들을 만나왔다. 그러다 보니 직장생활을 15년이나 해서 연봉도 높고 직급도 높고 게다가 집도 있는 자신보다 더 조건이 좋은 남성을 만나기 어려웠다. 그녀에게는 나의 한마디가 생각을 바꾼 계기가 되었다고 한다.

"부부가 함께 사는 데는 집 한 채면 되는데, 당신에게는 이미 두 채가 있다. 그래도 집 있는 남자와 결혼해야 하나?"

그녀의 결혼이 내게 각별한 이유는 여기에 우리 사회가 해결해야 할 문제가 있고, 또 해답이 있기 때문이다. 우리의 결혼문화에는 저출산, 만혼, 고비용 문제가 얽혀 있다. 그런데 그 문제들의 핵심은 바로 '집'이다. 핵가족화 되면서 결혼하면 분가해서 사는 것이 일반적인데, 우리의 정서상 집은 남자가 장만하는 것을 당연하게 여긴다. 하지만 현실적으로 남성들이 집을 장만해서 결혼하기는 매우 힘들다. 따져보라. 한국 남성의 평균 초혼 연령은 31.8세다. 대학 졸업 후 운 좋게 바로 취직이 되면 27~28세, 직장생활 4~5년 하고 결혼을 한다. 그 기간에 최대한 모을 수 있는 돈이 얼마나 될까? 5천만 원? 1억 원? 그 돈으로 집을 구할 수 있을까? 선우는 얼마 전 '집 있는 여성과 집은 없지만 직업이 안정된 남성의 만남'을 주선한 적이 있다. 남성이 집을 마련해야 한다는 고정관념을 뒤집는 이 역발상 이벤트에 의외로 많은 남녀가 참가 신청을 했다. 누가 되었건 한쪽이 집이 있고, 다른 한쪽이 능력이 있으면 결혼할 수 있다는 이 기막힌 궁합에 마음을 여는 사람들이 그만큼 많다는 것이다.

30대 초반의 직장인 Y씨는 아내가 결혼 전부터 살던 집에서 신혼살림을 시작했다. 아내는 대학생인 처제를 결혼할 때까지 데리고 있기를 원했다. 두 사람만의 오붓한 생활이 아니어서 아쉬움도 있었지만, 대출을 받아 전셋집을 마련하려고 했던 Y씨로서는 큰 짐을 덜게 되어 다행이었다. 시골분인 그의 부모님은 걱정을 하기도 했다.

"집문서건 전세계약서건 남자 이름으로 되어 있어야 하는데…. 네 마누라한테 너무 기죽지 마라."

하지만 Y씨는 자신이 아내에게 얹혀사는 능력 없는 남자도 아니고, 아내와는 서로 가진 것, 부족한 것이 다를 뿐이라고 여긴다. 백 번 천 번 옳은 판단이다. 이런 경우 아내는 당당하고 남편은 배려한다. 그리고 아내가 집을 마련한 만큼 남편은 더 열심히 일한다. 조금은 유연한 시각으로 결혼 상대를 찾아보자.

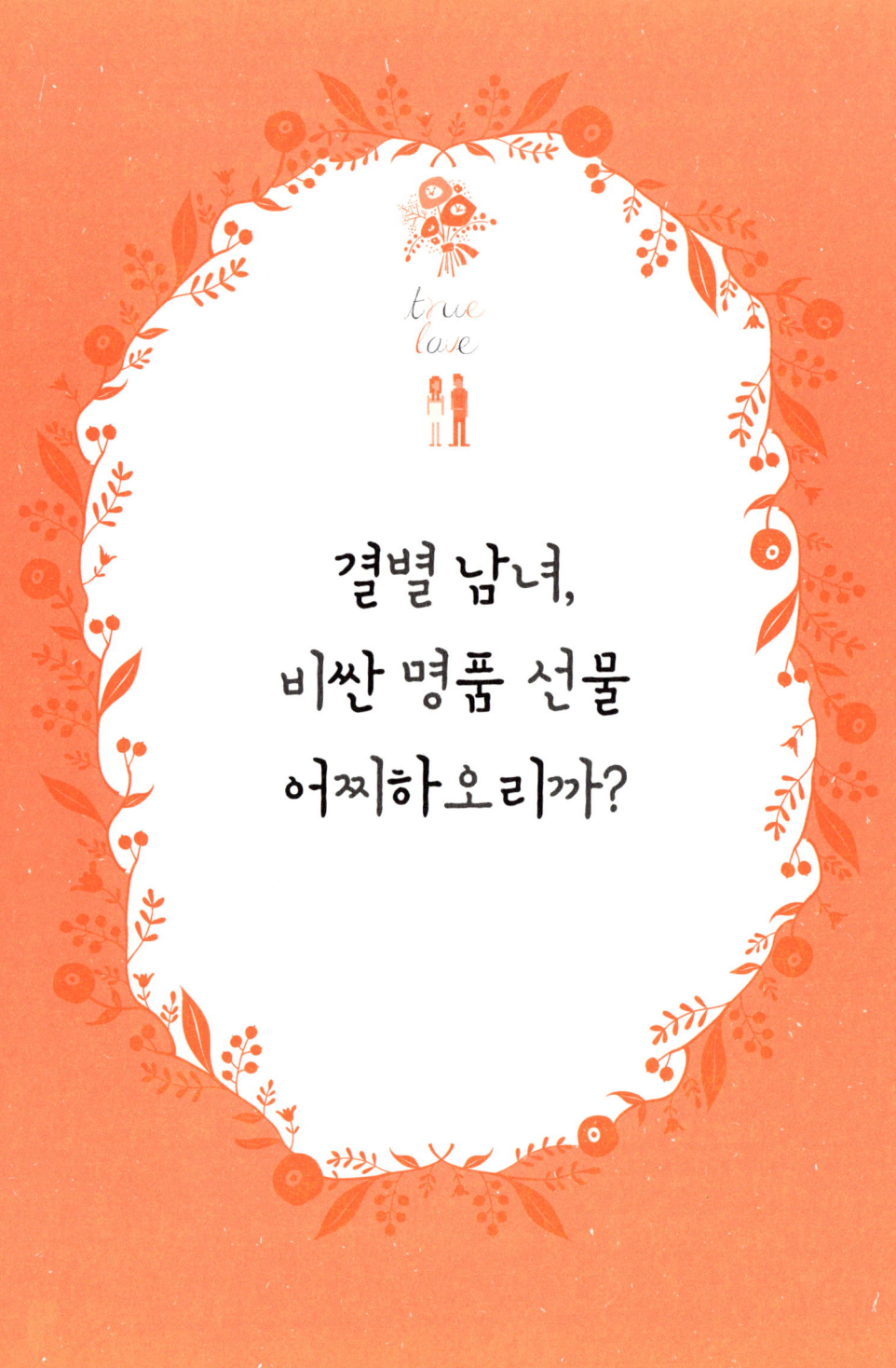

결별 남녀,
비싼 명품 선물
어찌하오리까?

· · ·

 직장인 K씨는 첫눈에 홀딱 반한 예쁜 그녀의 마음을 사기 위해 대기업 입사 3년차의 연봉으로는 감당하기 벅찬 고가의 명품백을 12개월 할부로 선물했다. 그러나 외모가 뛰어나 뭇 남성들의 시선을 한 몸에 받아온 그녀에게 명품백의 약발은 오래 가지 못했고, 결국 헤어지게 되었다. 그녀는 가고, 할부금만 남았다. 매달 카드 고지서를 볼 때마다 K씨는 씁쓸함과 참담함을 느끼게 된다. 고가의 명품으로 여자의 마음을 사려고 했던 자신의 어리석음을 후회하면서….

 50대 능력 있는 재혼남 L씨는 30대의 백조 재혼녀를 만났다. 만난 지 얼마 안 되어 그녀의 생일이 되었다. L씨는 수백만 원대 명품 의류를 선물했고, 내심 투자한 만큼 그녀가 자신에게 호감을 보일 거라고 생각했다. 하지만 그녀는 여전히 뜨뜻미지근했고 실망한 L씨는 선물을 돌려달라고 했다. 그녀는 "20살 이상 어린 여자 만나면서 이 정도를 아까워하느냐?"며 전화를 끊어버렸다. 그리고 도착한 그녀의 문자 메시지에는 이렇게 적혀 있었.

 "반품도 안 되고 남자가 여자 옷 입을 수도 없는데, 재활용해서 다른 여자 주시게요?"

 20대 후반의 직장여성 O씨는 얼마 전 전문직 남성을 소개받았다. 소탈한 성격의 그녀로서는 외제 스포츠카를 몰고 만남 첫날 1인당 20만 원대 식사를 하는 그가 좀 과하다 싶었다. 더욱 가관인 것은 세 번째 만난 날 그가 내민 선물이었다. 쇼핑하다가 예뻐서 샀다는데, 30만 원짜리 머리핀이었다. 그녀는 그가 너무 물질로만 환심을 사려는 것 같아 성의 없어 보이고, 기분이 나빴다. 물론 그는 진심일 수도 있다. 그렇더라도 만난 지 얼마 안 된 여자에게 고가의 선물을 하는 그를 보면서 여자는 '지금까지 이런 식으로 여자를 만나왔나?' 하는 생각이 들었다. 그녀는 정중히 선물을 거절하면서 그와 헤어졌다.

남녀가 쿨하게 헤어지는 건 참 힘든 모양이다. 특히나 사귀는 동안 주고받은 게 많은 연인들은 헤어질 때 대차대조표 같은 것을 따져보게 된다. 받은 것은 뭐고 준 것은 뭐고 돌려줄 것은 뭐고 하는 계산을 하게 되는 것이다. 더구나 값비싼 명품이 등장하면 상황은 더욱 복잡해진다. 준 사람은 본전 심리에 아까워하고, 받은 사람은 돌려줄지 말지를 고민하기도 한다. 그러다 보면 헤어진 후에도 뒷말이 무성해지게 마련이다.

선물은 마음의 표현이므로 사랑하는 사이에 어느 정도는 필요하다. 단, 선물은 부담되지 않는 선에서 주고받자. 선물하는 그 순간의 좋은 감정과 마음으로 만족하고, 선물 준 다음에는 뒤끝 없이, 나중에라도 아깝다는 생각이 들 것 같으면 아예 하지 않는 게 낫다.

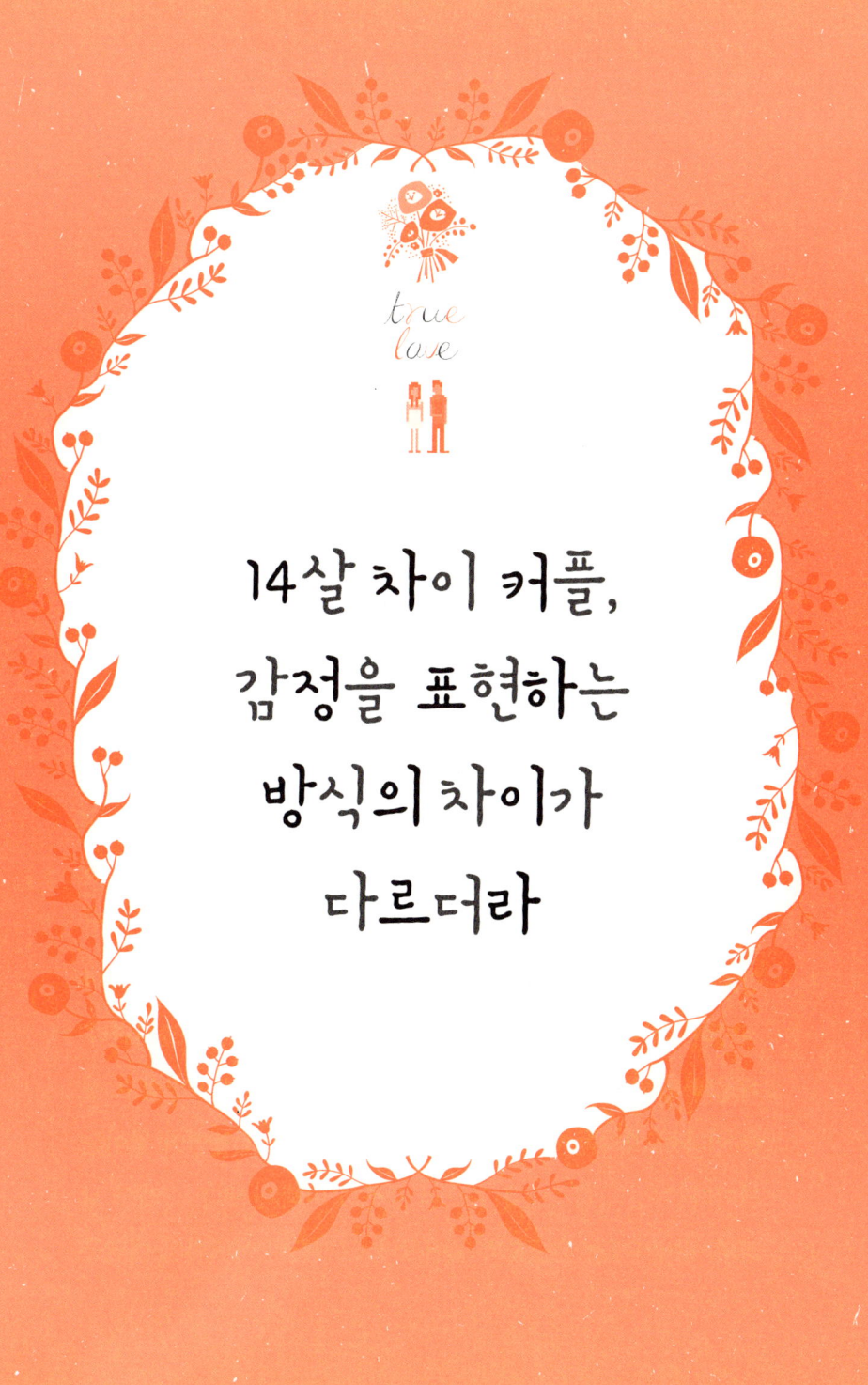

14살 차이 커플,
감정을 표현하는
방식의 차이가
다르더라

· · ·

나는 그동안 극히 드문 경우를 제외하곤 가능하면 서로 12살 이상 차이가 나지 않도록 남녀를 소개해왔다. 그런데 몇 달 전 14살 차이의 만남을 주선했다. 남성은 아버지의 소개로 가입했고, 여성은 내가 아는 사람이다. 나이 차이는 많지만 상호보완적으로 잘 어울리는 커플이다. 여성은 30대 초반, 남성은 40대 후반이다. 서로 호감이 있었고, 몇 번 만남을 가졌다. 그런데 만남이 거듭될수록 여성은 답답함을 느꼈다고 한다. 얘기는 많이 하는데, 결정적인 순간에 남성이 꼭 필요한 얘기를 안 했기 때문이다. 예컨대 이런 경우다. 요즘 여성은 새로운 프로젝트를 맡아 업무의 부담이 크다. 둘이 만나면 일 얘기가 나오게 마련이다. 그럴 때 남성이 위로나 공감을 해준다면 큰 힘이 될 텐데, 그 말 한마디를 듣기가 어렵다는 것이다. 처음에는 나이가 있으니까 여자 말에 맞장구를 치기 어려울 수도 있겠다고 이해를 했다. 하지만 시간이 갈수록 자신에게 관심이 없는 것이라는 생각이 들더란다. 여성의 입장에서는 나이 많은 상대를 만나게 되면 사랑받고 싶은 마음이 커지는데, 그 부분이 충족되지 않으니 불만이 쌓이는 것이다. 여성의 하소연을 들으니 충분히 이해가 됐다. 그래서 남성의 아버지에게 은근슬쩍 물어봤다. 그랬더니 아버지의 대답은

"아들이 교제를 하면서 표정이 밝아졌습니다. 고맙습니다"였다.

남성 역시 여성에게 호감이 있는 것이다. 여성은 그렇게 생각하지 않지만 말이다.

이들의 만남을 어렵게 하는 것은 이성에 대한 표현 방식의 차이다. 남성은 왜 표현을 잘 안 할까? 그 이유는 40대 후반이라는 적지 않은 그의 나이가 말해준다. 세상을 알게 되고 많은 경험을 하면서 말을 아끼게 된 것이다. 그 정도 연령대는 신중하게, 그리고 천천히 움직인다. 하지만 2~30대는 즉문즉답이고 생각하는 대로 표현한다. 가벼워서가 아니라 그 연령대의 특성이 그렇다. 상황에 맞춰 아기자기하게 표현하던 것이 나이가 들면서 변하는 것이다.

두 남녀가 서로에게 다가가려면 넘어야 할 산이 있다. 남성은 그녀가 말 한마디에 감동한다는 것, 적극적이고 즉각적인 표현이 필요한 순간이 있다는 것을 알아야 한다. 여성은 그가 마음이 있어도 쉽게 움직이지 않는다는 것을 알아야 한다. 이렇듯 남녀 사이의 세대 차이는 감정에 대한 표현 방식의 차이인 경우가 많다. 연령대에 따라 표현 방식이 다르다는 것을 이해한다면 나이 차이가 많은 사랑도 얼마든지 가능할 것 같다.

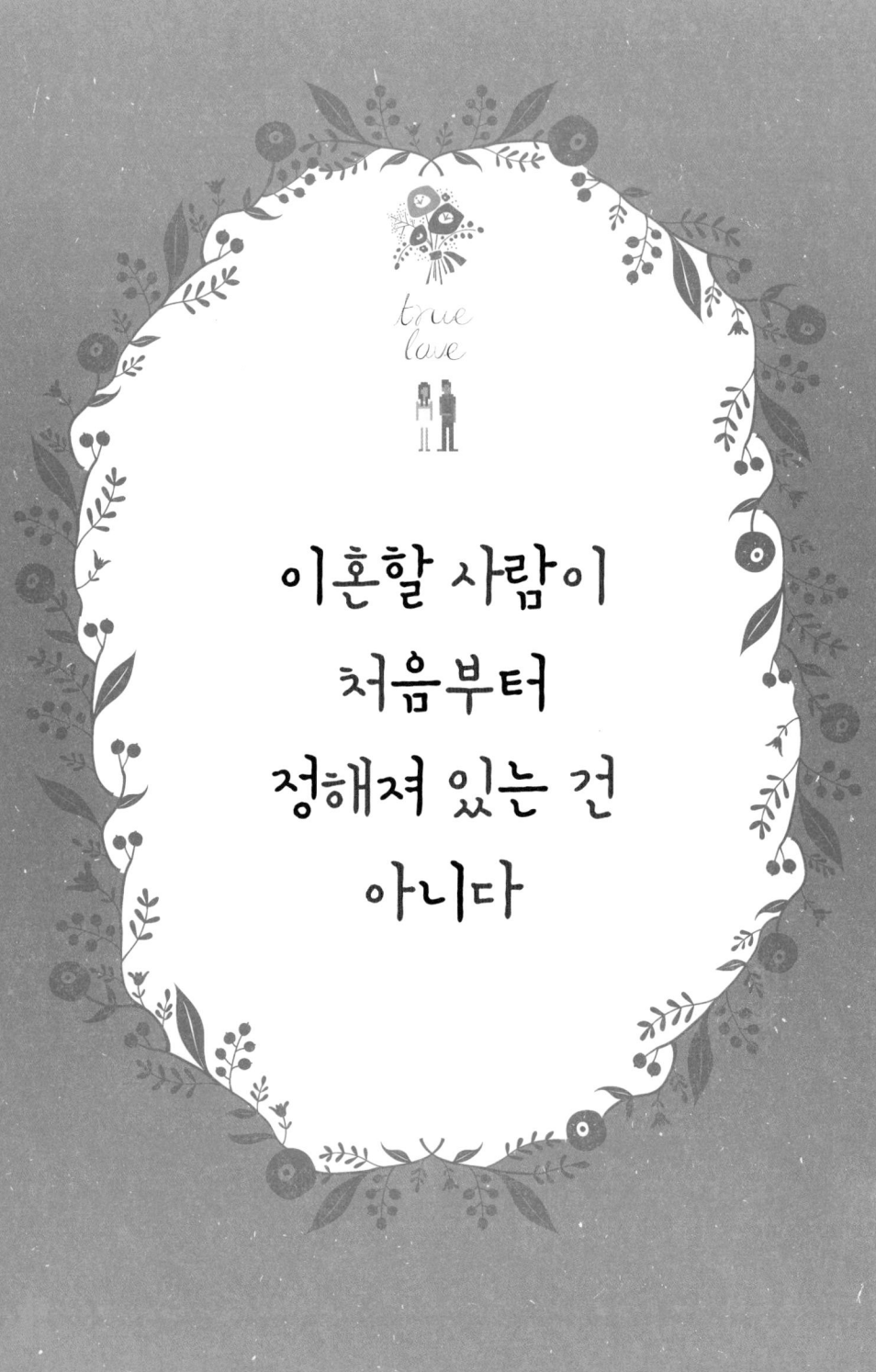

⋯

　며칠 전이었다. 어느 회원이 올린 글로 인해 게시판이 후끈 달아올랐다. 아마 이미 읽은 분도 많을 듯하다. '삼초녀'라고 자신을 소개한 이 여성은 남의 이목에 신경을 안 쓰고 선입견도 없는, 한마디로 오픈 마인드다. 사람을 만나면 배경을 제외하고 사람 자체만을 보는데, 성격이나 됨됨이는 평생 고칠 수 없기 때문이라고 한다. 그녀의 생각은 사람만 괜찮다면 아이 없는 재혼남과 결혼할 수 있다는 것. 한 번 아픔이 있는 사람이 가정에 좀 더 충실하지 않을까 해서다. 요즘 이혼율이 무척 높은데, 그 사람들이 모두 문제가 있어서 헤어진 것 같지는 않다고 여겼다. 이런 말을 하면 주변에서는 "네가 뭐가 부족해서 재혼남을 만나느냐"고 펄쩍 뛴다면서, 자신의 생각이 정말 이상하냐고 묻는다. 그녀의 발언에 대해 '된다' 혹은 '안 된다'는 많은 의견들이 이어졌다.
　이 여성의 글만큼 나에게 흥미로웠던 것이 바로 이혼자에 대한 회원들의 생각이었다. 그 한 페이지에서도 확인되었지만 사람들이 이혼자에 대해 갖는 생각은 크게 두 가지다. 무슨 문제가 있어서 이혼했다는 것, 그리고 재혼하면 초혼보다 쉽게 이혼한다는 것이다. 부부가 이혼을 할 때는 말 못할 사정이 있는 것이고, 노력하다가 안 되니까 이혼을 선택하는 것이다. 쉽게 하는 결혼은 있어도 쉽게 하는 이혼은 없다.

　30대 초반의 K씨는 한 달 만에 이혼했다. 선 봐서 3개월 만에 결혼한 남편이 알고 보니 동성애자였고 수년간 만나온 애인이 있었다. 남편은 여자를 사랑할 수 없는 사람이었기 때문에 노력해도 소용없는 일이었다. 세상에 자기 같은 사람이 또 있을까 싶었지만 알고 보니 의외로 드물지 않았다고 한다. 이혼녀 딱지가 붙은 지 1년, 아직도 주변의 편견이나 곱지 않은 시선으로 상처를 입기 일쑤이다. 바람을 피워 이혼을 당했건 자신처럼 속아서 이혼을 했건 사람들에게 이혼녀는 이혼녀일 뿐이었다.

　30대 중반의 L씨는 4년 전 결혼했다가 아내의 부정을 알게 되어 1년 만에 이혼을 했다. 이혼 후 1년 동안은 전처에 대한 배신감과 그리움이 뒤섞여 우울하게 살았다. 그러다가 주변의 도움으로 소개도 받고 교제도 하면서 이혼의 상처를 잊어가고 있다. 하지만 아직도 대한민국에는 한 번 넘어진 사람을 영원한 패자로 만들어버리는 분위기가 깔려있다는 것이 그의 생각이다. 무자녀 돌싱남이라는 B씨의 말은 이혼자들의 심정을 잘 대변한다. "한 번 쓰라린 경험을 했기에 다시는 반복하지 않겠다고 다짐하고 다짐한다. 나름대로 당당한 돌싱이라고 생각하지만 위축되는 것은 어쩔 수 없고, 솔직히 누구를 만나기도 겁난다. 이혼 사실을 먼저 말하면 선입견이 생길 것 같고, 나중에 말하면 속이는 게 된다. 하지만 이런 난관을 극복하고 결혼한다면 어려운 결정을 하고 내 편이 되어준 아내가 더 사랑스러울 것이다."

뭔가 서로 문제가 있어 이혼을 했겠지만, 그 문제라는 것이 다른 배우자를 만났을 때는 발생하지 않을 수도 있고, 아무것도 아닐 수도 있다. 그만큼 남녀관계라는 것은 상대적이기 때문이다. 사람은 고통을 겪고, 위기를 넘기면서 성장한다. 이혼도 그렇다.

이혼남 K씨는 이혼 후 어머니에게 더욱 잘한다. 결혼생활을 할 때는 아내가 여자라는 걸 잊고 지냈다고 한다. 그러다 이혼 후 문득 어머니도 여자라는 사실을 알았다는 그는 용돈은 물론, 가끔 꽃도 사드리고 어머니 모시고 공연을 보러 가기도 한다. 만일 K씨가 이혼을 하지 않았다면 이런 소중한 깨달음과 변화는 없었을지도 모른다. 그는 분명히 좋은 남편이 될 수 있을 것이다.

나는 이혼을 한 적이 없기 때문에 이혼자의 마음을 잘 모른다. 그래서 이혼에 대해서는 말하기가 조심스럽다. 다만 이혼은 훈장도 아니지만 주홍글씨도 아니라고 생각한다. 그들 역시 사랑을 꿈꾸고 행복해지고 싶어 하는 사람들일 뿐이다.

이혼에 대한 한 남성 회원의 말은 귀 기울일 만하다.

"문제가 많은 사람도 있고 없는 사람도 있다는 점에서 이혼남과 미혼남은 동일하다. 반면, 이혼남은 힘든 일을 겪으면서 얻은 장점과 단점이 존재한다는 점에서 미혼남과 다르다. 장점이란 많은 경우 이혼을 자기 성찰의 기회로 삼는다는 것, 단점은 자신을 세상에서 가장 억울하다고 생각하는 사람이 가끔 있다는 것이다."

두 번 다시 같은 일을 반복하지 않으려다 보면 오히려 경직될 수도 있다. 과거를 의식하고 얽매이다 보면 현실은 더 힘들어진다. 누군가는 결혼을 '복불복'이라고 했다. 아무리 오래 연애를 했어도 같이 살아보기 전에는 서로의 일상적인 모습을 잘 알 수 없기 때문에 그만큼 변수가 많다는 것이다. 그럼에도 우리나라는 동거에 거부감이 있기 때문에 결혼 후 비로소 함께 사는 경우가 대부분이다. 그러니 이혼할 사람이 처음부터 정해져 있는 것이 아니라 결혼하는 사람 모두에게 이혼의 가능성이 있는 것이라고 조금 유하게 생각해보면 어떨까.

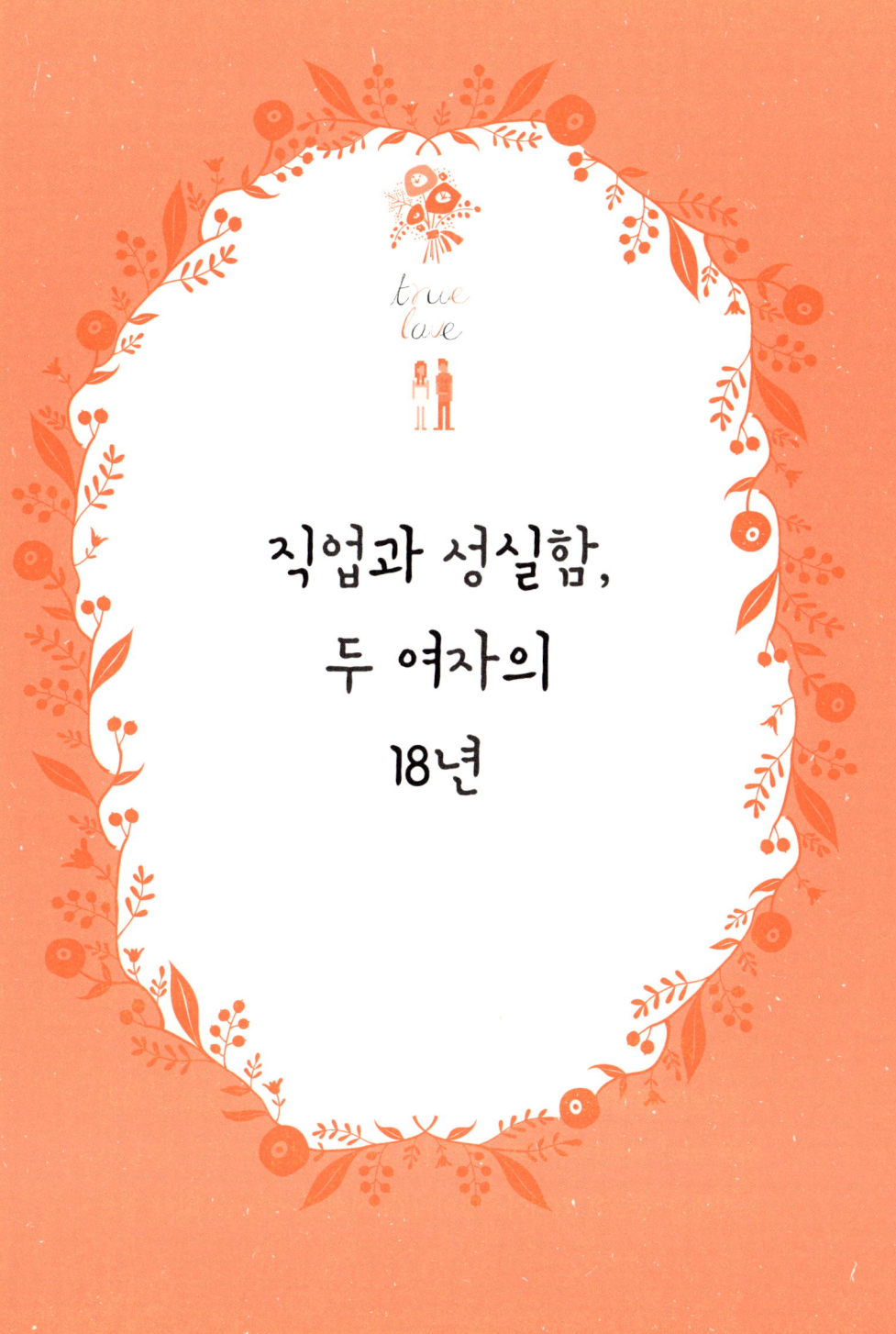

직업과 성실함,
두 여자의
18년

· · ·

A, B 두 사람은 고등학교, 대학교를 같이 다닌 단짝친구 사이다. 둘 다 야무지고 적극적인 성격이라 호감을 사는 스타일이었다. 나란히 대학을 졸업하고 함께 회원 가입을 한 두 여성. 많은 부분이 비슷했지만 뜻밖에도 전혀 다른 성향의 결혼 상대를 택했다.

A는 외국의 명문 로스쿨을 나온 예비 변호사와 결혼했다. 남편은 재력이 있는 집안에서 어려움 없이 자랐고, 오랜 유학생활을 해서인지 자유분방한 가치관을 가진 사람이다. 그녀가 결혼한 1990년대만 해도 결혼할 때 학력을 많이 보던 시절이었고, 그래서 그녀의 선택은 자연스러웠다.

B는 판이했다. 가난한 집안 출신에다 평범한 4년제 대학을 나온 보통남자와 결혼했다. 주변에서는 왜 그녀가 그런 남자를 선택했는지 의아해했다. 그녀 정도면 학벌 좋고, 능력 좋은 남자와 얼마든지 결혼할 수 있었기 때문이다. 하지만 그녀의 생각은 달랐다. 성실하고 책임감 있는 것이 가장 중요하다고 했다.

18년이 흘렀다. 오랜만에 두 여자의 근황을 전해 들었다. 당시와는 삶이 완전히 달라져 있었다. A는 직장생활을 하고 있다. 남보기에는 유능한 커리어우먼이지만, 사실은 어쩔 수 없이 일을 하는 것이다. 그녀는 이 모든 것이 자신의 잘못된 선택에서 비롯되었다고 푸념한다. 학벌과 직업이 좋아 평생 돈 걱정 안 하게 해주리라 믿었던 남편은 생활력이 없었다. 자기 사업을 하겠다고 대형 로펌을 박차고 나와 개인 사무실을 차렸지만, 사건 수임 능력이 없어 간판만 달고 산 지 몇 년째다. 게다가 천성적으로 노는 것을 좋아하는 한량이었다. 자존심은 있어서 돈 못 벌어도 큰소리치는 남편에게 실망했지만 기 죽을까 봐 참고 살고 있다.

가진 것은 없지만, 성실한 남자와 결혼한 B의 오늘은 어떨까? 밑바닥부터 시작하느라 처음 몇 년은 고생을 많이 했다고 한다. 그러나 책임감이 강한 남편은 어떻게 해서라도 생활비는 갖다 줬고, 몇 해가 흐르자 사업이 본궤도에 올랐다. 아내가 고생한 것을 아는 남편은 지금도 처가 일이라면 열 일 제쳐두고 나선다. B는 지금 "사모님" 소리를 들으면서 품격 있는 생활을 하고 있다.

학벌남을 선택한 A와 성실남을 선택한 B의 오늘은 우리에게 무엇을 말해주는가. 다들 결혼 잘했다고 부러워했던 A는 중년의 나이에도 생활비를 버느라 고생하고 있다. 성실함을 보고 결혼한 B는 친구와는 전혀 다른 성공한 삶의 주인공이 되었다.

결혼에 있어서 우리는 어떤 안목을 갖고 배우자를 선택하는가. 현재 직업만 보고 사람을 선택하기에는 인생에 너무도 변수가 많다. 비록 당장은 가진 것 없더라도 훗날에도 변하지 않을 품성과 성실한 삶의 자세를 지닌 사람이야말로 최고의 배우자라고 생각한다.

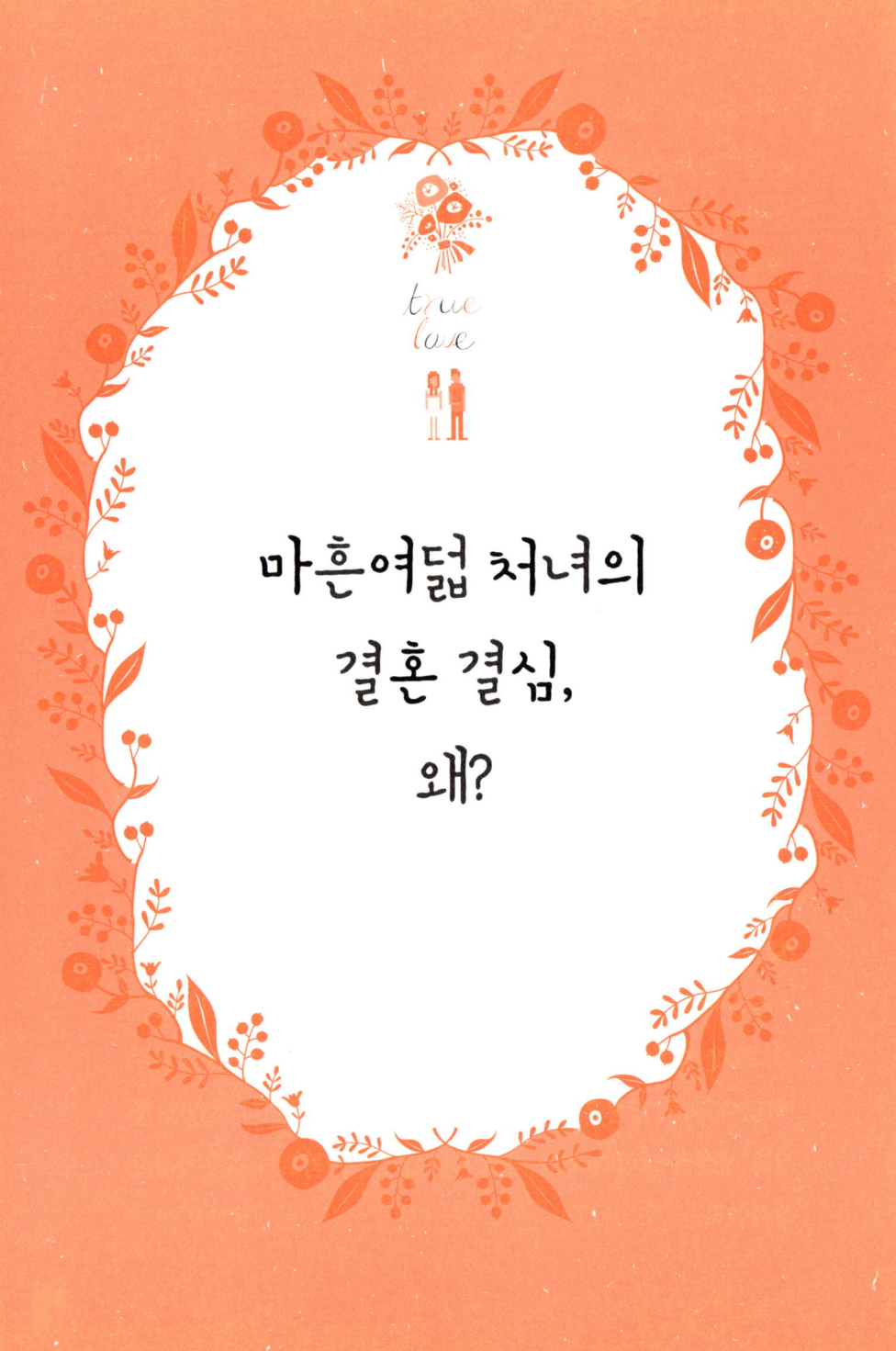

마흔여덟 처녀의 결혼 결심, 왜?

"저는 올해 마흔여덟입니다. 아직 미혼입니다. 한때는 '미혼'이라는 말이 '아직 결혼을 안 했다'는 뜻으로, 결혼을 전제로 붙여졌다고 해서 일부러 안 쓰고 굳이 '비혼'이라고 했습니다. 그런데 어느 날부턴가 나도 모르게 스스로를 '미혼'이라고 하고 있더군요. 아마 결혼을 해야겠다는 생각이 들었기 때문인가 봅니다. 저는 명문대를 졸업하고 대기업에서 근무했습니다. 학벌 좋고 직장 좋으니 20~30대 때만 해도 자존심이 하늘 높은 줄 몰랐지요. 저를 따르는 남자들도 많았고 맞선도 많이 들어왔습니다. 주변에 사람이 많을 때는 귀하다는 것을 잘 모르는 게 사람 마음인 것 같아요. 당시에는 자신감이 넘쳤고 마음만 먹으면 언제든 결혼할 수 있을 줄 알았습니다. 게다가 회사에서 나와 설계 관련 사업을 시작하면서 일에 전념하다 보니 결혼은 우선순위가 아니었고요. 사업이 성공하고 돈도 웬만큼 벌었으니 나름대로 부족함 없는 30대를 보낸 것 같습니다. 주변 친구들이 하나 둘 결혼하면서 저는 또래 싱글 여성들과 어울리게 되었습니다. 처지가 비슷하니까 서로 위로도 해주고, 외로우면 말벗도 해주고요. 아무도 없는 불 꺼진 집에 혼자 들어오는 것은 싫었지만, 그래도 40대 초반까지는 견딜 만했습니다. 그러다가 가깝게 지내던 친구가 암 투병을 하다가 결국 세상을 떠났는데, 그 모습을 보고 있자니 정신이 확 들더군요. 내가 늙고 병들었을 때 내 옆에는 과연 누가 있어줄까, 사람이 늘 젊은 건 아닌데 왜 나는 그 생각을 미처 못 했을까, 많은 생각이 들었습니다. 딸을 걱정하고 챙겨주시던 부모님도 돌아가시고, 피를 나눈 형제들도 각자 가정이 있으니 내 일에 관여를 안 하게 되고, 같이 몰려다니던 친구들도 하나 둘 떠나가고, 어느 순간 나 혼자만 남았습니다. 결혼한 친구들은 사업하면서 자유롭게 사는 저를 부러워했지만, 저는 이제 목석같은 남편, 말 안 듣고 속 썩이는 자식들이라도 가족과 함께 사는 친구들이 부럽습니다. 누가 나를 쳐다보면 '내가 궁상맞아 보이나' 싶어 움츠러들곤 합니다. 이제라도 마주보며 밥 먹고, 몸이 아플 때 죽이라도 끓여주고, 그렇게 서로 의지할 수 있는 사람을 만났으면 좋겠습니다. 제가 좋은 사람을 만날 수 있을까요?"

내가 어떤 대답을 했을까?

"물론입니다."

인생에는 늘 좋은 시절만 있는 건 아니다. 늙고 병드는 겨울도 언젠가는 온다. 혼자 무엇이든 할 수 있다는 자유로움이 문득 내 옆에 아무도 없다는 외로움으로 바뀌어 다가온다면, 이제 당신이 결혼해야 할 때이다.

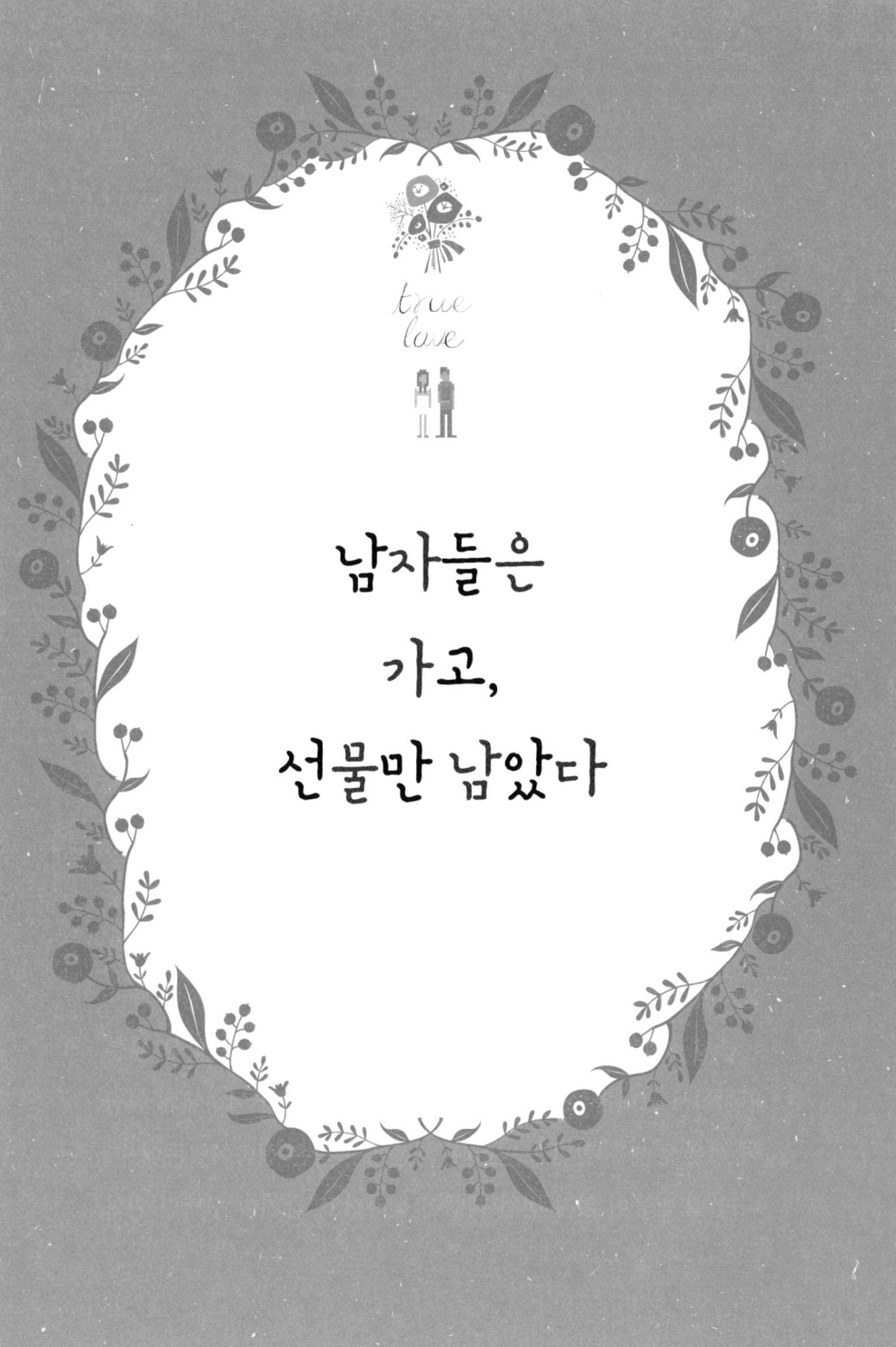

내 목소리가 높아졌다.

"○○님, 이제는 자제 좀 해야 하지 않을까요? 이 정도면 충분한 것 같은데요."

끝까지 회원의 의사를 존중하고 이해해야 하는데, 나도 모르게 감정이 격해진 것이다. 여성의 항변이 이어졌다.

"좋아하는 사람 만나고 싶은 거고, 또 더 좋은 사람 만나려고 여기 가입한 건데, 잘해보겠다는 데 뭐가 잘못인가요?"

"그렇게 고르다가는 결국 좋은 사람 다 놓칩니다. 그분들이 눈치를 챌 수도 있고, 무엇보다 ○○님이 만족을 못합니다."

잠시 그녀를 바라보았다. 남성이라면 충분히 매력을 느낄 만한 외모의 소유자이다. 그러다 보니 선택의 기회가 많았고, 그 과정에서 많은 사연이 있었다. 여성이 가만있어도 남성들이 가만두지 않았고, 물론 여성도 가만있지는 않았다. 지난 몇 달간 그녀를 둘러싼 잡음이 있었다. 사연인즉 이렇다.

남성 A씨는 대기업에 다니는 직장인이다. 외모를 많이 보는 편이어서 그녀를 소개했다. 2~3개월 사귀는 동안 여성에게 열심히 선물 공세를 폈던 모양이다. 처음에는 작은 선물이었는데, 그녀가 별 반응이 없자 점점 레벨이 올라갔고, 급기야 수백만 원짜리 가방을 선물하기에 이르렀다. 빤한 직장인 월급에 목돈을 주고 사기에는 부담이 컸고, 장기 할부로 결제를 했다고 한다. 하지만 그녀는 그 가방을 받고 얼마 지나지 않아 이별을 선언했다. 문제는 아직 한참 남은 카드 할부금이었다. A는 매니저에게 중재를 요청했다.

"마음을 받아줄 생각이 없으면 선물도 받지 말아야 하는 게 아닌가 싶어요. 그분이 아직 갚을 돈이 수백만 원이라는데, 가방을 가졌으니 남은 할부금이라도 대신 내시면 안 될까요?"

"갚을 능력도 없으면서 카드는 왜 긁었대요? 내가 억지로 끌고 가서 사달라고 했나요? 자기가 한 일이니 책임도 져야지요."

그녀는 코웃음을 치며 전화를 끊었다고 한다.

남녀관계에서는 선물이 오고가는 게 다반사다. 잘 되면 아무 문제가 없지만, 헤어질 때는 본전 생각이 나게 마련이다. 재미있는 건 젊은 사람들은 객기도 있고 사랑의 가치를 선물로 따지지 않는다면서 쿨하게 정리하려는 경향이 있는데, 나이가 들수록 회수 욕구가 강하다는 것이다.

작은 성의 표시라면 몰라도 남녀 사이에 값비싼 선물이 오고 가는 경우는 흔치 않다. 가끔 유별나게 선물을 받으려고만 하는 여성들이 있기는 하다. 남성들로 하여금 선물을 받으면 정도 이상으로 좋아해서 자꾸 선물을 주게끔 길들인다거나 우연을 가장해서 명품 매장에 들러 갖고 싶은 물건을 착용해본다거나 하는 등 남성들에게 암시를 주는 것이다. 그렇게 해도 남성 10명 중

7~8명은 여성의 의도를 알아차리지 못하거나 안다고 해도 비용 부담 때문에 선뜻 '내지르지' 못한다. 그중 극소수가 지갑을 열 뿐이다.

그녀의 다음 만남 상대는 중견 기업 오너의 아들 B였다. 외모가 출중한 여성들은 특히나 남성의 경제력을 따지고, 이 남성 역시 예쁜 여성을 원했기 때문에 두 사람의 조합이 이루어진 것이다. 그녀는 B를 소개받은 지 얼마 안 돼서 C를 만났다. C는 공기업에 근무하는 스타일이 좋은 남성이다. 대개 이런 경우, 몇 번의 만남 후에 마음의 결정을 하게 되는데, 두 남성에게 서로 다른 장점이 있다 보니 그녀로서는 결정이 어려웠던 모양이다. 솔직히 남성적인 매력이 많은 C에게 더 끌리는데, B의 경제력도 포기하기는 쉽지 않았기 때문이다. C에게 마음이 기울면 공교롭게도 B가 고가의 선물을 하고, 그래서 B에게 마음이 기울었다가 다시 C에게 끌리고, 이런 상황이 되풀이되었던 것이다. 그러던 중 B가 카운트 펀치를 날렸다. 목걸이를 선물한 것이다. 그녀는 다음 날 바로 보석 감정을 받았는데, 1,200만 원짜리였다고 한다. 물론 그녀는 감동받았고, B와의 관계에 속도가 붙었다. 하지만 인간적으로는 C에게 마음이 있었기 때문에 한동안 그녀의 아슬아슬한 줄타기는 계속되었다.

그녀가 남성들의 명품 선물에 집착하는 이유는 단지 화려함을 좇는 취향 때문만은 아닐 것이다. 내가 보기에 20년 사이에 여성들이 남성의 능력을 평가하는 기준이 달라졌다. 예전에야 전문직으로 대변되는 '사'자 직업이면 '게임 오버'였다. 하지만 이제는 개인의 능력 면에서 경제력이 더욱 우선시되고, 만나는 남성의 경제력을 가늠할 수 있는 척도가 바로 선물인 것이다. 상황이 이렇다고 해도, 그녀는 그 정도가 심했다. 결국 우리 쪽에서 그녀의 양다리에 제동을 걸었다.

"계속 이러시면 두 분에게 다 못할 일입니다. 상황을 빨리 정리해서 한 분만 만나세요."

"저도 이러고 싶어 이러는 거 아니거든요. 조금만 더 시간을 주세요."

2~3주 안에 정리하겠다는 그녀는 나중에는 아예 우리 전화를 받지 않고 피하면서까지 관계를 이어가려고 했다.

"더 시간이 지체되면 모두 난처한 상황이 됩니다."

할 수 없었는지 그녀는 B만 만나겠다는 의사를 내비쳤다. 그런데 이즈음 새로운 남성 D가 나타난 것이다. 친구 소개로 만났다는 D는 상당히 잘생겼고, 여느 남성들과는 달리 자신을 꾸미는 데 많은 투자를 하는 멋쟁이였다. 수백만 원짜리 명품 재킷을 입고 온 그가 명품 선물을 좋아하는 그녀의 취향에 딱 맞아떨어졌음은 물론이다. 그녀는 D와 데이트를 시작했고, 겨우 C를 정리했더니 다시 양다리를 걸친 셈이 되었다. 그러다가 결국 우려하던 사태가 벌어졌다. 그녀의 비밀을 B가 알아챈 것이다. 몇 달간 돈과 시간을 투자해서 그녀에게 공을 들인 B로서는 황당할 수밖에 없었고, 우리에게 전화를 걸어 항의했다. 그래서 나는 최후통

첩으로 그녀에게 앞의 경고를 한 것이다.

"나는 그 상황에서 최선을 다할 뿐이에요. 선물이요? 그 사람들이 좋아서 해준 거지, 내가 요구한 적 없어요. 주는데 싫다고 안 받나요? 그게 내 책임인가요?"

그녀가 왜 명품에 목숨을 걸다시피 하게 되었는지 모르겠지만, 남자들의 애정을 선물의 가격대로 판단하는 것 같았다. 결국 그녀에게 가장 열정적이었던 B도 떠났다. 그녀가 마음을 줄듯 하면서 시간을 끌자 지친 것이다. 이제 그녀에게는 D만 남았다. 이제 D가 고가의 선물만 준다면 그녀는 종전처럼 마음을 정할 것이다. 그런데 아무리 암시를 줘도 D는 데이트만 즐겼다. 그러다가 D도 그녀를 떠났다.

"다 정리했어요. 다른 사람 더 만나볼래요."

"이런 식으로 사람 만나면 소개해드리기 곤란합니다. 그분들 다 우리를 믿고 맡긴 건데, 그렇게 신뢰를 깨는 행동을 하면 안 되죠. 보세요. 결국 아무도 안 남았잖아요."

아니다. 그래도 선물은 남았다.

맞선계의 전설적인 인물 한 명이 드디어 결혼했다. 40대 후반이다. 혼인신고를 해서 호적등본에는 분명 유부남인데, 그가 결혼식을 한 장소는 어디에서도 찾을 수가 없다. 호텔, 교회, 성당, 동네 예식장에 이르기까지 그 어디에도 그가 결혼식을 했다는 흔적이 없었다. 이유는 결혼식을 올리지 않고 혼인신고만 했기 때문이다. 맞선을 600번 이상 봤을 정도로 한때 잘나가서 '연애의 황태자', '미팅의 신'이라고까지 불리던 그에게 무슨 일이 있었던 걸까? 그가 결혼식을 생략하는 현실적인 선택을 한 과정을 지켜본 사람으로서 그의 지난 세월을 추적해본다.

내가 그를 처음 만난 것은 그가 30대에 막 들어선 90년대 중반이다. 당시 대기업에 근무하던 그는 얼굴에서 광채가 날 정도로 외모가 훤칠했고 세련된 스타일과 매너를 갖춘, 한마디로 킹카 중의 킹카였다. 몇 명의 여성을 소개했고, 여성들에게는 호감을 얻었는데 그가 다 거절했다. 그는 허황되게 눈이 높은 게 아니라 내가 보기에도 잘난 사람이었고, 솔직히 말하면 당시 나의 내공으로는 그의 상대를 찾기가 힘들었다. 그렇게 그와의 연락이 끊겼다. 그리고 2~3년이 흘렀다. 내가 기획한 등산 미팅이 회원들의 호응을 얻어 꾸준히 진행되고 있던 즈음이었다. 주말 도봉산

등산 미팅이 있던 날인데, 거기에 그가 참가한 것이다. 내가 산행을 이끌면서 계곡에서 자기소개를 하고, 짝을 이뤄 등산하고, 하산하면서 마음의 결정을 하는 방식으로 미팅이 진행됐다. 하산해서 마음에 드는 이성을 3명 적어내면 서로를 선택한 남녀가 커플이 되는데, 그날 참가한 11명의 여성이 모두 그를 1순위로 적어냈다. 말이 되는 것이, 그는 2~3년 전보다 훨씬 더 멋있어졌다. 다니던 회사를 그만두고 개인사업을 하고 있다고 했는데 자신감이 넘치고 연륜이 쌓여 원숙미까지 느껴졌다. 그의 친구인 회원으로부터 사업도 잘되고 사교계에서도 잘나간다는 얘기를 들은 차였다. 그날 그는 묘하게 내 자존심을 긁는 말을 했다. 나의 자격지심인지는 모르겠다.

"좋은 사람 있으면 소개시켜주세요. 꼭 한번은요."

여전히 그를 만족시키는 여성을 찾기 힘들었고, 내가 아직은 '하수'임을 다시 한 번 인정해야 했다. 이때를 계기로 그와 친해지게 되었는데, 그의 친구인 회원과 함께 사석에서 그를 몇 번 만난 적이 있었다. 한번은 커피숍에서 만났는데, 저쪽에 한때 만났던 여자가 있다면서 슬그머니 자리를 피하는 것이었다. 언젠가는 그를 따라 규모가 큰 주점에 갔는데, 거기에도 아는 여자가 있었다. 그때 벌써 400명 이상 만난 것 같다고 했으니 그럴 만도 했다. 그러다가 다시 그와 연락이 끊겼다. 그리고 10여 년 만에 그를 다시 만났다. 이번에는 정식으로 홈페이지에 회원 등록을 하고 가입한 상태였다. 그의 이름을 발견하고 깜짝 놀랐다. 그 정도의 조건이라면 마음만 먹으면 결혼을 10번도 할 수 있다고 생각했는데 말이다. 재혼도 아니었다.

40대 후반이 된 그는 젊은 시절의 틀을 유지하고 있었다. 그 나이의 남자들이 살이 찌고 배도 나오는 것에 비해 그는 여전히 보기 좋을 정도로 나이가 들었고 당당했다. 하지만 세월은 이길 수 없었던지 흰머리가 듬성듬성 보였다. 호감은 줄 수 있지만 더 이상 최고의 남자는 아니었다. 아니 왠지 궁색해보였다. 이제는 내 안목이 높아진 걸까? 10여 년 전에는 그 앞에서 자존심이 상한 나였지만 이제 우리의 관계는 역전되었다. 그동안 나는 이 분야에서 최고 수준이 되었고, 그에게 자신 있게 이성을 소개할 수 있었다. 몇 번의 미팅 주선 결과는 좋은 편이었는데, 문제는 그의 상황이었다. 얘기를 듣자니 여성을 만날 때 애프터는 안 하고, 차만 마시고 헤어진다는 것이다. 이것은 주로 경제력 없는 남성들이 데이트할 때 보이는 패턴이다. 예를 들어 한자리에 오래 앉아 있거나 식사는 안 한다거나 혹은 계속해서 좋은 것도 나쁜 것도 아닌 모호한 태도를 보이는 것이다. 그는 이런 모습을 다 보여주었고, 나는 직감적으로 그에게 경제적 어려움이 있다는 것을 알았다.

그러다가 그와 술잔을 기울일 기회가 있어서 그동안의 얘기를 들을 수 있었다. 부모님께서 돌아가시고, 집 2채 정도의 재산을 물려받았다고 한다. 600명 정도의 여성을 만났고, 연애하느라 사업을 등한시하면서 조금씩 형편이 기울었고, 결국 현재 전세로 살던 오피스텔 하나 정도가 남았다는 것이다. 그러다 보니 이러지도 저러지도 못하는 상황이 되었다. 시간과 돈, 청춘과 열정을 다했음에도 그의 곁에는 아무도 없다. 돌아보니 그동안 만났던 여성들이 아깝게 느껴졌고, 이제 어떤 여성을 만나도 감동을 못 느낀다고 한다.

"정신을 차려보니 아무도 없고, 손에 쥔 돈도 없고, 뼈아픈 현실이 떡 버티고 있는 겁니다. 그러니 만나는 여성의 수준도 점점 떨어지더군요. 그럴수록 본전 생각이 나서 억울하고."

한참 그의 하소연을 듣던 나는 이렇게 말했다.

"그게 분명 당신의 현실인데도 당신은 또다시 습관적으로 누군가를 만날 겁니다. 하지만 유토피아는 없습니다. 당신에게 필요한 사람은 같이 맞벌이할 수 있는 직업이 좋은 여성입니다. 그리고 돈이 없는 상황을 고려해서 결혼식은 최소한으로 해야 합니다."

여자를 600명이나 만난 남자의 실력은 결코 만만하지 않다. 만난 지 얼마 안 되어 여성의 호감을 얻었고, 어떻게 설득했는지 결혼식을 생략하자는 그의 말까지도 순순히 받아들이게 만들었으니 말이다. 나이는 많고 돈은 없는데, 화려한 시절을 잊지 못하고 자존심은 세다. 그의 현실이다. 그리고 이성을 많이 만난 노총각 2~30%의 현실이기도 하다.

"난 미팅할 때 늘 킹카였다. 하지만 폭탄이었던 친구들은 다 결혼해서 잘 사는데 나에게 남은 건 없다. 이제 내가 폭탄이 되었다. 킹카, 인기, 이런 것은 다 허울이었다. 많은 여자와의 만남이 경험으로 쌓인 게 아니라 오히려 독이 되었다. 이성을 만날 때의 감동, 열정, 에너지는 무한정 나오는 게 아니었다. 많은 여자를 만나면서 다 써버려서 정작 소중한 단 한 사람을 만난 지금, 열정과 힘이 없다. 난 연애하느라 너무 많은 것을 낭비했다."

그의 독백은 헛된 이상을 안은 채 미팅 횟수만 채우면서 헤맸던 지난 세월에 대한 회한이기도 하고, 그런 상황에 놓여 있는 세상 많은 노총각들이 새겨들어야 할 말이기도 하다.

"인생에는 특히 이성을 만나는 데 있어서는 딱 쓸 만큼의 시간과 열정, 사랑이 주어진다. 그것을 한꺼번에 쓰느냐, 인생의 단계별로 적당히 쓰느냐는 개인의 선택이다. 나는 미리 한꺼번에 갖다 쓴 것이다."

그래도 그는 그나마 다행이다. 마지막에 결단을 내리고, 결혼을 할 수 있었으니까. 하지만 오늘 이 순간에도 결단 내리는 시기를 저울질하는 남자들이 많을 것이다. 그들에게 참고가 되었으면 하는 마음에서 그에 대한 기억을 떠올려보았다.

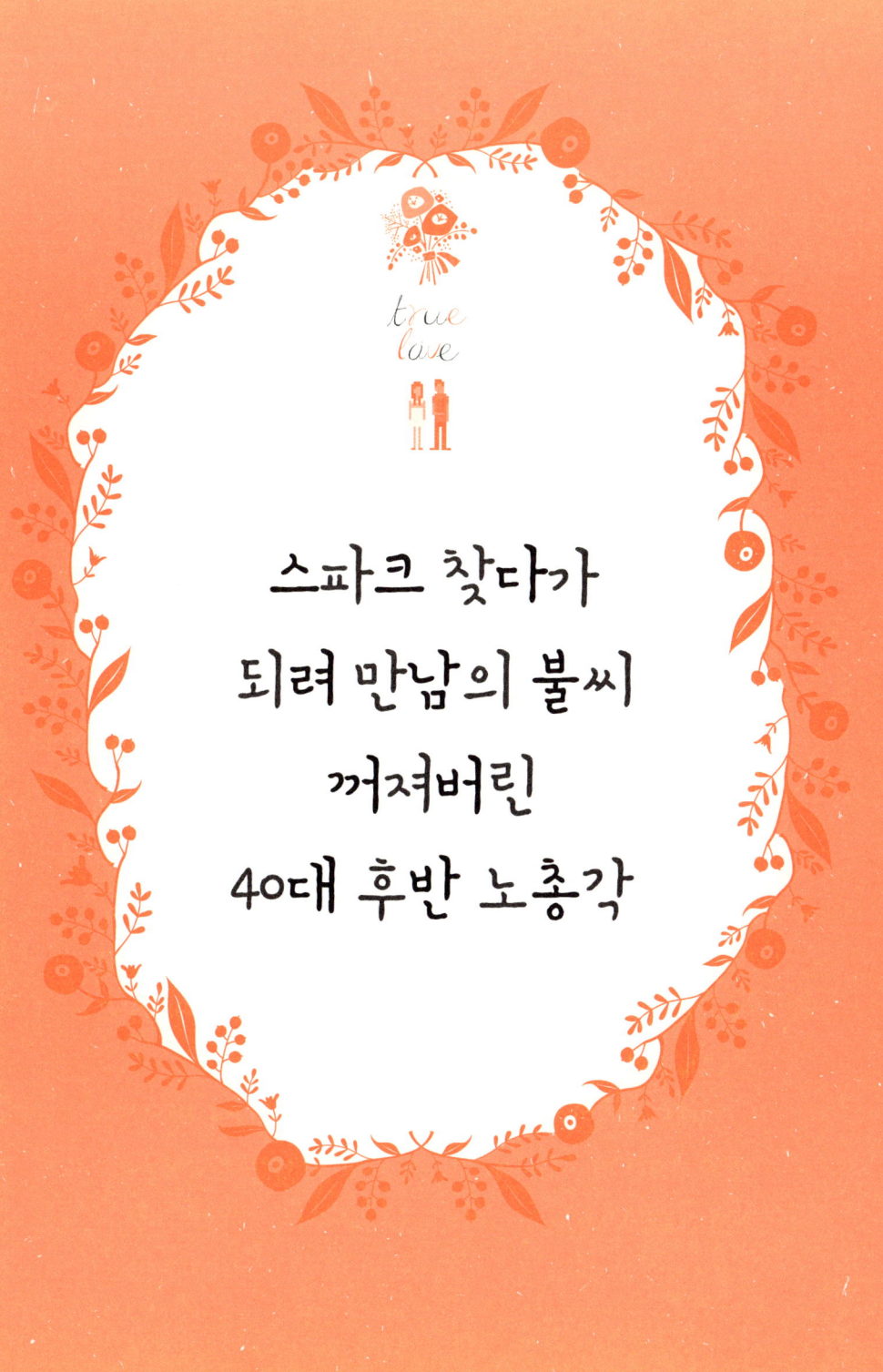

∴

"한 번 더 이 만남을 생각해봐야 할 것 같습니다. 스파크가 조금이라도 튀어야 하는데, 안 그렇네요."

'눈이 높으면 그럴 수도 있지. 신중하게 상대를 찾겠다는데…'라고 생각할 수도 있다. 문제는 이런 말을 한 사람이 47세의 노총각이라는 것이다. 그는 최근 한 여성과 만났는데, 세 번 정도 만나보고는 한 발짝 물러섰다. 스파크…. 노총각들에게서 하도 많이 들어서 이젠 귀가 닳을 정도다. 대개는 외모 반듯하고 능력 있는 남성들이 이런 말을 하는데, 그에 비해 이 남성은 지극히 평범했다. 오히려 상대 여성은 그가 쉽게 만나기 어려운 커리어를 갖고 있었다. 나이가 많다는 이유로 여성이 많이 양보해서 만나는 건데, 그런 상황에도 남성이 스파크 타령을 하니 기가 막힐 노릇이었다.

"○○님. 아시겠지만, 그분 나이 많다는 것 빼고는 괜찮은 분입니다. 여성이 재혼자는 싫다고 하니까 ○○님에게 기회가 온 것인데, 그거 알고 계십니까?"

"그래도 감정이 일지 않는 걸 어떡합니까? 마음에 불이 붙어야 확 타오를 거 아닙니까? 마음이 움직이지 않는 걸 밀어붙이고 싶지는 않습니다."

호박이 넝쿨째 굴어온 걸 혼자만 모르고 있었다. 하지만 남녀 관계에서 싫은 걸 밀어붙일 수는 없는 일이다. 그래서 이 만남은 접기로 했다. 그래도 속상한 마음은 쉽게 달래지지 않아서 그 남성에게 메일을 보냈다.

"아마 ○○님에게는 두 번 다시 이런 만남이 없을 겁니다. 말씀하시는 스파크라는 건 ○○님의 연령대에서는 더욱 어려운 일입니다. 나이 어린 여성, 첫 눈에 확 끌리는 분 만나고 싶으시면 몇 가지 준비를 하셔야 합니다. 자산이 10억 이상 되면 10살 이상 어린 여성과 만날 수 있을지 모릅니다. 결혼 후에도 여성을 전적으로 책임질 각오를 해야 합니다. 그 정도 준비가 되면 제게 연락 바랍니다."

뒤끝 작렬이라고 해도 할 수 없다. 너무도 현실을 모르는 노총각들에게는 따끔하게 한마디 해줄 필요가 있다. 그 남성이 말하는 '스파크'란 사실 청년들의 순수함과 열정이 있는 연령대에나 가능하다. 그런데도 나이 든 것은 생각하지도 않고, 젊은 시절만 기억해서 그 감정을 포기하지 않는 것이다. 하지만 노총각들이 이런 사치를 부리는 것에도 끝이 얼마 남지 않았다. 이 시대가 지나면 이런 만남은 꿈도 꾸지 못하게 된다. 지금이야 여성들이 나이가 많으면 조건이 다소 안 맞아도 양보해서 남성을 만나는 경향이 있지만, 점점 여성들 스스로 자의식을 갖고 당당하게 살고 있고, 이런 현상은 갈수록 두드러질 것이다. 그러면 남성들의 호시절도 끝난다. 길어야 10년이다.

5년 이상 수백 번 선을 보다가 결국 40대 후반의 노총각이 된 한 남성의 자조적인 한탄이 아직도 귀에 선하다.

"초반에는 여러 사람 만나봐야겠다는 생각에 조금만 성에 안 차도 그만두었어요. 중반에는 이 사람도 괜찮고, 저 사람도 괜찮아 보여서 모두 잡고 있어야 할 것 같아 갈팡질팡했던 것 같아요. 그러다가 막판에 가니 이성을 볼 때 어떤 점에 매력을 느끼는지도 잘 모르겠더라고요."

"그렇게 생각을 한다면 지금이라도 늦지 않았죠. 조금만 현실적으로 생각해도 만날 수 있는 여성들이 지금보다 늘어납니다."

"그게 또 마음대로 안 돼요. 이 점만 갖추면 다른 것은 이해할 수 있다, 적당한 사람을 만나자, 생각을 하다가도 그래도 평생 함께할 사람인데 미친 듯이 사랑하는 사람을 만나고 싶다는 생각이 들거든요. 진퇴양난인 것 같아요."

물이 들었을 때 노를 저으라는 말이 있다. 그나마 남성들에게 상황이 유리할 때 기회를 찾아야 한다. 노총각들에게 스파크에 대한 환상을 깨고, 나이 차이가 적게 나는 여성들을 먼저 만나라고 말하고 싶다. 열 가지 조건 중 나이 하나 많은 것 외에 다 괜찮다면 만나보는 게 좋다. 20대에는 밑도 끝도 없이 달려드는 사랑이 가능하다. 다른 거 안 보고 사랑만 할 수 있기 때문이다. 하지만 40대는 많은 걸 따진다. 그러면서 스파크가 튀어야 하고, 미친 듯이 사랑하는 것까지 바라는 것은 욕심이다.

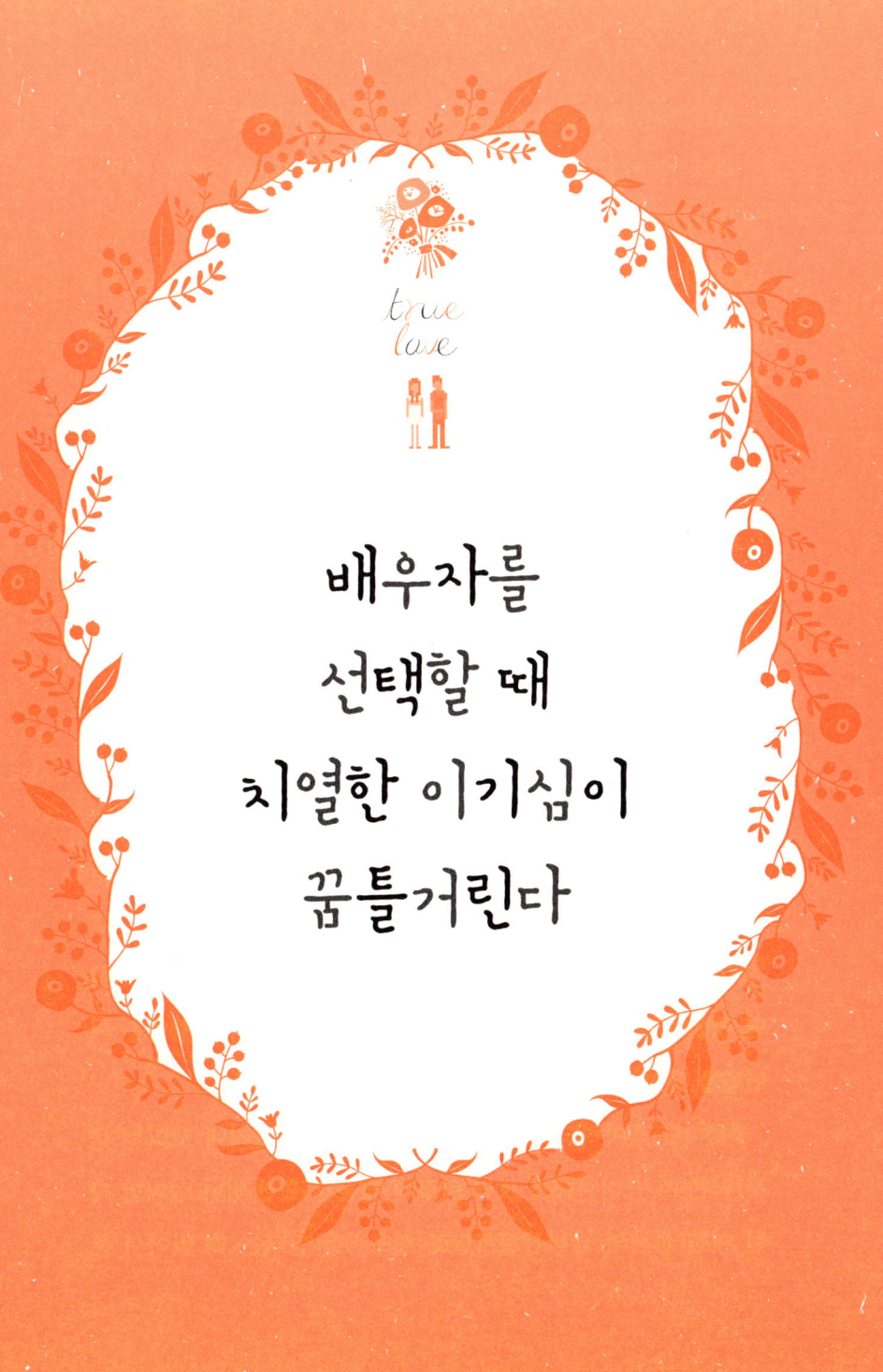

배우자를
선택할 때
치열한 이기심이
꿈틀거린다

· · ·

1. 35세의 남성 K는 운동으로 다져진 건강미가 보기 좋은데, 직업은 평범하다. 그는 인상이 좋은 어린 여성을 만나고 싶어 한다.

2. 외모가 돋보이는 29세의 여성 L은 K가 바라는 여성상이지만, 그녀는 능력과 경제력 있는 남성을 원한다.

3. 30대 후반의 S는 회계사이고, 자산가 부모로부터 받는 지원도 든든하다. 여성 L이 만나고 싶어 하는 남성상이지만, 그는 전문직 여성을 원한다.

4. 30대 초반의 의사 Y는 S가 만나고 싶어 하는 여성이지만, 그녀가 바라는 스타일은 자신과 나이 차이가 거의 나지 않는 같은 의사이다.

5. 32살의 의사 U는 자신을 서포트해줄 수 있는 경제력 있는 집안의 여성을 원한다.

6. 30세의 E는 외모가 뛰어나고, 집안도 좋은 여성이다. 경제력으로 보면 의사 U의 이상형인데, 그녀는 아버지의 사업을 이어받을 남성을 원한다.

1은 2를 좋아하고, 2는 3을 좋아하고, 마치 꼬리에 꼬리를 문 것 같은 이 남녀관계를 보면 이렇게 어긋날 수가 있나 싶지만 사실 이런 순서의 남녀관계야말로 배우자를 만나는 데 있어서 흔히 부딪히는 사이클이다. 6번째 여성이 원하는 남성상은 결국 처음에 얘기한 남성과 일치한다. 하지만 정작 이 남성은 여성의 나이와 외모를 따진다. 여성 6이 남성 5를 좋아하거나 남성 1이 여성 6을 좋아하면 되는데 남녀관계, 특히 배우자를 선택하는 일에서는 상대방의 입장을 고려하기가 어렵다.

배우자 선택에서는 일반적으로 자신이 좋아하는 스타일을 먼저 생각할 뿐, 역으로 나를 좋아해주는 스타일을 생각하는 경우는 10명 중 1~2명에 불과하다. 오늘날의 중매사업은 돈을 버는 경우와 못 버는 경우로 극명하게 나뉜다. 원하는 이성상을 찾아준다고 마케팅을 하면 성공한다. 하지만 안타깝게도 결과적으로 그렇게 될 수는 없다. 그렇다고 정반대로 "이렇게는 안 된다"라고 설명하면 사업은 망한다. 본인이 속는 줄 알면서도, 현실적으로 이뤄지기 어려운 줄 알면서도 전자를 선택하는 것이 인간의 심리이기 때문이다. 누구에게나 자신이 원하는 배우자를 만나고자 하는 소망이 있는 것은 당연하다. 어찌 보면 상대 입장을 고려하지 않고 내 생각을 먼저 하는 것이 이기적일 수도 있지만, 이해할 수 있는 인간의 본성이다. 요즘 지인들 소개를 많이 해주는데, 아무래도 가까운 사람들이다 보니 심적인 부담이 훨씬 크다. 최근에는 잘 만나는가 싶던 커플이 헤어졌다. 두 사람은 장거리 커플이었는데, 남성이 여성을 더 좋아했고 그래서 기꺼이 꼬박 하루가 걸리는 그 먼 길을 왔다 갔다 했다. 하지만 여성은 그렇게 먼 길을 달려온 남성을 고작 1~2시간 만나는 정도였고, 심지어 다른 남성도 동시에 만났다는 것이다. 그래서 남성은 자존심에 큰 상처를 입었다. 이런 경우 제3자가 봐도 남성에게 미안해해야 하는데, 여성은 남성 스스로 원해서 올라온 것이고 어떻게 한 사람만 보고 결정을 하느냐, 좋은 배우자를 만나기 위해 몇 사람 더 만나본 것인데 그게 뭐 잘못이냐는 것이었다. 그 입장도 이해가 된다. 자신의 생각을 가장 우선하는 것, 그것이 결혼이고 배우자를 선택하는 과정이다. 나 좋으라고 하는 결혼인데, 내 행복이 우선일 수밖에 없다.

이런 경우도 있다. 각각 한국과 미국에 사는 40대 남녀가 있었는데, 남성이 미국에 가서 맞선을 봤다. 그리고 얼마 후 여성이 한국에 왔다. 남성이 미국에 갔을 때 여성의 집안에서는 대접이 극진했다. 그런데 여성을 맞아야 할 남성은 성의가 없고 시큰둥한 반응이었다. 그래도 먼 길을 오는데 최선을 다해야 하는 거 아니냐고 했지만, 그 남성은 '오겠다는데 오지 말라고 하느냐, 만나면 어떻게 되겠지' 한다. 나로서는 참 답답하고 딱하지만 역시 나이가 들수록 자기중심적인 경향이 심해진다는 것을 새삼 확인할 뿐이었다. 이 사업 하면서 25년 동안 분노하는 마음이 아마 천 번도 더 생겼을 것이다. 내가 보기에는 참 좋은데 한쪽이 싫다고 하는 경우가 왜 그렇게 많은지. '이건 인간에 대한 예의가 아니다'라는 생각이 드는데, 정작 당사자들은 강 건너 불구경하듯이 남의 일처럼 무심하다. 인간 본연의 심리와 부딪히고, 상식에 안 맞는 일도 허다하고, 그래서 속에서 화가 치밀어 오르는데 그

걸 참고 중간에서 중재하고, 설득해서 만나게 하고, 이런 일로 인생의 반 이상을 보내다 보니 나도 거지반 마음을 비운 것 같다.

결혼을 누가 빨리 할까? 조건이 좋은 사람은 아니다. 그런 사람들은 만남의 기회가 상대적으로 많아서 결정을 빨리 못한다. 결혼은 아무것도 모를 때 해야 한다는 어른들 말씀도 맞다. 나이가 들면서 점점 자기 세계가 견고해지고 기준이 강해질수록 기다림의 시간은 길어진다. 남녀관계는 서로 마음에 들어야 성사가 된다. 세상에 내 기준에 맞는 마음에 드는 상대가 왜 없겠는가. 그런데도 결혼을 하기 어려운 것은 나 또한 그 사람 마음에 들어야 하기 때문이다. '내 마음이지'라고만 하지 말고, 한번쯤은 '그 사람의 마음'도 챙겨주는 배려와 포용의 마음을 가진다면 당신의 인생에 놀라운 변화가 생길 것이다.